FOR2

FOR pleasure　FOR life

現代佛法十人——三

洪啟嵩
黃啟霖 主編

歐陽竟無

宗師、人師、經師

目錄

講演

序略

書信

出版者序——一個讀者的觀點

郝明義

一

今天在臺灣，佛教是很普及的信仰。無論顯密，各門宗派，都有信眾扶持；四大山門固然如此，其他亦然。並且，即使不是佛教徒，許多人也都願意在日常生活裡親近佛法、佛經，譬如手抄《心經》。

上個世紀末，兩岸開始來往，許多對岸來訪者讚嘆中華文化的傳承在臺灣，其中也包括了佛教文化。所以，我們很容易以為從兩千五百年前釋迦牟尼說法，到一千四百年前達摩東來，再到一九四九年之後佛教在臺灣如此興盛，是一條自然的傳承之路。

事實則不然。

佛教在中國，到唐朝發展到高峰，有多種原因。一來是當政者的支持，二來有雄厚的國力，三來有出類拔萃的修行者。三者聚合，氣象萬千。

但，佛教也在唐朝經歷了滅佛的大落。其後歷代，再難有唐朝的因緣際會，也就逐漸只知固守傳統，難有可比擬的開放與創新精神進入清朝，佛教的萎靡與俗化，日漸嚴重；到了太平天國席捲半壁江山，對佛教造成進一步嚴重破壞。所以，到了清末民初之際，佛教在翻天覆地的中國已經只能在世俗化中苟延殘喘，甚至頹廢。

民初的武俠小說，寫到廟庵、僧尼，常出現一些藏污納垢的場面，可以讓人有所體會。

五四運動前後，隨著全盤西化的呼聲高漲，佛教更淪為時代應該淘汰的腐朽象徵；寺產也成為各方或是覬覦侵奪、或是倡議充公興學的對象。在大時代的海嘯中，佛教幾近沒頂。

但也就在那風暴中，有些光影出現。

開始的時候，光影是丁點的，微弱的，分散的。

逐漸，光亮起來。

於是我們看到一些人物登場。

他們各有人生路途上的局限和困頓，但卻以不止歇的修行，一步步清澈自己對佛法的體認。

有人家世良好，大可走上官宦之途，卻淡泊名利，刻經講經，點燃照亮佛法的火種。

有人看盡繁華紅塵，走上自律苦行之路，成為他人仰之彌高的人格典範。

有人歷經窮困和親人死別的痛苦，在悲憤中註釋佛經，淬鍊出一家之言。

有人學歷僅至小學三年級，卻能成為「當代玄奘」。

有人穩固佛法的傳統和價值。

有人努力在現代語境和情境中詮釋修持佛法的意義和方法。

他們成長的背景不一，年齡有別，途徑有異，但他們燃燒推廣佛法的熱情如一。

在漆黑如墨的黑暗中，他們更新了過去數百年佛法一路萎靡不振的軌跡。

在狂風暴雨中，他們發出了震動大地的獅子吼。

是他們播下了種子，使佛法在接下來的戰亂年代得以繼續一路延伸支脈——直到一九四九年後來臺灣，也向亞洲以及世界開花散葉。

他們是現代佛法十人。

二

我是在一九八九年第一次看到有關這十個人的一套書。

當時，我剛接觸佛法，十個名字裡，只認識「弘一」和「虛雲」。其餘的楊仁山、太虛、歐陽竟無、印光、圓瑛、呂澂、法尊、慈航，都很陌生。

在那個對佛法的認識十分懵懂的階段，我打算先從認識的兩位開始，逐年讀一本書，認識這些人。

但時間過去了三十年，直到二〇一九年，我都只讀到第三本，認識到第三個人「太虛」而已。一方面是懶惰，總有藉口不讀；另一方面，也是因為光前三本書已經讓我覺得受用不盡。

開始的時候，我讀弘一大師和虛雲大師的書比較多。

讀弘一大師，是因為多少知道他的生平，因此對照著他紅塵繁華的前半生，讀他後半生清明如水的修行心得，當真是可以體會何謂雋永。經常一、兩句話，就能銘記在心。

讀虛雲大師，主要收穫在他的禪七開示。那真是深刻的武林祕笈，能把說起來很簡單、做起來很奧祕的心法講得那麼透徹，就算只能在門外徘徊，都覺得受益匪淺。

虛雲大師一生波瀾起伏，尤其文革時歷經紅衛兵的折磨，還能以一百二十歲圓寂，實在是傳奇。

而對第三位太虛大師，我的認識就沒那麼多。

儘管讀他的書，多年來卻一直只停留在書裡一小篇文章上。那篇文章叫〈佛陀學綱〉，是他在民國十七年一場演講內容所整理出來的，全部也不過十九頁，只占全書很小的比例。但這一小篇文章，多年來我反覆閱讀，總會得到新的提醒和啟示，又總會有新的疑問與要探究之處。

〈佛陀學綱〉，從文章標題就知道，作者要談的是每一個人如何通過學習而覺悟，向佛陀看齊的綱領。

人人皆有佛性，也就是人人皆可通過學習而讓自己的生命層次向佛陀看齊。但是太多人只想膜拜自己的上師，卻完全不敢想像自己也可能開發出有如佛陀的覺性。太虛大師講〈佛陀學綱〉，正是要提醒我們學佛的唯一目的，也解釋他所看到的途徑。

當然，多少世代的高僧大德都在做同樣的事情、多少經典在指引的都是同樣的事情，但是大約一百年前太虛大師講〈佛陀學綱〉，有格外特別之處。

《二〇〇一太空漫遊》（*2001: A Space Odyssey*）作者亞瑟．克拉克（Arthur C. Clark）說過：科幻小說的時空背景不能寫得太近，以免很快過時；但也不能太遠，以免無感。我覺得討論學佛的文章也有類似的課題：不能太通俗，以免只是對善男信女的心理勵志、道德勸化；也不能太高深，以免令人望之卻步。

〈佛陀學綱〉無論談的內容還是用的文字、抑或是概念或方法，都正好不近不遠。

我很滿足，也很忙碌，所以就停留在第三本書的這一篇文章上，一直沒有再看書裡的其他部分，當然也就更沒有動機想要再看其餘的書。

直到二〇二〇年秋天。

三

COVID-19疫情橫掃全球，改變了每一個人的生活。

無常，成了新的常態。

社會上各個領域都在面對工作方式、生活方式的顛覆；過去穩定可靠的資源、經驗、能力，成為泡影。

我們置身一個黑暗又混亂的時代。

我相信，當外界的一切都不足恃，甚至成為干擾來源的時候，每個人都需要喚醒自己內在的覺性。

而說到覺性，當然也莫過於佛法說明的透徹。

因此我重讀〈佛陀學綱〉。也因為疫情的影響，包括差旅減免而多出時間，這麼多年來，我第一次把太虛大師那本書的其他部分也讀了。

很震撼。

震撼於太虛在書裡其他文章敘述他個人修行之路的關鍵突破時刻、他對推廣佛法種種視野與擘畫的光芒，也震撼於我自己怎麼枉守著如此寶藏三十年卻目光如豆。

我也想到：連第三本書都如此了，那其他的七本書呢？我早該認識的其他七個人呢？同樣是克拉克在他那本小說裡說的一句話：「他們身處豐饒之中，卻逐漸飢餓至死，」說的真是我。

接下來的時間，我一方面急著狼吞虎嚥這套書，一方面也決定趕快和原編者討論，看如何把這套早已絕版的書重新出版。

四

《現代佛法十人》是洪啟嵩和黃啟霖兩位編者在一九八七年出版的書，原始書名是「當代中國佛教大師文集」。

去年讀這個系列，瀏覽十個人的身影，他們雖然都是對佛法有堅定不移的信念，但因為各自成長背景不同、行動的途徑也不同，著真在大時代裡形成了雄偉的交響樂，也各自展現了不同的力量。

楊仁山，出身於官宦世家，科舉功名就在手邊的人，卻因為偶遇一部《大乘起信論》走上終身護持、推廣佛法的路。他沒有出家，卻以自己的人脈和資源，在國內融會譚嗣同、章太炎等一時之選的學者參與佛法討論；在國際進行佛經的交換出版，以及佛教文化的國際交流。

他的「祇洹精舍」雖然只辦了短短兩年時間，就學的人數也只有僧俗十來人而已，但其中太虛和歐陽竟無兩位，分別為清末民初的出家學僧和在家佛教學者打開了新路，對接下來佛教的發展有決定性的影響。

在最深的黑暗中，最小的光亮最燦爛。楊仁山讓我見識到什麼是星星之火的力量。

太虛大師，小楊仁山大約五十歲。

他的家庭背景和成長之路，和楊仁山完全不同。自幼父親去世，母親改嫁，和外祖母一起生活長大，後來去百貨行當學徒。

太虛在十六歲出家。但出家的源起，並不是因為對佛法的渴望，而是因為當學徒的時候看了許多章回小說，仙佛不分，想要求神通。

幸好出家後得有親近善知識的機緣，走上真正佛法修行之路，終於在有一天閱讀《大般若經》的過程中，大徹大悟。

而太虛難得的是，有了這樣的開悟，他本可以從此走上「超俗入真」之路，但他卻反向而行，「迴真向俗」，要以佛學救世，並且實踐他「中國佛教亦須經過革命」的宏願。

他接續楊仁山辦祇洹精舍的風氣，持續佛學研究；創辦武昌佛學院，帶動佛教舉辦僧學的風氣；創立「世界佛教聯合會」，首開佛僧去歐美弘法的紀錄。

太虛有許多弟子，法尊、慈航都是。印順法師也是。

太虛大師讓我看到：一個已經度過生死之河的人，重新回到水裡，力挽狂瀾的力量。

歐陽竟無，比太虛大師略為年長，大十八歲。

他也是幼年喪父，家境清寒。但他幸運的是有一位叔父引領他求學，博覽經史子集，旁及天文數學。

清廷甲午戰敗後，歐陽竟無在朋友的引介下，研讀《大乘起信論》、《楞嚴經》，步入佛學，從此決心以佛法來救治社會。

他一生孤苦，接連遭逢母、姊、子、女等親人死別之痛，因而自述「悲而後有學，憤而後有學，無可奈何而後有學，救亡圖存而後有學」。

歐陽竟無因為在祇洹精舍就學過，楊仁山去世時，把金陵刻經處的編校工作咐囑於他。後來國民革命軍攻南京，歐陽竟無在危城中艱苦守護經坊四十天，使經版一無損失。

歐陽竟無不只奔走各方募資刻印經書，也在蔡元培、梁啟超、章太炎等人協助下成立支那內學院，與太虛大師所辦的武昌佛學院齊名，對近代中國佛教有著重大的影響。

歐陽竟無最讓我嚮往的，是梁啟超聽他講唯識學的評語：「聽歐陽竟無講唯識，始知有真佛學。」

後文將提到的呂澂，是歐陽竟無的傳人。

歐陽竟無，讓我看到一個人力撐巨石，卻仍然手不釋卷的豪氣。

虛雲大師的一生都是傳奇。

早年家裡一直阻撓他出家，他逃家兩次，到十九歲終於落髮為僧，進入山裡苦行十四年。接著他遇見善知識，指點他苦行近於外道，這才走上真正依據佛法修行之路。

他參訪各地，不只行遍中國，進入西藏，還翻越喜馬拉雅山，到不丹、印度、斯里蘭卡、緬甸等地。

五十六歲那一年，虛雲要去揚州高旻寺參與打十二個禪七的職事，途中不慎落入長江，差點送命，結果傷後無法擔任職事，只能參加禪七。

但也在這次禪七中，虛雲徹悟，出家三十七年後，終於明心見性。他悟後作偈：「燙著手，打碎杯，家破人亡語難開。春到花香處處秀，山河大地是如來。」從此他的修行又是另一番境界。

太虛著眼推動的是整體僧伽制度的革新，而虛雲則是聚焦在自己親自住持的寺廟進行該有的重建和整頓，掃除當時寺廟迎合世俗的陋習，同時進行傳戒、參禪、講經，以正統佛法來培養弟子。

而虛雲最特別的是：他一人兼了禪宗五門法脈，所以是不折不扣的禪宗大師。

讀虛雲大師談參禪的文字，他簡潔有力的言語躍然紙上，完全可以體會何謂「當頭棒喝」。虛雲大師還有個傳奇，就是他到一百二十歲才圓寂。這還包括他在文革時曾經遭受紅衛兵四次毒打的經過。

虛雲大師展現的是一種在八方風雨中，衣帶不沾漬污的功力。

弘一大師生於一八八〇年。他的生平，大家耳熟能詳。

他前半生的風花雪月，造成他出家後對自己修行的要求也異於一般。他出家之後，「不收徒眾，不作住持，不登高座」，並且總是芒鞋破衲，飲食、起居上也是極其刻苦。中文「嚴以律己」，用在弘一身上是最好的例子。

出家人本來毋須用「風骨」來形容，但是看豐子愷等人和弘一大師的來往，看他孑然獨行的身影，總不能不想到這兩個字。

偏偏這位看來行事最不近人情的弘一大師，我相信應該也是現代佛法十人裡最為人熟知的一位。因為他廣結善緣，為人書寫偈語、對聯。

弘一在出家後，本來準備拋棄一切文藝舊業，但接受了書寫佛語來為求字人種下淨因的建議，重新提筆，也因而有了自己弘法的無上利器。

今天中文世界裡的人，無論是否學佛，總難免接觸、看過弘一大師留下或者與佛法直接相關，或者間接有關的偈語、對聯。

我自己每隔幾年就會看到他寫的一句話要，背誦一陣。像最近，就是他的「一生求佛智，精進無異念」。太虛大師對弘一大師的讚嘆是：「以教印心，以律嚴身，內外清淨，菩提之因。」

弘一大師有律宗第十一代世祖之美譽。

我看他的身影，像是單衣走在冷冽的風雪中，手中卻提了一個始終要給人引路的燈籠。

弘一大師獨來獨往，卻說有一個佩服的人，甚至親自寫信給他，說「願廁弟子之列」。

這人就是**印光大師**。

印光生於一八六一年，早年也有兩次逃家出家的紀錄；但和弘一不同的是，印光有淨土宗第十三代祖師之稱。

和弘一相同的是，印光也不喜攀緣結交，不求名聞利養，始終韜光養晦，並且一生沒為人剃度出家，也沒有名定的弟子傳人。

印光大師相信念佛往生淨土法門，是「一法圓賅萬行，普攝群機」，所以一生專志念佛法門，開示常說的話就是「但將一個死字，貼到額頭上，掛到眉毛上」。

但這麼一個但求與世遠離，把修行純粹到極點的人，卻並不是與世隔絕。

一九二三年，江蘇省提出要以寺廟興學的政策，當時六十多歲的印光大師就為了保教護寺，不遺餘力地奔走呼籲，扭轉危機。

並且，他一生省吃儉用，信眾給他的奉養，全都用來賑濟飢民，或印製佛書流通。

印光大師八十歲圓寂之時，實證「念佛見佛，決定生西」。

印光大師顯示的是精誠所至，開山鑿石的力量。

圓瑛大師生於一八七八年，略長於太虛。

圓瑛和太虛曾經惺惺相惜，義結金蘭。兩人雖然都有志於對當時的佛教進行改革，可後來步伐不同。太虛主張銳進改革，而圓瑛則主張緩和革新。

不過這絕不是說圓瑛的行動比較少。

民國建立後，兩次所謂「廟產興學」的風波，都因為圓瑛在其中扮演關鍵性角色而度過危機。

一九二〇年代，圓瑛就到東南亞各國弘法，還曾來過臺灣。

一九三〇年代，對日抗戰期間，圓瑛擔任中國佛教會災區救護團團長，組織僧侶救護隊，輾轉於各地工作，也再赴東南亞各國募款以助抗日，回上海後還一度被日本憲兵隊逮捕。

圓瑛大師博覽群經，禪淨雙修，沒有門戶之見，自稱「初學禪宗，後則兼修淨土，深知禪淨同功」，尤其對《楞嚴經》的修證與講解有獨到之處，有近代僧眾講《楞嚴經》第一人之稱。

圓瑛大師顯示的是穩定前行，無所動搖的力量。

呂澂生於一八九六年，是歐陽竟無的弟子。

一九一一年，當歐陽竟無擔任金陵刻經處編校出版工作時，當時就讀南京民國大學經濟系的呂澂常去購買佛書，因而結緣。後來呂澂退學之後，一度去歐陽竟無開設的研究部研讀佛法，再去日本短暫研讀美學後，回國擔任教職。

一九一八年，呂澂受歐陽竟無之邀，協助創辦支那內學院，從此遠離世俗，專心於佛學研究與教學。到支那內學院正式創立，歐陽竟無擔任校長，呂澂擔任學務主任，與當時太虛大師所創辦的武昌佛學院，形成為兩大佛教教育中心。

歐陽竟無對楊仁山執弟子之禮，呂澂又是歐陽竟無的弟子，三代薪火相傳，不只是佳話，也是時代明炬。

呂澂從此一直陪伴歐陽竟無，除了度過北伐軍占領內學院的危機，抗戰時期還把內學院藏書與資料遷移到四川。歐陽竟無去世後，呂澂繼任院長。直到中共取得政權後，一九五二年內學院才走入歷史。

呂澂智慧過人。他自修精通英、日、法、梵、藏、巴利語，研究佛學的視野寬廣，當時無人能及。也因此，呂澂的譯著和著作俱豐；不但能寫作入門書籍，也能有深入研究的專門論述，解決許多佛教遺留的歷史問題。

因為呂澂字「秋子」，歐陽竟無也稱他為「鶖子」。「鶖子」是釋迦牟尼佛十大弟子中智慧第一的舍利弗的華文譯名。

呂澂讓人看到燦爛奪目的火炬之美，與力量。

法尊法師生於一九〇二年。

法尊留給後人的也是驚異與讚嘆。

他本來只有小學三年級的學歷，出家後成為太虛大師創辦的武昌佛學院第一期學僧，之後他不畏艱險去西藏留學十二年，讓自己的藏文造詣登峰造極，經論也通達顯密，因而有「當代玄奘」之譽。

法尊法師對漢藏文化交流的貢獻，不是單向的。他不只是從藏文翻譯了重要譯作如《菩提道次第廣論》、《密宗道次第廣論》、《宗喀巴大師傳》等書，尤其值得一提的是他花了四年時間，把兩百卷的《大毘婆沙論》從漢文譯為藏文。

雖然他原訂要再譯為藏文的一百卷《大智度論》並沒有進行，但光是把《大毘婆沙論》從漢文譯為藏文已經是不滅的事蹟。

法尊法師讓人看到像是一個人在巨大的冰山前，融冰為水的力量。

慈航法師生於一八九五年，也是太虛大師的門下。

他家境貧寒，父母早逝，跟人學習縫紉，因為常去寺院縫僧衣，羨慕出家人，因此起了出家的念頭。

但因為他沒讀過什麼書，所以出家十多年，還沒法讀懂佛經。後來，他發憤苦讀唐大圓編撰之《唯識講義》，自修多年終於精通唯識。

之後，慈航法師跟隨太虛大師至各處弘法，從中國而南洋各地。尤其一九三九年之行，太虛大師返國後，慈航法師繼續在南洋弘法十多年，所到之處，皆倡議創辦佛學院、佛學會。

一九四七年太虛大師圓寂後，慈航法師用「以佛心為己心，以師志為己志」來表達他對太虛大師「人間佛教」的追隨及實踐。

到一九四八年，慈航則決定來臺灣開辦佛學院，是當時來臺灣傳法的先行者。在那個年代，這條路當然有風險。因為從大陸來投靠慈航法師的學僧多起來，他一度被舉報匪諜而被捕。

慈航法師出獄後繼續在臺北日夜開講不同的佛經，感動多方發心捐助成立彌勒內院，禮請慈航法師主持，而終於使他和大陸來臺學僧都得到安頓。

慈航法師講學內容包括《楞嚴經》、《法華經》、《華嚴經》、《成唯識論》及《大乘起信論》等諸經論，使得彌勒內院成為一時最具影響力的佛學教育中心。

一九五四年，慈航法師於關房中安詳圓寂。他示寂前要求以坐缸安葬，五年後開缸。而五年後大眾遵囑開缸，見其全身完好，成就肉身菩薩。

慈航法師讓人見識到水滴成流，匯流出海的力量。

五

感謝洪啟嵩和黃啟霖兩位佛弟子在當年就有識見與能力，收納、編輯了這十個佛教關鍵人物的文集。

三十年來我以讀者身分受益，今天很榮幸有機會以出版者身分為大家介紹《現代佛法十人》。

希望大家也都能找到屬於自己的啟發。

《現代佛法十人》編者新序

洪啟嵩

一切故事，開始於兩千五百年前，佛陀在菩提樹下的悟道。

佛法是什麼？佛法即是緣起法，這是佛陀在菩提樹下，所悟的真諦實相，淨觀法界如幻現空，行於世間而無所執著，即是中道。

佛法是法界實相，非三世諸佛所有，佛法超越一切又入於一切。正因為佛法的空性、無執，使其在傳播的過程中，柔軟地和不同時空因緣結合，呈現出豐富多元的覺性風貌。

佛陀對一切文字平等對待，鼓勵以方言傳法，歡喜大家使用各自的語言情境習法。如《五分律》中說：「聽隨國音讀誦，但不得違失佛意。」

因此，讓諸方文字的特性，成為覺的力量，以「文字般若」導引「觀照般若」而成就「實相般若」，才是佛陀的原意。對於佛陀而言，能開悟眾生的就是佛陀的語言。在漢傳佛教浩瀚廣博的經藏法要中，我們看到這個精神的具體實踐。

而其中所謂成為「文字般若」的語言，必須具有三種特性：一、準確性，能傳持佛法依準其意而不失。二、鏡透性：能鏡透佛法體性，將其實相內義清明鏡透。三、覺動性：精準其語，鏡透於義，並能成為驅動眾生自覺自悟的力量。

漢傳佛教中，對這樣的「文字般若」特性，一直保持著良好傳承。這可以從三個面向來談：

一、漢傳佛教擁有最悠遠長久而無中斷的傳承。

相對於中國佛教，印度佛教的傳承是最原始的，但可惜在一二〇三年傳承中斷了。而斯里蘭卡從阿育王子摩哂陀於西元前二四七年，將佛法傳入之後，雖然也有很長的歷史，但可惜於十六世紀受到葡萄牙、荷蘭等殖民而中斷過。而漢傳佛教是長遠不斷並且對於教法能清楚明記。

二、漢傳佛教擁有世界佛教教法的總集，有著最完整的般若文本。

如大乘佛教中，龍樹菩薩最重要修法傳承的《大智度論》百卷及部派佛教中說一切有部最完整重要的論本《大毘婆沙論》兩百卷，梵本皆已佚失，只剩下漢文傳本。而漢傳佛教擁有各部派與大乘佛教的最完整文本。

三、漢傳佛教擁有佛法開悟創新的活泉。

唐代對佛法的會悟闡新，可視為漢傳佛教開悟創新活泉的代表。如六祖慧能所開啟的南宗傳承，直到當代世界依然傳持不斷，前期如有世界禪者之稱的鈴木大拙，及近期的越南一行禪師，皆出於南宗臨濟禪門，在世界上有其強大的影響。而在《現代佛法十人》系列的大師們，更讓世人明見，在清末民初全球動盪的大時代，為了紹承佛法，守護眾生慧命，摩頂放踵、為法忘軀的大師身影。

＊

佛教自宋、元、明、清以來，成長已成停滯，甚至每況愈下；尤其明、清以降，只知固守傳統，失去了佛法的開創精神，日益衰微。到了咸豐初年到同治年間更受到太平天國的致命打擊，幾至滅亡。因為太平天國諸王雖不精純於基督教的純正信仰，卻能在「消滅異端」上發起絕然的聖戰。太平天國攻克六百餘座城市，勢力遍及十八省，這些以中國東南一帶為主的地區，原是清朝佛教的精華區域，結果卻在奄奄一息中又受到了致命的打擊。

如此來到清末的大變局，佛教相當於遭逢大時代的海嘯，不只無法適應，更幾至崩解。

就外部而言，在時代環境求新求變的要求下，佛教淪為老舊的象徵；而匹夫無罪懷璧其罪，歷代累積而來的龐大寺產，也成為社會覬覦、侵奪的對象。因此自清末以來廢教之議屢見呼籲；而「廟產興學」，也在清末、民初成為政府與民間名流所流行的口號。此時的寺院不僅傳教無力，甚至連生存都成了問題。

就內部而言，佛教秉持著歷來的殘習，失去了佛法的內在精神與緣起妙義的殊勝動能，只知抱殘守缺，但以儀式為師。明、清以來，佛教的頹敗、陳腐與俗化，以及對時勢潮流與大眾需求的蒙昧，此時更達到極點。然而，也就在這種波瀾壯闊、風雲萬端的時代裡，漢傳佛教出現了一些偉大的英雄人物。他們認知到佛教必須另開新局，力挽狂瀾。

偉大的宗教心靈是社會的最後良心，也是生命意義的最終指歸。

因此在一九八七年，我和黃啟霖第一次編纂這套書的時候，首先是因為站在那個時刻反省佛教和當代文明的互動時，回首上世紀初那些人物曾經走過的路程，對他們示現的氣魄與承擔，深有所感。

所以我們選擇了十位對當代佛教影響深遠的大師文集，編輯出版，呈現出他們在風雨飄搖的時代，波瀾壯闊的風範；也因而可以讓後世的佛教徒認知他們做過的努力，進而呼應他們的召喚，為佛法傳播的歷史進程盡一份心力，幫助一切生命圓滿覺悟。

這就是我們編纂《現代佛法十人》這套書的根本動機。

*

在本系列中，我們選取了楊仁山、太虛、歐陽竟無、虛雲、弘一、印光、圓瑛、呂澂、法尊、慈航等十位大師，作為指標人物。

這十位大師各有其重要的貢獻及代表性。

一、楊仁山：被譽為「現代中國佛教之父」，開創了當代佛教研究新紀元的劃時代大師。

二、太虛：提倡人生佛教，發揚菩薩精神，開創佛教思想新境界，允為當代最偉大的佛教大師。

三、歐陽竟無：窮真究極，悲心澈髓，弘揚闡述玄奘系唯識學，復興佛教文化不世出的大師。

四、虛雲：修持功深，肩挑中國佛教四眾安危，不畏生死，具足祖師德範，民國以來最偉大的禪門大師。

五、弘一：天才橫溢，出格奇才，終而安於平淡，興復律宗，民國以來最偉大的律宗大師。

六、印光：孤高梗介，萬眾信仰，常將死字掛心頭，淨土宗的一代祖師。

七、圓瑛：宗教兼通，保寺護教，勞苦功高傳統佛教的一代領袖。

八、呂澂：承繼歐陽唯識，自修精通英、日、法、梵、藏語，民國以來佛學學力無出其右的大師。

九、法尊：溝通漢藏文化，開創中國佛教研究新眼界的一代佛學大師。

十、慈航：以師（太虛）志為己志，修持立學，開創臺灣佛教新紀元的大師。

十人中以楊仁山為首，是因為在傳承上，民國以來的佛教界，有兩大系最受到海內外的重視，也發生最大的影響。

其一是以太虛為中心的出家學僧，法尊、慈航都是太虛的弟子。

其二是以歐陽竟無為中心的在家佛教學者，呂澂是歐陽竟無的弟子。

而太虛與歐陽竟無皆同從學於楊仁山的金陵祇洹精舍，也可說同出一系。所以對近代中國佛教深有研究的美國學者唯慈（Holmes Welch），稱楊仁山為「現代中國佛教之父」。

而虛雲、弘一、印光與太虛同稱民初四大師；圓瑛長於太虛，並曾相與結為兄弟，雖然其後見解各異，圓瑛仍為傳統佛教的一代領袖。

這樣就可以理解這十位大師在漢傳佛教歷史上的重要地位。

如果再延伸來到臺灣的法脈，他們的影響力就更清楚了：

聖嚴法師系出東初禪師，而東初是太虛的弟子。

星雲法師曾就讀於焦山佛學院，當時學院的院長是東初禪師。

證嚴法師系出印順長老，而印順是太虛的弟子，並受戒於圓瑛法師。

惟覺法師系出靈源長老，而靈源是虛雲大師的弟子。

＊

一九八七年編輯這套書的構想，到今天我們依舊感受鮮明。

臺灣佛教承受民初這些大師的因緣，有了極大的發展，在世化的推廣上，也十分蓬勃。但是當前人類和地球都面臨嚴酷的生存課題，太空世紀也即將開啟新的挑戰，所以我們深信唯有佛法能為這些課題和挑戰開啟新的覺性之路，也深信今天的佛教徒要在內義與實證上都開創出更新的格局。

也正因為漢傳佛教特有的歷史傳承，站到這個新的時代關鍵點上，所以在此刻回顧這十位大師的精神和走過的路，格外有意義。

我們一方面向這些大師所做的傳承致敬，也祈求透過閱讀他們的文字與心得，能讓自己從佛法中悟入更高遠的修證，能在人類、地球、未來最關鍵的時刻裡，找到可以指引新路的光明，也是新的覺性文明！

在此特別感謝郝明義先生，在其倡議下，重新出版這套《現代佛法十人》文集，承繼與呼應新時代的佛法精神。新版的《現代佛法十人》，加入大師們的生平簡傳，並在每篇文章、書信都註明原始出處，並統一重新設計、排版、標點。

《現代佛法十人》的出版，除了向十位大師致敬，也希望這套書能成為現代人覺性修行之路的新起點。

悲憤而後學的唯識大師——歐陽竟無

窮真究極、悲心澈髓，弘揚闡述玄奘系唯識學，復興佛教文化的不世大師

楊仁山以金陵刻經處傳續佛教典籍，而金陵刻經處所附設的祇洹精舍，更是當代中國第一所新式佛教國際教育學堂。雖然礙於經費，僅短短兩年即停學，但就讀其中的僧俗十餘人，卻對後來中國佛教的發展有著重要的影響。其中的太虛大師及歐陽竟無居士，分別為僧、俗之代表。

幼志儒學悲憤向佛之一生

歐陽竟無原名歐陽漸，生於一八七一年，江西人，字鏡湖，四十歲之後改字為「竟無」。他的父親是清朝官員，但沉浮官場二十餘年不得出頭主事。他六歲時，父親逝世，從此雖然家境艱辛，生活孤苦，但他卻沒有失去學習的志向。

二十歲那年，他考中秀才，進入「經訓書院」，跟隨其叔父歐陽昱研治儒學經史，博學宋明理學程朱諸家，並回溯諸子百家及天文數學等，可說是博古秀才。然而，此時正值清廷甲

午戰敗，歐陽竟無感慨國事之變化不定，決定摒棄雜學，一心專治義理之學，以此匡救時弊，因此繼研程朱之後，再究陸王心學。最後在同鄉友人桂伯華的引介下，研讀《大乘起信論》、《楞嚴經》，而步入佛學，從此救弊之心轉以佛法治之。

一九〇四年，歐陽竟無赴京師參與廷試後，到金陵向楊仁山請益，於佛法多有啟發，學佛之心也日益堅固。

歐陽竟無的母親年輕守寡，其嫂子及姊姊也都守寡，無法自立謀生，皆來依附，其母肩挑一門三寡及幼兒生計，含辛茹苦，最後在歐陽竟無三十六歲時病逝。他悲慟之餘，發願茹素並斷絕世欲以淨梵行，杜仕途以少名利，一心皈依佛法，以求解脫之道。

歐陽竟無守母喪期滿之後，在楊仁山的建議下，去日本停留數月，這段期間與章太炎、劉師培等碩學討論佛法，並尋求佛教遺籍與學習密法。回國後為生計故，曾至廣州任兩廣優級師範講席，及與友人經營農場，但最後皆以病而停職。後來他決定不再為生計於世俗奔波，一心專志投身佛法，長期住在南京，隨從楊仁山學習。這時他已經四十歲了。

次年，楊仁山病卒，將金陵刻經處的編校工作咐囑於歐陽竟無。不久，國民革命軍攻南京，他在危城中，艱苦守護經坊四十天，使經版毫髮未傷。

革命勝利後，他與李證剛等發起佛教會，主張政教分離，未獲實現，佛教會也就解散了。從此他投入瑜伽系學說之研究，歷時數年，分清了法相、唯識兩宗的界限，為佛學理論提出新貢獻。

一九一八年，他按照楊仁山的計畫，刻完了《瑜伽師地論》後五十卷經版，並作序言闡明瑜伽學系一本十支的深義。自明代以來，久已晦澀的法相宗學說，到這時才重新昌明，而對知識界接受佛學發生了很大的作用。

為刻印經書，並籌辦支那內學院之經費，歐陽竟無汲汲奔走勸募，得到雲南唐繼堯督軍及北京蒯若木督辦之助，並在如蔡元培、梁啟超、章太炎等社會名流協助下，終於在一九二二年成立。一時之間學佛、研佛者匯集歐陽竟無所創辦的支那內學院，聲名與太虛大師所辦之武昌佛學院並舉，對近代中國佛教有著重大的影響。

歐陽竟無立下「師、悲、教、戒」作為支那內學院之院訓，是其一生行持所依止，充溢著菩薩行者的勇猛精進與源源不絕的熱情。長期以來傳統佛教皆以出家僧眾為弘法主體，在家居士長期處於財施的護法角色，甚至有白衣（在家居士）不應說法的理論；然而，歐陽竟無在支那內學院院訓釋中說：「佛者第一義也，師者第一義也，今而欲作師，是之謂作佛。菩提心者第一義也，師者第一義也，今而欲作師，是之謂發心。」文中並提出自釋迦佛陀以來，法會上常見眾多在家居士宣助闡揚，佛時讚嘆。

他倡導回歸以法為核心，而非以出家、在家的身分區隔，使得近代居士佛法運動，有了更堅實推動的理論基礎。

歐陽竟無在支那內學院講學，名流士子與之學習者不少，如梁漱溟、梁啟超、湯用彤等，皆曾問學於他，無不信服其學識深厚，如梁啟超曾言：「聽歐陽竟無講唯識，始知有真佛學。」陳真如、黃懺華、黃樹因、熊十力等都曾師事歐陽竟無學唯識之學，其中呂澂、王恩洋、聶耦耕則為其弟子傳人。

支那內學院在艱辛中創辦、在刻苦中教學，但時值國亂之秋，先因北伐革命軍入住刻經處而停辦，後因二次大戰對日抗戰而遷移四川江津。

雖然歷經艱辛，但歐陽竟無始終堅持不懈，在四川江津成立支那內學院蜀院，繼續刻經講學，一生以院為家，最後於一九四三年病逝於內學院，享年七十三歲。入寂後，由弟子呂澂繼任主持內學院事物與教學事宜。

回首觀今猶見影

歐陽竟無一生孤苦勵學，又接連遭至親生離死別之慟。慈母病逝之後，胞姊、子、女也皆先他去世。然而愈是苦痛，他愈是化悲憤為力量，精勤研究佛法。如其愛女病逝，他日夜勤研瑜伽學得唯識與法相不同之本末；其胞姊病故，而發願治學《般若》、《涅槃》等諸經，而後有諸經藏要之印輯。這也正如同他自述其一生因「悲而後有學，憤而後有學，無可奈何而後有學，救亡圖存而後有學」之慨。

歐陽竟無以龍樹菩薩的《大智度論》，闡明悲心的真諦，是成就一切的根本：「大悲是一切功德之本，般若之母，諸佛之祖母。若無大悲必無般若，欲崇般若須先重悲。……悲然後有眾生，悲然後有俗諦，悲然後有方便，悲然後求一切智智，悲然後能為無知眾生說法令知，悲然後有摩訶衍，悲然後能被大功德鎧，發趣大乘。乘是大乘，悲然後能入於三塗，無善不具。」

重要著作與從學者

歐陽竟無初學佛時，因桂伯華關系，始讀《大乘起信論》、《楞嚴經》，初楊仁山居士為其開示華嚴法界之要旨，亦持誦《華嚴經》；四十歲後則專心佛學於仁山教下，專研法相唯識、《瑜伽師地論》等典籍，後則研讀《大智度論》、《般若經》、《涅槃經》等，但以專攻法相唯識聞名，為人尊稱「宜黃大師」或「竟無大師」。

他在支那內學院辦學問，致力於教學與著作的撰寫，一生講學著作不輟，在晚年他將其撰書著述結集成《竟無內外學》刊行於世。

《竟無內外學》中包括：

內學：《內院院訓釋》、《大般若經序》、《瑜伽師地論序》、《大涅槃經序》、《俱舍論序》、《藏要經序》、《藏要論序》、《法相諸論敘》、《五分般若讀》、《心經讀》、《唯識抉擇談》、《唯識研究次第》、《在家必讀內典》、《解節經真諦義》、《楞伽疏決》、《內學雜著》、《小品》、《詩文》、《經論斷章讀》。

外學：《中庸傳》、《孔子雜著》；《論孟課》、《毛詩課》、《詞品甲》、《詞品乙》等二十六種著作。

精神

支那內學院院訓釋

訓支那內學院，舉四句。曰師，曰悲，曰教，曰戒。次第釋之。

釋師訓第一

作師一

有出類拔萃之物類，固應有出類拔萃之人類，即應有出類拔萃之思想，出類拔萃之先覺，與夫先覺覺後之事，而師之為物以立。識與識皆充法界，皆相梵網，故人與人，人與有情，有情與人，有情與有情，皆相繫屬，皆相平等，性分質分，莫不皆有師之為物者在。充人之量，充有情之量，天地合其德，日月合其明，四時合其序，鬼神合其吉凶；充人之量，充有情之量，剎剎塵塵，法界法爾，位之育之，無餘而滅度之，是故人之所以為人，有情之所以為有情，莫不皆有作師之責者在。

佛者第一義也，師者第一義也，今而欲作師，是之謂作佛。菩提心者第一義也，師者第一義也，今而欲作師，是之謂發心。果之胎孕曰因，因之產生曰果，其為物不二，但厚薄堅脆濃淡始終之差別，第一義之果必本於第一義之因，第二義之因不可得第一義之果。作佛即作佛耳，發心即發心耳，作師而已耳。索食而蒸沙，需潤而陽燧，東的而西矢，北轍而南輗，是故不能。

今天下荒亂矣，推根究極，豈不曰但知有己都不負責之由致耶！乙此但知有己都不負責，又誰實使然耶？澡髮讀書，天壤名立，國人師友，新知舊習，冉冉悠悠，寒暑數十，曾不聞詔之第一義，告之以作師。有英挺之姿，凌霄之志，曰古之人，古之人，非斥大慢，即目狂騃。嗟乎冤哉！此慢若狂，毗盧遮那頂上行，宗門何為贊之？爾見甚輒禮拜，又何為斥之？且孔子又何為惡鄉愿而思魯之狂士哉？今時有謂聖經深理，不適孩提，當廢讀經。嗟乎冤哉！並此冥種而亦蕩然，有死之極無生之氣矣！反覆沉錮，誰能超然？非無奇士，不甘隨同，然而第二義之因終不得第一義之果。神明潛蟄，劣菌彌密，徐而移之，回而旋之，終亦必止知有己都不負責而已矣！

又學佛者誰不曰難行苦行，而奈何不曰作師，師者第一義也，難苦第二義也。無所謂難，而後乃能行難；變魚飼虎，稱鷹炙鹿，夫亦晚食安步而已耳。無所謂苦，而後乃能行苦；熱鐵洋銅，青蓮赤蓮，夫亦操慢安弦而已耳。苟作師也，唯曰眾生，念念眾生，悲之所至，無所不至，月在上方，清流濁流，容光等照。如或不然，已視為難，況能行難？已視為苦，況能行苦，僻執舛戾，終以自敗，何足道哉！

難者曰：師者第一義也，若是則參第一義已耳，何為獨作師？曰：覷破無明，麟角一人；弘法傳燈，菩薩度眾；宗門澈悟不少大機，然多獨覺，是故大乘不捨眾生，作師第一。又難；作之君作之師，不捨眾生，一也，何為獨作師？曰：能為師然後能為長，能為長然後能為君，故師也者所以學為君也，然君也者所以學為師也。十王大業，天人師果，由前而言，於師取資，由後而言，於師為的，唯世出世，胥應作師。

嗟乎！天下同心，曷聞斯語，投袂而起。語在「華嚴」：菩薩摩訶薩常生是心，我當於一切眾生中為首，為勝，為大，為妙，為微妙，為上，為無上，為導，為將，為師，為尊，乃至為一切智智依此者。語在「瑜伽」：善男子，善女人……見諸濁惡眾生身心十隨煩惱之所擾亂……能發下劣聲聞獨覺菩提心者尚難可得，況於無上正等菩提能發心者。我當應發大菩提心，令此惡世無量有情隨學於我，起菩提願。

求師二

發願作師，實踐作師，敻乎尚矣！而乃不知師有其真，作有其法。蒼莽孤特，堅苦卓絕，神之不寧，心之不平，唯私唯隘，唯亂唯慢，大願奇難，復溺而陷，豈不冤哉！以是因緣，作師方便，求師第一。

師有二義：一法爾義，二善巧義。法爾義者，凡物滋生，法爾有因，法爾有緣，幼至而因通，緣慳而因塞。孤特無枝，安能扶蘇；錢鎛芟夷，誰若待時；徒涉萬者，何如舟車。荒漠之指南也，迷茫之洲渚也，歧路之嚮導也，險道之商主也，智慧之於師也，一也。因由自辨，緣必依他，唯先德之他，與同法之他，均足以增上也，一也。

善巧義者，生滅陰陽，苦樂窳良，恩怨憶忘，過現未來，支配迭相，若是者為史事，為言文，為思想，而皆謂之有漏。史事不獲現，言文不可道，思想不能到，絕對不待，唯證乃會，若是者謂之無漏。夫所謂學者，亦史事言文思想已耳，不現不道不到之境，烏乎能入。學之徑絕，入之術窮，徘徊狐疑，邪見叢起，不忍世間有無漏事。嗟乎冤哉！思想者獨一無二之物也，天下若有超思之軌，不許超軌之思；既許超軌之思，胡乃不忍世間有無漏事？然而徑絕，然而術窮，望而不能即，思而不能由，其奈之何哉！絕而能融，窮而能通，不謂善巧，豈可得乎！漏但當陽，無漏但藏，非謂眾生無無漏種，既有其種，必得其顯。天下有不可親而引之以同類者，陽燧方諸火騰水液是也；天下有不能真而引之以相似者，嘬頤而鳴嚶鳥出林是也。師能聖言，聖言者，無漏之等流也，是之謂同類之引；師能施聞，受聞者無漏之托變也，是之謂相似之引。初但隨順，寖假相似，寖假臨入，寖假而無漏當陽，漏種潛藏。於斯時也，不謂善巧豈可得乎？師有二義，法爾善巧，實踐作師，學道歸命，而不求師，豈可得乎？

難者曰：後佛師先佛，先佛師誰佛？心佛生無差，不妨我作古。曰：事無其前，自我作古，古既可因，何勞虛牝；文史不用而蹏迒結繩，圖籍不探而乘槎通漢，是之謂不知類。又難：世無孔子不應在弟子之列，世不出佛誰可為師？曰：依法不依人，雪山半偈，羅剎可師，纓絡十無盡戒，夫婦六親互為師授；無常迅速，長劫孤露，不應我慢，焦種滅祜。又難：大丈夫事超祖越佛，理非佛專，我亦佛說。曰：諸法法性，若佛出世，若不出世，常住不異，四十九年未說一字；爾若證真說亦無說，無說已同佛說，誰為超佛？有說尚異佛說，況能超佛？今日且謀證真，固應借徑佛說。

嗟乎！天下同心，曷聞斯語，投袂而起。語在「華嚴」：菩薩爾時作如是念，我以一句佛所說法，淨菩薩行故，假使三千大千世界大火滿中，尚欲於梵天之上投身而下，親自受取，況小火坑而不能入。語在「華嚴」：善男子！若欲成就一切智智，應決定求真善知識，勿生疲懈，勿生厭足，皆應隨順，弗見過失。時善財童子一心憶念，依善知識，事善知識，敬善知識，於善知識起慈母想，於善知識起慈父想。得聞法已，歡喜踴躍，頭頂禮足，繞無數匝，殷勤瞻仰，悲泣流淚，辭退南行。

師體三

師以知見為體，不以得果或但儀式為體。此中理者，《攝大乘論》：入所知相，多聞薰習，如理作意，能悟入者，決定勝解資糧菩薩。若師得果，不能淹貫而唯顯通，求法弟子從何得聞，聞既無得，憑何作意？意且誤作，安能勝解？若唯儀式，色見聲求，尚行邪道，衣冠優孟，寧容相應？是故《法苑義林》引《十輪經》云：「若無初三沙門，必不得已污道中求，其有破戒而不壞見者，親近承事聽聞法要；若破見苾芻誑惑有情，令生惡見，師及弟子俱斷善根，當墮地獄。如是死屍膨脹爛臭，若與交遊共住同事，臭穢薰染，失聖法財，壞戒有見因得續戒，善根既斷戒亦隨無，故唯知見是天人師。」

此中教者，「妙法蓮華」：諸佛世尊大事因緣出現於世，開示悟入佛之見。《大涅槃經》四：諸佛所師所謂法也。「瑜伽師地」，說有三師，亦主知見。第一大師，所謂如來立聖教者，開許制止一切應作不應作故；其二紹師，第一弟子如彼尊者舍利子等，傳聖教者；其三襲師，謂軌範師，若親教師，若同法者，能開悟者，令憶念者，隨聖教者；紹師襲師，時時教授教誡轉故；當知三師能說傳說及隨說故。師以知見為體，理亦如是，教亦如是。

濬淪知見，求以是資，教以是師，是故「顯揚聖教」：成就十事，名說法師。一者解了法義，六法十義善解了故。二者能廣宣說，多聞聞持其聞積集故。三者具足無畏，法不傾動，復何所畏，於剎帝利大眾等中，聲不嘶破，汗不流腋，念無忘故。四者言詞善巧，語工圓滿八分成就故。五者法隨法行，不唯聽聞語言為極故。六者威儀具足，說正法時手足不亂故。八者勇猛精進，聞未聞法常樂不疲故。九者說法無厭，常為四眾廣長宣說故。十者具足忍力，訶責輕懱不報不戚故。若為師者，具有知見，能如顯揚十事而行，則能使人踴躍歡喜，則能使人有所悔悟，則能使人當下發心，則能使人即贖慧命。

師道四

師體曰慧，所謂知見；師道曰悲，所謂為人之學。充人之量，天地合其德，日月合其明，四時合其序，神鬼合其吉凶；天地不隅，日月無依，四時不拘，鬼神無私；合天之人，復禮克己；是故學亦是為人之學，教亦是為人之教，師亦是為人之師。是故教人。

《大學》曰：「古人欲明明德於天下者，教人為仁之方曰：己欲立而立人，己欲達而達人；一言而可以終身行之，曰其恕乎，己所不欲弗施於人。孔家師道有如此者。」

胎、卵、濕、化、色、想，有無及與俱非，我皆令入無餘涅槃而滅度之，無或人、我、眾生、壽者，盡未來際利樂有情。發心以前，舉足下足，當願眾生；發心以後，展轉善根，回向眾生。必使眾生無慳無貪，必使眾生慈悲喜捨，必使眾生佛之知見，必使眾生放大光明。眾生廣大至何境界，修證淺深至何位次，眾生盡佛已乃是佛，眾生是棄是為自棄，是故種姓初殖止是眾生，極果終圓止是眾生。三世諸佛為師之道有如此者。

道之不明也，自私自利以為學，攘奪壓迫以為政，而其所以為師者，解惑授業而已，有何道之能傳？而其所以為業者，衣食住為業，發展維持強權為業，物質為業，人生日用支配為業。而其所以解惑者，解其業所不通而已。今夫數十周寒暑，數千年史事，數萬里方軌，數千百群團體，誠不足宥人之思，充人之量。天地之大也，人猶有所憾，孔家此言，何曾六合以外置而不議者哉？因果範圍伊誰能立，而必展轉根據不許超逾！以是而學，以是而教，盡大地人滔滔皆是。往哲有言：師道立則善人多，善人多則國理。蓋自自私自利之學興，攘奪壓迫之政行，而師道亡矣！

闢謬五

不得已而立教，不得已而制學，不得已而作師，皆非本然，無非方便。律不許說出家過，何以涅槃維持比丘付諸國王、大臣、長者、居士？佛法寄於聲聞，何以涅槃大經獨付囑諸菩薩？修行必離闠芮，何以《維摩詰經》：父母不許出家，發菩提心即是出家？羯磨凜遵無違，何以《善戒經》中：像前受戒，得果成佛，同歸一致？法通而窒之奈何，法廣大而隘之奈何，法超而範圍之奈何，法唯一不二而歧之奈何，法有其意而跡眾求之奈何。非僧不許為師，非出家不許為僧，種種封畦，創為異議，執之不移，遂使大教日即式微陵夷，至於今日也。嗟乎冤哉！當揭至教，開示群迷。

一、**唯許聲聞為僧，謬也**。《摩訶般若波羅蜜經》云：我得阿耨多羅三藐三菩提時，以無量阿僧祇聲聞為僧。又云：我當以無量阿僧祇菩薩摩訶薩為僧。龍樹《智論》釋云：釋迦文尼佛千二百五十比丘為僧，無別菩薩僧，彌勒菩薩、文殊師利菩薩等以無別僧故，入聲聞僧中次第坐；有佛為一乘說法，純以菩薩為僧；有佛聲聞、菩薩雜以為僧，如阿彌陀佛國菩薩僧多，聲聞僧少。按此經論有菩薩僧，有聲聞僧，有聲聞、菩薩雜僧，非唯許聲聞為僧。釋迦會上無別立菩薩僧，然次第入中坐，則亦僧類而已。又《首楞嚴》三卷：釋迦於一燈明國無有聲聞、辟支佛名，但有菩薩僧。是則釋迦會上唯聲聞僧，亦不可得而執矣。

二、**居士非僧類，謬也。**《法苑義林章》有一類師引《十輪經》：若有成就別解脫戒真善異生，乃至具足世間正見，彼由記說變現力故，能廣為他宣說開示諸聖道法，名最下品示道沙門。而釋之云：依彼經說真善異生持別解戒，具足正見，說聖道法名為示道，真實三寶通異生類。其有異乎此者，則駁之云：內理無諍，外事和合，可名僧寶；設非沙門，而住聖道理無諍故，得名僧寶，與諸沙門種類同故；其非沙門，但住戒見，於理非和，云何名僧？按此經論，居士雖非正僧，而得許為僧類，諸師皆同，但後師主得果居士，前師則主正見居士，稍有區別而已。然「涅槃」第六：聲聞之人雖有天眼，故名肉眼；學大乘者雖有肉眼，乃名佛眼；則知我佛所重乃又在於正見也。正見所披，雖非無漏，隨順無漏，趨向無漏，是亦無漏。是故有人出世具煩惱性，與四沙門果同列四人，佛勸迦葉捨命供禮。見《大涅槃經》第六卷。

三、**居士全俗，謬也。**異俗為乘，三乘者菩薩、緣覺、聲聞也。在家居士授菩薩戒，發菩提心，六度四攝，雖非入地，稱菩薩乘。《報恩經》中：鹿女夫人、五百太子修道得果，不從師受名為獨覺，有多同行名為部行，如上二界六欲天等，二果四果無出家像，此為居士稱獨覺乘。《雜阿含經》三十三：在家得三果。《優婆塞戒經》：優婆塞得三果。《俱舍雜心》，比丘尼得二果，四眾得四沙門果，然值無佛世亦在家得四果。《俱舍》二十三：預流至七有逢無佛法時，彼在居家阿羅漢果，既得果已必不住家，法爾自得苾芻形相。《大智度論》四卷：四眾盡漏通名聲聞。此為居士稱聲聞乘。按此經論，大小俱許在家三乘，豈其披剃缺緣，但認跡行，屏為全俗。

四、居士非福田，謬也。智者疏《梵網》第四十三：無慚受施戒，在家未當田任未制，執不知權，遂謂居士絕對不田，不應化緣。然《首楞嚴經》：文殊答言，有十法行名為福田，如須菩提無諍三昧，為諸聲聞、辟支佛中，第一福田；能十法行，佛菩薩中第一福田。《集一切福德三昧經》：若善男子、善女子欲集一切諸福德者，當發無上正真道心，有初發菩提心者，則能得一切福德三昧，三法布施四法布施，持百福相為大福田，養育一切諸眾生等。《法苑義林》：異生戒見，能生物利，是真福田，非真寶攝，無聖道故，福田義廣，寶義局故；維摩居士，妙香世界分衛佛食，還作佛事；勝軍居士，德重智高，時人不敢斥，尊德號曰抱跋迦，此云食邑，以其學業有餘理當食邑。按此經論，在家發菩提心是大福田，在家戒見亦真福田，在家弘法理應得食，云何居士不為福田，不應化緣？

五、在家無師範，謬也。智者大師為護比丘住持，權說在家無師範義。若遂執為真實，則有自教相違過。《梵網》卷下：第十八無解作師戒，第四十揀擇受戒戒，第四十一為利作師戒。智者所疏：三眾在家無師範義不為彼制。然義寂不許，俱據「纓絡」夫婦六親互相為師，並及其理辨駁無餘。著述俱在，是故有過。晉譯《華嚴》、魏譯《十地經論》：菩薩常生是心，我當於一切眾生中為師為尊，而下文乃說若欲捨家云云。又說：菩薩於一切眾生生師心、大師心，眾生常為無明所覆，我應令彼無障淨慧。《瑜伽師地》：善男子，善女人，乃於末劫濁世眾生發菩提心，令此有情隨學於我。《唯識述記》：世親時人有火辨者，形雖隱俗而道高真侶，釋此本頌稱十論師；勝軍居士亦稱論師。按此經論，非唯比丘乃即稱師，居士雖賢必不可師。

六、白衣不當說法，謬也。白衣高坐，比丘下立，不合儀式。若非高坐，云何不可說法？釋迦會上，眾多在家宣助闡揚，佛時讚歎。云何白衣不當說法？王舍城中，颰陀婆羅善守十六而皆住家，毗耶離中寶積王子，瞻波國中星得長者子，舍婆提國導師居士，彌梯羅國那羅達婆羅門，是諸白衣，非為持一佛法輪故發無上心，乃至非為持不可說三千微塵佛法輪故，發無上心，盡教一切十方眾生，說法無希望，巧說因緣法，無數億劫說法巧出，《大智度論》歷歷詳敘，處處經中不少此類，皆足取據。云何白衣不當說法？智者大師疏《梵網經》，於四十六說法不如法戒中言：在家不全為法主，止說一句一偈，不如法亦犯。諸不善讀，執而不通，謬倡讏言：在家白衣於法止說一句一偈，非為法主不可說法。三藏十二部遂錮一隅，漸積陵夷，誰之過歟!?

七、在家不可閱戒，謬也。《瑜伽師地論》四十即《善戒經》、《地持論》同本，言：或是在家，或是出家，先於無上正等菩提發弘願已，當審訪求同法菩薩羯磨受戒，如是菩薩，若在家品，若出家品，往律儀戒，有其四種他勝處法、四十三種有所違犯。其第二十五不許學小戒：若諸菩薩安住菩薩淨戒律儀，起如是見，立如是論，菩薩不應聲聽聞乘相應法教，不應受持，不應修學，菩薩何用於聲聞乘相應法教，聽聞受持精勤修學？是名有犯有所違越是染違犯。又第八戒：如薄伽梵於別解脫毗奈耶中，將護他故建立遮罪，制諸聲聞令不作，菩薩於中應等修學無有差別。聖典煌煌，大應學小，奈何在家發菩提心受菩薩戒，不應詳閱比丘戒律？有古大德發如是論：在家閱戒，於小為犯，然若精熟，用化有情，雖有違犯，淨而非染，如是清淨，犯亦無礙。是等圓通，最堪崇敬，吾於密部，亦如所云。

八、比丘不可就居士學，謬也。《瑜伽師地》八十九：復次，心清淨苾芻有五種法，多有所作；一正教授，謂有三種正友所顯，一者大師，二者軌範尊重，三者同梵行者及住內法在家英叡，如是名為三種正友，諸有志者從彼應求，積集善門真正教授。《華嚴入法界品》稱善知識，比丘五人，尼一人，長者十一人，優婆夷四人，婆羅門二人，童子四人，童女二人，女二人，王二人，夫人一人，仙人一人，外道一人，船師一人，神十人，天一人，菩薩五人，一一請求，殷重授受。云何比丘不可就居士求學？觀音六字大明，傳於居士；舍利弗等不二法門，聞於文殊及維摩詰；玄奘法師唯識法門，五天獨步，此土創垂，然其就學乃在勝軍居士一年有餘，載慈恩傳可細披尋。云何比丘逞其封固，棄甘露味，自絕生途？尚慎旃哉！慧命摧殘，何嗟及矣！

九、比丘絕對不禮拜，謬也。《涅槃》第六：佛告迦葉，若有建立護持正法如是四人，當捨身命而供養之，即為說偈：有知法者若老若少，故應供養恭敬禮拜，猶如事火婆羅門等，亦如諸天奉事帝釋。迦葉問言：若護戒長宿從於年少，若護戒年少從破戒長，若出家人從在家人，禮則犯戒，不禮諸人此偈虛妄。佛告迦葉：善男子，我為未來諸菩薩等，學大乘者說如是偈，不為聲聞弟子說也。是故《華嚴入法界品》：求菩薩行不問僧俗，既聞法已頭面禮足，繞無數匝辭退南行。是故德光論師求法睹史見彌勒尊，非聲聞像而不禮拜，終不得聞。比丘不拜天子，理也；比丘不拜善知識，非理也。必執一說而固守之，亦小乘人毫無悲心而已。

十、比丘不可與居士敘次，謬也。《大智度論》：釋迦會上不別立菩薩僧，菩薩入聲聞中次坐。《梵網》第三十八：乘尊卑次第戒，先受戒者在前座，後受戒者次第而坐。義寂法師註敘三義：一師但受菩薩戒為次第，二師未受菩薩戒比丘坐菩薩下，若受比丘依舊夏不依新定，三師不問聲聞菩薩差別，但先受戒即在前坐，文殊彌勒入聲聞眾次第坐故。然太賢謂和尚云：據實菩薩雖是在家，坐於聲聞大僧之上。如《阿闍世王經》云：文殊云：迦葉上坐，以耆年故（三義）。迦葉讓言：我等在後，菩薩尊故（一義）。舍利弗云：我等亦尊，已發無上心故（二義）。迦葉云：菩薩年尊，久發心故（一義），故文殊所將二千在家在前而住，迦葉等五百聲聞在後而坐。又《阿闍世王經》：迦葉與五百比丘入城分衛，過候文殊，文殊著衣，謂：迦葉前行我今從後；迦葉、文殊辨論要義，卒復文殊在前，諸在家菩薩隨中，聲聞悉從在後，便俱向道。按此論經，諸所爭者在前在後而已，豈謂出家在家，不可入中，不應敘次。

上來諸謬，就居士品邊合併而觀，非僧類，非三乘，非福田，非師範，不應說法，不應閱戒，乃至不可入比丘中行坐敘次；但應奉事唯謹，一如奴僕之事主人，壓迫不平等，乃至波及慧命，而為居士者謙退又退無所容於天地。嗟乎悲哉！形情若此，遑異清超特達行毗盧頂，幹大丈夫不可思議，不可一世作佛大事！就比丘品邊合併而觀，不廣就學，不拜善知識，不與人同群，間有參訪如不得已，忍而獲求行將速去，外順同行中懷慢志。嗟乎誒哉！買菜乎，求益也，攫金乎，宋人之盜市也。佛法封於一隅，一隅又復自愚，顓慢日熾，知識日微，又烏能續法王事，作諸功德，盡未來際？迫不得已，發沉痛語，應亟醒迷，幡然易趣，不應生誤，謂虐謂鄙。

哀亡六

君所不臣於其臣者，當其為師則弗臣也。大學之禮，雖詔於天子無北面，釋奠於先聖先師天子北面拜。事師無犯無隱，左右就養無方，服勤至死，心喪三年。顏淵死，子曰：天喪予，車以為槨。子路死，子曰：天祝予，食遂廢醢。孔子歿，三年之外，門人治任將歸，相嚮而哭，皆失聲，子貢築場獨居三年，然後歸。數千餘年至於趙宋，楊時事程頤，入室，頤假寐，時侍移晷，門外雪深三尺矣。由是觀之，師之尊也，師弟之際，情之至也；義之盡也，骨肉之無逾也。以是嚴厲，以是精神，以是懇悃，雖造天地，鑄宇宙，不難也。楚元王禮師設醴，王戊即位忘設焉，穆生退曰：王之意怠，不去將鉗我。已而申公白生果胥靡，衣赭衣，杵臼碓舂於市。嗟乎冤哉！師無其道，猴沐而冠，潮流所趨，又易以藝，梓匠輪輿，計功而食，販夫鬻婦之場，叫囂鬥爭不止，陵夷至於今日也，尚何言哉，尚何言哉！

孔氏世間學，人道義。天地者人生之本也，先祖者人類之本也，君師者人治之本也。故禮有三本，上事天，下事地，尊先祖而隆君師。佛則不然，世出世學不獨一道，有色無色，有想無想，及與俱非，我皆令入無餘涅槃而滅度之，故唯一本，謂天人師。慧命者，天地所不能生也。無漏者，先祖從無其類也。無礙者，君師所不能治也。從佛口生，從法化生，故止一師，非尋常師，斷臂焚身無與其恩，繼志述事，乃稱佛子。故夫學人止有誓願，止有求善知識，止有念念眾生，阿耨多羅三藐三菩提心；師以是貽資，資復以此貽資，今也不然，師不必賢，弟不必學，唯衣食住以續以嗣，養父假子雲礽有世。大廈已傾，言亦曷濟，悠悠蒼天，奈之何哉！

釋悲訓第二

體相一

悲者，法爾如是，自然而具，現成不求，固有不後，盡人能由，而不知其所由。有悲者有情，無悲者頑冥不靈；有悲者含識，無悲者木石，無想外道無六識，不害心法長夜淪失。有悲者有用，無悲者無功德；有悲者有生趣，無悲者焦芽敗種，萬溉不殖。有悲者不住涅槃，無悲者沉空趣寂，斷滅而酲醉。法界之所成，世界之所成，一悲之流行而已矣。智者隱也，悲者顯也。隱固須研索，研索而有得則樂；顯不待研索，證而得，不證而研索，終日睽隔。談虎而色變，固有異乎眾人之所畏者矣！請言其相：有悲惻，有悲切，有悲迫，有悲悽。

何謂悲惻？天氣上騰，地氣下降，天地不通，閉塞而成冬；疾雷動，震驚百里，百穀草木皆甲坼；悲亦如是，一惻然，而天地萬物之情，周洽旁皇，淪肌浹髓矣！足奚不語，頭奚不履，百骸五官，各封其域，老死不往來，終古不相襲；然有脈絡，速於置郵，捷於響應，牽一髮而全身動，針一孔而周身痛，病一目而充滿其身，若無所容，未乃謂之一體一身一人；悲亦如是，父子不同財，夫婦兄弟分崩離析，何況路人異國？凶年饑，人相食，何況禽犢？一惻然，而我人眾生痛癢休戚，咸歸一致，達乎百為，貫乎萬事！天地以合，日月以明；四時以序，星辰以行；江河以流，萬物以昌；蠕動蜎蠉，草木金石，有情無情，以順以祥。悲惻之為用也，豈不大哉！

何謂悲切？蠯蛹如儀，五月居廬，而不見其瘠。三視兄子疾而帖然竟夕；禮非不善也，執祖益其慢也。心脾之痛，纏而愈纏，無隙而他容，無情而異用，如箭而的趨也，如錐而下入也，三軍環列而無視也，赴蹈湯火而不知也，故唯悲也，有是切也。《地藏本願經》：婆羅門女，以母崇邪，時已命終，悼必隨業。晝夜哀戀，遂賣家宅，廣興供養，禮覺華定自在王像，自傷悲念：佛一切智今日若在，必告母所。垂泣纏戀久不能已，忽聞空言：念爾踰常，告爾母處。女則舉身投撲，支節損折，蘇甦有覺，讀聞空言：爾但返舍，端坐思惟覺華名號。女如教行，一日一夜，忽到業海，諗母出獄。此業海者，二事乃到，一者菩薩悲力，二者眾生業力。此之所謂切也。《大智度論》：阿育王弟韋陀輸王，王閻浮堤上妙五欲。七日過已，阿育問言：所樂暢不？答言：不見不聞不覺，何以故？旃陀羅日日振鈴，唱七日過汝當就死，我聞是聲，雖王閻浮上妙五欲，憂苦深故不見不聞不覺。此之所謂切也。

何謂悲迫？空之至也，大地平陸不得不沉。大浸之稽天也，九州下民不得不墊，劫火之兆也，金石不得不流，土山不得不焦。不風之揚也，巨木百圍不得不於喁，海不得不飛，山不得不移。悲之迫也，身命不得不施，人我眾生不得不夷，大位大富貴不得不棄。境亦為之奪，人亦為之奪。世界三千，動起蛹震吼擊，六種十八相震動，是故那羅延力，不如業力，業力不如願力。願力能有威力，由於悲力。

何謂悲悽？與樂之謂慈，拔苦之謂悲。苦何謂拔，悽之象不可一息留者也。萬物自由暢遂，由有生意，生由於緣，緣由於集，集由於相應不相違。需火而冰至，需水而熱至，需空而塞至，需明而暗至，需盛而衰至，需稱而譏至，生意索然，而自由剝矣。萬緣相違乃至法界全違，斯苦之至矣。差重而極無間阿鼻，差輕而極天下不如意事，皆悽之象一息而不可留者也。然而生意暢遂，集苦之媒，生必有死，黑暗其妹，光明其姊。是故菩薩知苦之來，得苦之實，亦以為至悽之象一息而不可留者也。是故拔苦之道不曰生意，而曰平等平等遍一切一味；不曰暢遂，而曰涅槃靜寂。悲之流行也，孔家得其惻，墨家道家得其切，唯悽與迫誰亦不能得。尊之而大之，又復不可思議者，菩薩行也。

悲之體相如是，一產生妙有至強有力之母而已矣。悲然後有眾生，有眾生然後有阿耨多羅三藐三菩提心，有阿耨多羅三藐三菩提心然後有大乘，有大乘然後有六度四攝，有六度四攝然後有一切智智，有一切智智然後有諸所分別。如或不然，悲則無有而諸所分別，則無源之流也，無根之木也，無的之矢也，無果之芽也，禽犢之言也，兒戲之行也，君子不貴也，有心人之所傷也。是故如來，若有請問菩薩菩提誰所建立，皆正答言：菩薩菩提悲所建立（《瑜伽》四十四）。是故菩提心為因，方便為究竟，而大悲為根本（《大日經》一卷）。是故大悲是一切諸佛菩薩功德之根本，是般若之母諸佛祖母，菩薩以大悲得般若，以般若得作佛（《大智度論》二十）。

差量二

有血氣之屬必有知，有知之屬必有悲。大鳥獸喪其群匹，越月逾時，反巡過故鄉，翔回焉，鳴號焉，躑躅焉，踟躕焉，然後乃能去之；小者至於燕雀，猶有啁噍之頃焉，然後乃能去之，此悲之發乎鳥獸者也！喪群落魄，冤幽孤孽，親亡戚離，國隕家索，變徵風騷，天地闇色，此悲之發乎人者也！凡若此者，局於一身，止於當境，以悲還悲，隨順天然者是也；不局於一身，不止於當境，一身之外必及其他，當境之餘乃有施設，匪獨陶寫，匪任喪頽，極其莊嚴，盡其神力，則出世聖人一絕大事。

《三昧海經》：悲者見眾受苦，如箭入心，如破眼目，心極悲苦，遍體雨血，而欲拔之。如此悲者有百億門，廣說如「大悲三昧」。茲總略說，有三種悲，如《無盡意問經》：一眾生緣悲，二法緣悲，三無緣悲。眾生緣悲者，以悲相應，恚恨怨惱一切都無，廣大無量善修其心，遍滿四維上下十方世界眾生，名眾生緣。是等多在凡夫行處，或有學人漏未盡行。法緣悲者：破我相一異，但因緣續，生諸苦蘊，其法原空，眾生不知而欲除苦，愍之令除，為俗法故名為法緣。是等多在漏盡羅漢辟支佛行。無緣悲者：不往有無為，不依過現未，心無所緣，緣自不實，眾生無知分別捨取，乃以智慧令知法相，是名無緣。是等悲相但諸佛有。如給貧人，有是三等財寶真珠，三緣差量應如是取。

《大智度論》：四無量悲名小，十八不共法悲乃名大。餘人心中悲名小，佛心中悲名大。菩薩之悲視佛為小，視二乘為大。小悲觀眾生種種身苦心苦，憐愍而已不能令脫，大悲憐愍而能令脫。遍滿十方三世乃至昆蟲，非徹骨髓心不捨離，墮眾惡道一一代苦，得脫苦已欲樂禪樂悉令滿足，比佛大悲千萬分中不及其一。何以故？世間苦樂欺誑不實，不離生死故。《智論》又言：大慈大悲乃不應如迦旃延法分別求相，諸師取用迦旃延法分別顯示，不應信受。迦旃延言：大慈大悲一切智慧是有漏法、繫法、世法。是事不爾，大慈大悲是為一切佛法根本。示何乃言是有漏法、繫法、世法？雖有難言：佛法本乎悲，如蓮出淤泥。然無礙解智一切法淨，一切習盡悲亦應淨。雖有難言：慈悲不能離眾生想。然唯羅漢不得眾生相取相而生悲，佛不思議，不得眾生相不取而生悲。雖有難言：無漏淨智不緣一切，唯有漏緣。然非佛說，迦旃延說，有漏緣假，無漏緣真，故唯無漏方緣一切。略述經論，了然朗然，不俟疏釋，抉擇取最，循而行之，是在有智。

威力三上

天下非人情，逾常理，最不可索解者；捨身飼虎，大地震動，二事。身至寶也，捨至輕也，虎至殘也，飼至奉也，輕其寶而奉於殘惑之甚。絕誕，不可以訓。至堅者大地，至脆者震動，乃堅而脆用，地厚載物，藐焉一身，渾然中處，烏獲舉千鈞不能舉其身，一人發願而大地震。絕誕，不可以訓。然而釋迦行之矣，然而行之而釋迦矣。其要奈何哉？曰：此大悲之威力也。常見者不知也，貳偷者不能也，無悲者不足與談也。然而有情多悲，願與談捨身飼虎義。

略舉十義：

一者，捨身飼虎義是唯一義。殺身以成仁，捨生而取義，一舉以為重，道退而為輕。若舉鴻毛，泰山可輕，若舉蟬翼，千鈞可輕。以珠彈雀，以子治味，以國以頭顱以名以業博嬉，不問其誰何，然能趨於一。此之所謂一者，拔眾生苦而已矣。

二者，捨身飼虎義是決定義。身者危脆決定不可留，不捨於今，必捨於後，不捨於功德，必捨於死魔。虎者有情，決定依食住，強時自飼，羸時他飼，有物物飼，無物身飼，物勢屈飼，菩薩宏願飼；眾生苦決定拔，無漏無苦，涅槃無苦，無漏其軌，涅槃其鄉。先其煩惱，次其寂靜。

三者，捨身飼虎義是至極義。施王位，施妻子，乃至施腦髓心脾，是為施輪之極，身以外無以加於其所愛也。與有德與旃陀羅，乃至與虎狼惡獸，是為受輪之極，虎以外無有加於其所不愛也。皮船渡海，沉於一孔，千仞之堤，潰於一蟻，建立者不留隙，君子無所不用其極。中庸者至善，至善者事理當然之極，曰擴充，曰致，曰建極，亦何嘗極端為害模稜中庸哉！

四者，捨身飼虎義是快足義。俠士復讐，所志遂，所求得，死而含笑。菩薩拔眾生苦，眾生苦拔而快，菩薩自不得不快。眾生快而足，菩薩之快自不得不足。菩薩無自樂，以他樂為自樂故。

五者，捨身飼虎義是無礙義。計較一礙，躊躇一礙，恐怖一礙，我愛一礙，深惡一礙，他阻一礙，無助一礙，癡惘一礙，捨身飼虎，諸凡障礙一切皆除。

六者，捨身飼虎是不撓義。勝己不撓，能忍不撓。且談能忍，大象入陣，直衝不縮，能忍鼓聲、螺聲、角聲、大叫喚聲，能忍寒熱、蚊蝱、毒蟲、風雨、饑渴，能忍鋒鏑、弓弩、箭矟、戟劍、刀鉾，如是能忍則為有力超勝一切。則可以語捨身飼虎事。

七者，捨身飼虎義是平等義。自他不等，人畜不等，恩殘不等，順逆不等，受拒不等，生死不等，有空不等，捨身飼虎一切平等。

八者，捨身飼虎義但顧自義。但顧自義，不問福田不福田故。又但顧他義，但顧他苦，不問堪任，不堪任故。

九者，捨身飼虎義是驀直義。驀直是現量，是本真，習成莽，非滅裂。何以故，願夙植故，悲所驅故，精審於他日故。

十者，捨身飼虎義是非鹵義。其力已充，其念能舉，其行能致，不於一佛二佛乃至已曾供養百千萬億諸佛故。

略敘十義，舉之而無上，揮之而無旁，敵之而無當，對之而無將，任其所行，恣肆縱橫，威力之至，有如此哉。悲之至，於捨身飼虎也，豈不威哉。有捨身飼虎之精神，然後乃有為人之學。

捨身飼虎，陳義如是，大地震動應續而談。妙善唯識，了知大地震動義是法爾義，非奇特義。見分挾相，識識交網，此一義也，本乎斯義，則如自所於能為挾帶相分，大地必為之變易；此所於彼所為增上相分，大地亦為之震動。

成住壞空，唯心所現，心淨土淨，此一義也。本乎斯義，則知吾願若滿而應有大地必見創成，吾願正發而已有大地固應震動。

妙善唯識奧義絡繹，不能備舉，但取足喻。威力之差，一者無情有情，有情刺激飛鳥哀鳴，大獸狂趨，無情刺激大地震動。二者堅固流行，流行感變天地昏黃，災雹冤霜，堅固感變大地震動。三者全體一分，一分暴露，鄧林旋沒，蘇迷裂帛，全體暴露大地震動。盛力至於大地震動，無論有情無情，堅固流行，全體一分，斯亦絕對決定之至者矣。大悲威力非獨二事，諸佛菩薩種種威力非獨大悲，不及其餘，亦足以觀而請止。

威力三下

威力義略陳一二，威力事不應缺如。十二部經本事本生，雖不勝詳，然應述略。發願以後，悲為先驅，捨身有力；入地以還，悲則增上，眾生能等。故應多聞薰習，長養種姓，振起悲願，自在縱橫。爰錄藏中十有二事：菩薩人中捨身四事，為畜捨身敘其三事，菩薩畜中捨身四事，菩薩忍辱敘其一事。捨身固難，忍辱波羅蜜實為最難。

乃往過去，羅閣國王持七日糧，微服孤行，避難鄰國。還復入宮，抱太子須闍提膝上。夫人怪王神情離喪。王曰：汝不知耶，羅睺大臣殺我父兄，深讐即至，速行鄰國。向鄰有二道，王初孤往擬七日道，三入荒迷入十四日道。道迂遠險難，無水草，食盡，無可奈何。王不欲併死無益，設方便，拔刀趨夫人。太子謂王：何處有子噉於母肉？應以子肉濟父母命。然不可殺食，易腐臭耳，應日割三斤，二分父母，一分自支。肉且盡而道未達，又復淨括餘殘，於是太子獨不得前。新肉香，蚊蟲唼食遍體，太子忍楚，發聲誓願：宿殃此盡，後不復造，今以此身供養父母濟其所重，願我父母得十一福；又以餘身施諸蚊蝱，皆使飽滿，我作佛時，願以法食除汝饑渴生死重病。發誓願時，天地六種震動，日無精光，禽獸馳走，須彌山王踊沒低昂，忉利諸天皆亦大撼。帝釋下化師子虎狼，張目䁥眥騰吼而來，太子微聲而言：欲食便食，何為作態？帝釋謝解而問其願。太子答言：我亦不願生天作梵，願求無上正真之道，度脫一切眾生。假使熱鐵輪在我頂上旋，終不以此苦退於無上道，所言不妄，身體如本，血反白乳，即時如言潰身平復。此為菩薩人中割肉救父母事。

乃往過去，賈客眾行，夜迷邪徑，無依無歸，誰與光明，若天若神，外道仙人，於空林大澤草菴中住，聞是悲喚，而作是言：若我不救，虎狼師子、大象野牛、心惱彼聲來奪彼命，遂報之言：汝等毋乎，須臾光明！疾以氎衣纏裹兩臂，以油遍灌，以火燃之，光明徹林。時彼賈客甚為希有，日彼仙人悲心轉增，乃大發願：願得阿耨多羅三藐三菩提時，邪道眾生為作法明示正道行。賈客天明趨禮仙人，仙人以淨施因緣故，兩臂平復，瘡瘢都無。此為菩薩人中焚臂救賈客事。

乃往過去，佛為大力國王，設大施會，金銀、寶物、奴婢、象馬，恣人需求。提婆達多時為帝釋，化婆羅門來破彼施，不乞餘物，但乞身分。王知是事，語婆羅門，與汝身分，截取持去。婆羅門言：得無悔耶？王言：不悔，四方來集悉應足令！婆羅門言：令我一人，尚不充足，何論四方？王欺人哉！王即以刀自割其臂，與婆羅門，當割臂時，心平無異，以能棄捨一切法故，臂自平復。於是調達福盡，應墮阿鼻。如來威神之力，調達第一不知恩義，臨獄聞言：癡人調達瞋恚於佛，橫起殺業，今當墮於阿鼻地獄。即時大怖，深生親好，作大聲言：我今惟以骨肉一心歸命於佛！心即得樂，以是因緣，調達出獄，得生人中，出家學道，得辟支佛，號曰骨髓。此為菩薩人中割臂勝施障事。

乃往過去，不流沙城，饑饉疫行。時王亦病，夫人拔摩因出祠天。時有產婦，饑虛欲死，念無餘計，唯有噉兒，心極悲感，舉聲大哭。夫人過而聞聲，既傷慘切，就舍而求得其情，倍復悼愍，語彼婦言：莫殺其子，我到宮中，當送爾食。婦人答言：夫人尊貴，或復稽忘，我命呼吸，不踰時節。於是夫人便取利刀，自割其乳，便自願言：今我以乳，持用布施，濟此危厄，不願轉輪天帝魔梵，願求無上正真之道，度脫一切眾生苦厄。即便持乳與彼婦人，適欲舉刀，再割一乳，應時三千大千世界為大震動，諸天宮殿皆悉動搖，無數諸天虛空悲泣，淚如盛雨。天帝問願，夫人即誓：今我所施功德審諦成正覺者，乳當如故。即時如言，乳處平復。此為菩薩人中割乳救噉兒事。

乃往過去，尸毗國王得歸命救護陀羅尼，精進慈悲，視一切眾生如母愛子。時世無佛，釋提桓因處處問難，不得斷疑，憂傷愁煩，沉索而處。毗首羯磨告有尸毗不久作佛，二天遂下欲觀其真。毗首變鴿，帝釋變鷹，鷹急逐鴿，鴿入王腋，舉身戰栗，動眼促聲。鷹在樹言：還我所受。尸毗抗言：我先受此，我切發意時受一切眾生而欲度之。鷹言：我非一切耶？而奪我食。王言：相當給食。鷹言：須新殺熱肉。王念：殺一與一，何如割肉相易。乃刲股持與。鷹言：輕重勿欺。王言：便持稱來。以肉對鴿，轉展不準。王割二股、兩腨、兩髖、兩乳、頸脊，次第肉盡，鴿重肉輕。王雖潰模糊，欲入觀觸，敕勿安慢，攀稱而上，肉盡筋斷，不能自制，上而還墮，乃自責言：汝當自堅，奈何迷悶，一切眾生，憂苦大海，汝今一人誓欲渡盡，此苦甚少，地獄苦多，以此相比，於十六分猶不及一。汝今獲有智慧、精進、持戒、禪定，猶患此苦，何解獄中無智慧者？王更攀稱，語人扶上，即時天地六種震動，大海波揚，枯樹華生，大降香雨，西女歌詠，鷹鴿還形，至心歸命，偈讚菩薩必得成佛。王心不瞋，潰身平復。此為菩薩人中割肉救鴿事。

乃往過去，王子三人，波羅、提婆，及與薩埵，遊賞山林。波羅心念：今日忧惕，將無及難。提婆心念：身無足吝，愛別離苦，更復前行。果遇母虎，產生七子，才經七日，諸子圍繞，饑羸將死。波羅乃言：哀哉此虎，必噉其子。提婆乃言：倉卒無求，唯有捨身。波羅復言：一切難捨，無過己身。薩埵乃言：當懷悲利濟，空百千生，爛棄何益？各起慈心，悽愴傷懷，熟視徘徊，久之而去。爾時薩埵便作是念：我捨身命，今正是時。觀身不堅，於我無益，如賊可懼。若捨此身，則捨無量癰疽惡疾，百千怖畏，是身唯有大小便利，如泡蟲集，血脈筋骨，節節連持，甚堪厭棄。我於今日，當使此身修廣大業，於生死海作大舟航，棄捨沉淪，長夜出離。我今應求究竟涅槃無上菩提，定慧薰修福德嚴密，獲微妙身成一切智，拔眾生苦海法樂無極！爾時薩埵大勇弘誓，悲心轉增，更慮兄懼，方便遣離，獨至虎所，脫衣竹上，委身臥就，慈悲威勢，虎無能為力。即上高山，投身於地，復為神仙接足無失，即起求刀，又不能得。乃設方便，乾竹刺頸，血湧淋漓，徐近虎邊，虎遂得食。是時大地六種震動，如風激水，日無精明，如羅睺障，天雨華香，繽紛墮墜，父母二兄，哀慟逾常，收殘起塔。此為菩薩人中捨身飼虎事。

乃往過去，寶燈焰佛時，有千童子發菩提心，死為千梵王。復因辟支佛足現文字十二因緣禪思證果，又發大願作佛度人，過此辟支百千萬倍，死為千聖輪王。千聖輪王至是修施，天樂、天女、國家、王位，一切捨棄，入雪山學道。各立草菴，端坐思惟，發弘誓願：當度一切而求無上。宿世報故，山神供果，五通騰虛，壽命一劫。時雪山中有大夜叉，身長四十里，狗牙上出高八十里，面十二眼，眼出迸血光過鎔銅，持劍持叉住聖王前，高聲唱言：我今大饑渴。千王施果，夜叉怒詈：我父夜叉噉人精氣，我母羅剎噉心飲血，速施心血來。千王躊躇。夜叉為之偈言：觀心無相四大所成，一切悉捨應菩薩行。時雪山中有婆羅門名牢度跋提，與聞此偈，獨至其前，白夜叉言：唯願大師為我說法，不惜心血。乃脫單衣敷為高座，請夜叉偈，夜叉偈言：求無上道，受割截苦，能忍如地，不見受者；心不悔悕，普濟饑渴，如救頭然，應菩薩行。牢度跋提聞已，踴躍歡喜，將出心血，持劍刺胸。地神止之。牢度偈言：幻焰隨滅，響已不更，四大五蘊，勢不久停，千萬億歲，未為法死，勿障勝慧，成佛度汝。於是以劍刺頸，施夜叉血，提復破胸，出心與之。是時天地大動，日失精光，無雲而雷，有五夜叉從四方來，競裂食之，食已叫躍空中，而告王言：誰能行施如牢度跋提，乃可成佛。千王怖退，夜叉又為之說偈，乃默然住。此為菩薩人中出心飼夜叉事。

乃往過去，雪山王邊有五百群象，中一最大，禮貌可愛，多力多智，以為其主。高山險難，唯有一道。爾時獵師見此群象，夜於險處大作坑坎，朝遂驅逐向坑陷之。象見大坑徘徊無計。時大象王急極智生，捨身橫坑，趁力作橋，五百群象，大踏其脊，次第而過。最後力盡，有一未渡，勢將墮墜，急持忍痛，遂得安濟。象王心喜，作勢踊跳，入其群聚。此為菩薩畜中捨身殉群事。

乃往過去，鹿百為群，隨逐美草，侵入人邑，國王出獵，遂各分迸，鹿母懷妊，饑疲失侶，遂生二子，煢悸墮弶，悲鳴不已。獵師見而心喜，鹿乃稽首陳言：即生二子，矇矇始視，未知東西，乞假須臾，將至水草，使得生活，旋來就死，不失信誓。獵師驚怪不許，鹿說偈言：不能林藪，人弶應死，何惜腥身，但憐二子，雖昧人義，奈何虛偽，恩放不還，罪甚五逆？獵師悚然，乃自歎言：可以人而不如鹿乎，癡貪欺殘，胡乃若是？便前解弶放鹿。於是鹿母至其子前，低頭吟舐，示好水草，一悲一喜，而說偈言：努力自活，世無久合，誤墮獵手，應就屠割。即便棄子而去。二子嗚啼，戀慕追趕，頓地復起。母顧命言：毋為母子併死，然子悲號俱至弶所。獵師憩臥樹下，驚覺而起，感鹿篤信，志節丹誠，釋鹿母子，乃具以聞王。國人咸感，遂廢殺獵。此為菩薩畜中捨身殉信事。

乃往過去，有古彌勒，以《大悲海雲經》教人作佛。有婆羅門聞經發願，入山千年乞食誦經，一心除亂。時連雨不止，洪水暴漲，仙人不食七日。時彼林中，有五百白兔，中一兔王哀念仙人命不久留，法幢將崩，法海將竭，當令久往不惜身命，即告諸兔：一切諸行，皆悉無常，眾生愛身，空生空死，我今欲為一切眾生作大橋梁，令法久往，供養法師，汝等宜各隨喜。諸山樹神即為積薪，以火燃之，兔王母子圍繞七匝，白仙人言：今我以身供養仁者，為法久往，令眾饒益，即別其子，今後汝可隨意水草，繫心三寶。兔子跪言：如尊所說，無上大法欲供養者，我亦願樂。子即投火，母隨而入。即時天地大動，色界以上皆雨天華，供養菩薩肉熟，樹神白仙人食。仙人悲不能言，以所誦經置樹葉上，因發誓心：願我世世常不噉肉，乃至成佛至斷肉戒。作是語已，自投火坑，與兔並命。是時，天地六種震動，天神力故，金光晃曜，照千國土，國人蒙此光者皆發阿耨多羅三藐三菩提心。此為菩薩畜中捨身殉法事。

乃往過去，菩薩獨行，時有惡獸來奪其命。臨命終時，心發大願：願此死後於空林澤中作大畜身，諸來食我令悉滿足。所以者何？是諸惡獸常食小蟲，多起殺罪，饑虛不飽，甚可憐愍。菩薩乘願即作大畜，如是展轉百千萬億那由他世，若以一劫，若減一劫，悲心拔濟，作畜施食。又嘗為魚十二由旬，屠十二年，濟世饑饉。此為菩薩畜中捨身濟饑事。

乃往過去，忍力仙人，受如是法不生瞋恨。惡意弊魔遣巧罵千人，前後圍繞，惡口鄙穢，苦切備至，止時亦罵，行時亦罵，到聚落亦罵，入聚落亦罵，食時亦罵，食已亦罵。如是從座起，從聚落出，還至林間樹下，一一皆罵，如是坐臥經行，息入息出，常隨逐罵，凡八萬四千歲。又仙人入聚落時，屎灌其頭，著缽塗衣，糞掃灑其頂上。忍力仙人終不瞋恨，終不退沒，終不自言我有何罪，亦復不以惡眼視魔。千人至是如不可壞，殷重懺悔，發生道意。所以何者？菩薩自念：我常長夜於諸眾生如父母想，愍其孤窮無有財物，往來生死險難惡道，愚癡無智，常盲慧目，誰能示救？惟我一人。若有眾生，惡口罵我，苦切責我、瞋我、打我，我終不報。我應常與一切眾生拔究竟苦，施畢竟樂，我不應與一切眾生毫髮惱恨。是諸眾生誰能忍者，則惟我能。是故我今應學眾生無上忍法。此為菩薩忍波羅蜜事。

功德四

悲以功德而大，功德以智而成，不作功德，無所用其一切智智；不有其悲，亦無所用其功德。本乎大悲，而因於菩提，竟於巧便，是故功德者，悲智之寄命，悲智之橐籥，而菩薩之所以為行也。菩薩功德，攝於十度，而精進遍於一切，則九度者功德之用，而精進者又功德之體也。

何為精進？相續增上，是為精進。難行苦行，遍一切行，不思議行，是為精進。日月以續而明，四時以續而成。涓涓之滴，續成江河。青青之茁，續成尋柯。悲悲不已，續成薩婆若。夫凡聖同情，悲惻皆生，不續則凡，續則成聖，而法相不住，念念皆新，若必相續，非寄命於功德，則不可能；功德不住，亦頓起頓滅，若必相續，非寄命於精進則不可能。牽引而生後，觸類而旁通，展轉而增上，功德以悲力而益彰，悲力以功德力而益壯。三千大千自界現象，自界莊嚴，自界光明，則亦功德之為用，而精進之為體故也。五希奇，五不希奇，五平等，五饒益，五報恩，五欣讚，五加行，五無量界，是四十法中，觀其難苦，觀其普遍，觀其超特，必有一物，是率是行。是使悲與功德，大莫與京，充量過量，則亦功德之為用，而精進之為體故也。

《攝大乘論》：何故聲聞乘中不說賴耶，以彼聲聞不於一切境處轉故，雖離此說，然智得成。菩薩一切境處轉故，若離此說，不能證得一切智智。是故唯識學者大悲之作具，大悲行者唯識之作業。聲聞無悲，不生功德，用不藉於唯識；大悲菩薩，功德業宏，唯識則證，一切智智則成。十二分教、四諦、四道理、三乘，是為四施設建立。智之能施設也，龜毛兔角而有用也，是智之極也！蘊界處諦，無礙依資，覺分止觀，緣起一切，是為十善巧分別，智之能善巧也，迷謬重障，莫予毒也，是智之極也。有施設善巧之知，為一切功德之作具，何法不續，何行難苦而不遍滿。非不思議，則亦功德之為用，而精進之為體故也。

十王大業，智增菩薩，不作鐵輪，乃至初禪，唯四下天，變易生死。悲增菩薩，則初地鐵輪，十地四禪，七地以前，一向分斷，此猶可爾，異竟闡提但問功德不問證期，誰能承此無果之為，難之又難。有地藏菩薩，眾生入地獄無有窮已，地藏菩薩往彼地獄無有出時。此一功德也，菩薩摩訶薩精進之尤也，聞之而可以也。取淨妙士，攝調白人，功德嚴成，悲盡未來，一千四佛悉亦如是，獨我本師釋迦牟尼，取不淨土，攝不淨人。此一功德也，如來世尊精進之尤也，聞之而可作也。

乃往過去，寶藏佛世轉輪聖王為阿彌陀，其千太子，觀音、勢至、文殊師利、金剛智慧、虛空印、虛空日光明、師香普賢諸菩薩等。佛入三昧，現多佛土，或淨或穢，令各願取，是等菩薩皆取淨妙，離五濁世無聲聞眾。釋迦本師時為大臣，見於諸人取淨攝白，五逆十惡，三有四流，不淨惡眾，諸佛淨界所不能容，罪積如山，擯集娑婆，無有救護，乃白佛言：我今心動，如緊樹葉，心大憂愁，身亦憔悴。此諸菩薩雖發大悲，不能取此五濁惡世，令彼眾生墮黑闇癡，我當於此娑婆賢劫，壽千歲時，行菩薩道，生大悲心，調此罪眾。頭目血肉，難苦行施，我行六度，三世諸佛所不能及，為仙為兔，而皆捨命以應求乞。自初發心，乃至涅槃，有聞我名，怪未曾有，攝彼邪眾，為植善根，於十劫中，入阿鼻獄，受無量苦，畜生餓鬼，貧窮下賤，一一莊嚴。於其中間，不願生天，受諸快樂，唯除一生兜率成佛。壽百二十時，世界麤弊，我於是時證無上道，三乘化小，苦行化外，他方惡眾，來生我國，等一度化。其有犯重，一念悔己，即為受記，其有怨賊，出佛身血，大悲梵音，而為說法。誓願五百，一一成就。又復我之所證，施戒聞思，悉與地獄一切黑眾。若有聞法開釋而業未盡，我為代受而令生人，願令我身大如須彌，數如刹塵，所覺苦樂一如今身，以此身代十方刹塵阿鼻眾罪而久其苦。是願若成，此會大眾，唯除如來，皆當涕泣，讚言善哉！說是語已，彌陀座起，悲泣滂沱，敬禮讚偈，觀音以下一一如應。

菩薩四法懈怠：一者取淨世界，二者調白眾中施作佛事，三者不說聲聞辟支佛法，四者壽命無量。如是菩薩非猛健丈夫，非深重大悲，非方便巧慧，非平等善心，譬如華田，是乃雜華，非分陀利。菩薩四法精進：一者取不淨界，二者不淨人中施作佛事，三者說三乘法，四者壽命不長不短。如是菩薩是猛健丈夫，是深重大悲，是方便巧慧，是平等善心，譬如華田，是分陀利，非彼餘華。唯我本師釋迦牟尼，是大精進，非是其餘；唯我本師三十二相是流血成，非祥善成，梵牙索目，堅牢乞耳，蜜味索手，盧志乞足，尼乾索陰，又復乞皮。肉山臂燭，應飢渡厄。施目如恆沙，施血如海水，施肉如千須彌，施舌如大鐵圍。又復捨耳如純陀羅，捨鼻如毗富羅，捨齒如耆闍崛，所捨身皮如三千大千所有地殼。唯我本師，於無佛世，麤惡語言怖化眾生，是餘業故，世界弊惡；唯我本師，於無佛世作夜叉像怖化眾生，是餘業故，菩提樹下垂證覺時天魔波旬擾亂侵壞；唯我本師，於無佛世唯攝黑眾，他國來生得度因緣，是餘業故，說法會上立聲聞僧。

起悲五

誰不有悲性，誰不欲起悲度眾，名字遠聞？然無方便，悲不得起；悲不得起，或怖自苦而為聲聞，或破自惑而成緣覺，是故直往菩薩起悲第一。起悲方便第一中之第一：一多聞，二清淨，三不離眾生，四發願布種，五修慈滋潤，六多作功德，七觀眾生苦，八觀眾生倒惑，九取相作觀，十習以成性。苟能如是十種方便殷重不已，悲念不生，如來世尊則為妄語。

云何多聞而起悲耶？智由悲起，悲亦由智起。悲起之智，能自抉擇，加行根本，及與後得，遂爾次第而成；起悲之智，數他珍寶，七事四理，深信不誣，遂爾知見有力觸感根心。是故必得多聞，而後知苦真實，知苦真實，而後不同苦役，不同苦役，而後能觀眾生役苦以起悲。必得多聞而後知法真實，知法真實而後不同法執，不同法執，而後能觀眾生執法以起悲。若不知苦真實，則又不能代眾受苦，不能代眾受苦，雖或能悲，乃亦不能念念相續，剎那已滅，烏得謂其真能起悲？若不知法真實，則事有觸而應悲者，由衷而出不免為世俗附庸，非由衷出不墮於口惠之隨風，即墮於感情之躁動，凡若此者，又烏得謂其真實能起悲？

云何清淨而起悲耶？五百鹽車截渡，渾濁喪真，滄浪之清，物來必鑑，久氛塵鏡，黑暗冥頑，不染一埃，空靈照燭。感觸捷應之機，捩則失用，淨則精通，理固然也。是故物至而悲起者，清淨無穢之心境也。《大寶積經》：如是大悲由於不諂而得生起，譬如虛空永出離故；如是大悲由於不誑而得生起，從增上意而出離故；如是大悲非由詐妄而得發起，從如實道質直其心而出離故；如是大悲由於不得曲而得生起，極善安住無曲之心而出離故；如是大悲由彼無有憍高怯下而得生起，一切有情高慢退屈善出離故。

云何不離眾生而起悲耶？悲是能緣，眾生苦惑是為所緣。草木河山，騷士情人因之而多感，羌無寄託，則秋風肅殺，或亦喜彼威剛，落日昏黃，時則賞其索寞。唯夫有情疾痛相對黯然，蓋未有不悲從中來也。空山趺坐，飛鳥不聞，足音跫然，空中憎擾，肝膽楚越，人事迷茫，苦且不知，從何悲起？是故大乘大悲，當處人間塵坌闠鬧，然後乃得眾生業惑情偽離奇，然後有動乎中，酸辛悲憤。奈何菩薩如彼聲聞，了自業緣，避人逃世。是故《大莊嚴論》：菩薩大悲，略以十種眾生而為境界。《菩薩藏經》：菩薩大悲，略以十六眾生而為所緣。

云何發願布種而起悲耶？行菩薩行但是行願，發願為因，願滿為果，因果不二，但是其事，不必事圓，是故不能起悲，但應悲願。願則易舉，德輶如毛故；願不可毀，金剛不壞故；願則能引，招同類故；願則能續，恆長養故；願則不斷，恆希故望；願則能展，久具計故；願則能赴，機相應故；願則能任，力漸充故，是故不能起悲，但應悲願。悲願者何？不捨眾生而已。眾生與悲，如命與息，當願眾生起悲第一。《華嚴淨行》：百四十一，當願眾生，願在發心前。《瓔珞本業》：有二十四，當願眾生，願在發心後。佛前佛後皆普賢行，而皆行願，願此眾生，願此眾生大悲無已，盡未來際。

云何修慈滋潤而起悲耶？取與捨對，樂與苦對，交相繫屬，即交見栽培，與之以樂，不能不拔之於苦。悲為因緣，慈為增上，因緣增上，乃得成辦，法性自爾，智者能知。《大莊嚴論》：悲樹六事成，根出以慈潤，由有慈者見他苦已，生悲苦故。

云何多作功德而起悲耶？菩薩功德，十波羅蜜。施度、忍度、力度，詳於威力；進度、智度，詳於功德；慧詳多聞；戒詳清淨；願度詳願。惟禪方便須續而談。捨身代苦，若覺其難，即應退墮，但告奮勇，而難為繼。故有方便修三三昧，五蘊皆空，無願，無作。此觀若成，能所俱寂，三輪清淨，得大涅槃。然三三昧若無方便，必乘果報生長壽天，退失悲心，墮於小外。因悲而空，因空而悲，禪與方便，交相利用，有益無危。《大智度論》：大慈大悲用方便力，不隨禪生，不隨無量生，不隨四無色定生，在所有諸佛於中生。眾生著空墮大地獄，是故菩薩深入大悲，悲因緣故得無量福德，生值諸佛，從一佛國至一佛國。是故大悲不妨實相，諸法實相不妨大悲。

云何觀眾生苦而起悲耶？諸聖聲聞，苦諦現觀，證苦深遠，厭俱行心，相續而轉，悲故微薄。菩薩正觀，墮百一十極大苦蘊，正薰心故，悲亦正強。是百一十應悉披陳。云何是耶？一流轉苦，二欲癡苦，三三苦，四別離斷壞相續畢竟苦，五貪瞋疑悔惛沉睡眠苦，六因果財護無厭變壞苦，七生老病死怨愛不得苦，八寒熱饑渴，自逼他逼，及不自在一類威儀苦，九自他親財戒見無病現法後法一切衰損苦，十食飲衣乘莊嚴器物香鬘樂伎照明給侍一切乏匱苦，如是增數有五十五。宿因現緣有一切二苦；長時猛利雜類無間有廣大四苦；獄鬼傍生善趣所攝有一切門四苦；他觸自纏現造當趣界不平等有邪行五苦；父母妻子奴僕朋友財位自身一切流轉有不定六苦；長壽端正多智勝人族富大力一切不得有不隨欲七苦；妻子貪增饑儉怨敵野難屬他根缺擯殺一切損惱有違害八苦；壞時盡時老病死時無利無譽有譏希求一切必至有隨逐九苦；無樂受因不斷結尋逼匱不平愛壞麤重有一切十苦；如是增數復五十五。此百一十，是菩薩行悲所緣境。緣此境故，悲不生起，是為木石，非有情類。

云何觀眾生倒惑而起悲耶？如來大悲三十二種救護眾生，眾生於法發生顛倒有二十四，又於有情發生迷惑而有其八，如來一一觀諸眾生而起大悲，而為說法，菩薩大悲依此修習而得生起。云何然耶？一切法無我人眾生壽者，而眾生以為有，菩薩於此而起大悲。一切法無體無住，無執藏主宰事物我所，而眾生以為有，菩薩於此而起大悲。一切法無生無滅無垢，離三毒，無來去，無造作戲論，而眾生以為有，菩薩於此而起大悲。一切法空無相無願，緣生靜寂，而眾生以為不然，菩薩於此而起大悲。是謂觀諸眾生於法顛倒有二十四而起大悲。世間眾生，諍論瞋恨，倒見邪行，饕餮互陵，為妻子役，惡友近習，邪命自活，居家濁穢，墮小捨智，菩薩於此而起大悲。是謂觀諸眾生於有情迷有其八事而起大悲。菩薩若能如此修習，大悲薰熾，則為已入阿鞞跋致。

云何取相作觀而起悲耶？《大智論度》：菩薩學悲無量時，先應發願，願諸眾生拔種種苦，取拔苦人相攝心入禪，自諸親族至十方界。取相作觀雖近小定，然入觀根本，一主厭棄，一主拔濟，所趣自不相淆，方便不妨一致。

云何習以成性而起悲耶？酒嗜痂癖，吾生以爾為命，人之所惡，彼之所好。中有開導，臨事不造。法性自爾，悲亦何獨不然？從他苦生悲，從悲生自苦，從苦拔他苦，從拔他生樂。夫至於樂，則成癖成嗜，非此不適。是故信行位怖苦，未見自他等，未觸如實苦，習而未性故。淨心位怖苦，已見人畜等，已觸如實苦，習已成性故。銅鐘感應，天下易事，無過成性，菩薩念哉！

勸學六

人於獸，獸於禽，禽於餘動物，遞嬗遷流之跡，彰彰不誣。日月星辰，山嶽江河，草木礦石，遞嬗遷流之跡，彰彰不誣。物本天然，無所得而畸輕畸重，宇宙之壞及與不壞，既無所容其心，人物之安及與不安，亦無所先天下。浪漫支離，浮萍無與，如是之學，古史有之，天下多趨之。取天下之物，率天下之人，平之衡之，作之驅之，養其欲樂，使不得失所，制其品類，使不得絕足而馳，鰓鰓焉慮，孜孜矻矻，群分焉而治，古史有之，天下多趨之。二者之學，世之所謂極純而至要者也，世俗之道，是則然矣。

雖然，君子有究竟之學。何以必須宇宙，何以必須山河大地人物動植，此一理也，研之乎未也。何因而忽有宇宙，何因而忽有山河大地人物動植，此一理也，研之乎未也。宇宙為何不憚煩如是，山河大地人物動植何為不憚煩如是，此一理也，研之乎未也。燭照洞然，徹終徹始，置之不理。徒跡其已然，破碎支離，煩於一隅，以統大全，以縱橫學，君子謂其細已甚，甚足悲也。故事之起，環賾無緒，物境之變，不可思議。治之所生，亂之所始，救其所救，又救救者，世界殆盡而滋救不已；非謂其不成也，物以治物，性自爾也。亂不遄止，甚足悲也。是故君子有為人之學，悲乎眾生不得無餘涅槃是也。

學悲有十勝利，應作而起：

一者：法界同體，悲惻不云乎，一惻然而天地萬物之情，周洽旁皇，淪肌浹髓。法界繁賾，剎剎塵塵，然無大小內外，無分量古今，一舉而悉舉，一沉而悉沉，勝妙一毫端，寶王十方建。

二者：於事易舉。《瑜伽師地論》：菩薩以所修悲薰修心故，於內外事無有少分而不能捨，無戒律儀而不能學，無他怨害而不能忍，無有精進而不能起，無有靜慮而不能證，無有妙慧而不能入。

三者：群生知己。他心宿命，修習其通，無適徑熱。觀苦既久，洞徑靡遺，身受者難言，而旁觀者隱抉。苦雖未拔，而有知者，則感泣涕零矣。

四者：祥光安隱。鴿入舍利弗影，戰栗不已，入佛光中，迴翔自在；獸觀獵師，頂有血輪，身生奇具，遂爾觳觫。修悲既久，充實盎然，應有祥光，飲人無量。

五者：坦無城府。言涉吞吐，行經幾曲，是為有覆。有覆者，惑之本，害之最獨。然實不得已，懼虧而留步，當時快足，既無為難，衝懷而出，豈不善哉。

六者：偷性滅盡。絕望者不偷，無委者不偷，救火追亡不偷，舉重若輕不偷，悲之所至，知聞塗毒鼓，必死無疑故也。

七者：無不平等。但惻隱故，不擇而加故，自然無有強弱高卑隆殺貴賤故。

八者：與智無二。離悲之智曰小智，離智之悲曰外悲。既不可說分別為智，即不可說愛勝為悲。具虛靈故，具不昧故，皆所同故。

九者：容易得通。《大智度論》：入悲三昧，現在得五功德，入火不燒，中毒不死，兵刃不傷，終不橫死，善神擁護。

十者：大雄無畏。師子不欺，香象澈底，行之既久，必坐菩提。作猛健大丈夫，誰懷斯志？

漸之姊淑，二十歸於鄧，未逾年而寡。鄧有兄無賴，家破，姊大歸侍母。訓溱弟琳姪格兒蒙，因以為蒙師者若而年，得資治翁姑喪如儀。鄧兄有子，又無賴，撫之而逃亡，乃子其族兒名拱璧者教而婚之。初，鄧幼，與予同學。歲暮過其家，鄧兄呼舅，予駭奔詢母，則正於是時許鄧不誣，無奈何也。予一兄三姊，骨肉凡五，婚姻皆以幼，皆草草定，又不出彈丸小城。嫂及諸姊以故寡，又貧，霾陰悍鷙之氣充於庭無寧日矣。姊有德，包荒左右焉，又不惜其資，家人安之。不幸母死，不得已舉家入山，趣空門倚佛，霾陰悍鷙之氣，充於山無寧時矣。

女蘭，有知，願隨父。予入隴數月，返金陵而蘭死，年十七耳，姊哀而聚寧數年。兒東，泗斃，姊哀而聚寧一年。今復可得而聚哉？姊既皈佛，作功德，格兒奉以資，施支那內學院。住宜黃龍泉，請藏，作藏經樓。工興，露督而疾作，庸醫投涼劑。予年來窘，不能如所需。道梗，藥與資不達。其家時怨逼，百方違緣，而姊已矣。

寒假作院訓釋文。釋悲已半，正月三日凶問至。心痛不自持，已輟。然無益，吾何以將吾姊，應續作以回向，乃祕之，制之，振之。胸前熱，頭涔涔目眩，身寒噤如瘧，數數不自持，復數數目責，今幸粗率成，實不能再作也。自今以往，吾悲願，念念願眾生，念念拔眾苦；本師所為，吾悉願為，悉以回向吾姊；又願讀吾文，而怦然者，拔一切苦厄，而先拔吾姊也。民國丁卯上元日。

釋教訓第三

導引一

證智無戲論，佛境菩薩行，此之所謂教。何謂無戲論耶？無著釋龍樹八不偈云：非滅不滅，非生不生。應知諸句皆如是說，不可說此法非滅故名不滅，世諦不異第一義諦，一相無相故，亦不可說此法無滅，故名不滅，非滅中復有滅故，涅槃無體不得遮生遮滅故。蓋非滅不滅云者，說滅，戲論也，說不滅，亦戲論也。根本此事非談生滅，而以生滅作此事談者，反覆轉輾皆戲論也，是故非之不之也。《般若經》云：菩薩安住諸法無自性中，觀蘊處界，乃至觀一切智智，若常無常，若寂不寂，皆戲論也。念諦應知斷修證，戲論也；念靜慮覺分乃至一切智智應修應證，亦戲論也；應觀種種不可戲論，故不應戲論。戲論是三界二障之所自出，不其戲論，則正性離生之所從入也。

何謂佛境耶？不其戲論，非一切法斷滅無有，而內證聖智之異其所依也。《般若經》云：愚夫異生所執非一切如是有故，如無所有如是而有。又云：如如來如實通達生相法，如是而有也。能證乎是，是為證智，證智所緣，是為佛境，法界真如是也，畢竟空也，一切智智也，無餘涅槃也，第一義諦也，一乘道也，無學也，無位也，頓證也，一也。未得證智，以生滅心隨佛境，趣向佛境，臨入佛境。

《般若經》云：初學菩薩，若欲疾證一切智智，於善知識所，能聞廣略教相，受持讀誦思惟觀察，令心心所於所緣相皆不復轉。又云：從初發心至坐道場，無容橫起諸餘作意，唯常安住一切智智相應作意，令心心所於境不轉。又云：於諸法中不作二想，名無上菩提修菩薩行，思惟在一切智智。一切智智者，與性為性，法界為相，所緣亦無性，行相亦寂靜，正念而增上是也。發心作佛，念念是佛。而不然者，二想雜想，間斷不續，又烏能佛境為主，戲論為客哉？而不然者，學四諦則落聲聞乘，學十二因緣則落緣覺乘，學六度萬行則落菩薩乘，空則惡取於空，有則非善巧乎有，各端其極，水火不融，如來所願，願若是哉？唯有一乘道，無二亦無三。於無性無動，於智智不轉，以談瑜伽則離言自性，以談般若則是法平等，以談涅槃則佛性中道，萬流千流，滙歸瀛渤，無不同此法界流，無不同歸一法界。若其發慮，則所向有殊，所施各異，說相說性，說常無常，釋迦說法四十九年，何嘗自語相違？是則相反無不相成，是則滙流無如趣一。

何謂菩薩行耶？本性空也，二取空也，三自性也，道相智也，無住涅槃也；二諦也，三乘也，行引修也，漸次之歷位也，分證也，一也。既佛境矣，而菩薩行何耶？不得已之作也，自然之趣勢也，巧便之施設也。不能用頓則方便用漸，三智三漸次，三阿僧祇必能頓證，處夢謂經年，悟乃須臾頃，亦無漸之非頓而已矣。不能用圓則方便用分，菩提分法滿即菩提，以法學法界，復以法界學一切法，以法學無所得，復以無所得學一切法，積土成山，積水成淵，亦無分之非圓而已矣。不能遍一切一味則方便用通，一攝一切，一入一切則一法成佛，一切攝一切，一切入一切，則法法成佛，無住涅槃觀空不證，川納眾流，海納百川，亦無通之非遍而已矣。

是故行三自性於畢竟空，大悲度情有依能遍也。行道相智於一切智智，行無住於無餘，無窮無盡而無遺也。行俗諦於第一義，熟情嚴土後得智圓也。行三乘於一乘，行分證及行引修於果境，徑無不通無礙自在也。是故無佛境，則漸不能頓，分不能圓，通不能遍。滯於一隅朝宗無期也。是故無菩薩行，不能用漸而頓，不能用分而圓。不能用通而遍。彼岸天涯無航可渡也。是故僻執久行者，破碎支離，磨磚作鏡，高談一乘者，憑虛凌駕，娛樂乾城，皆以不得方便善巧故也。《般若》云：菩薩不從佛及善友聞說殊勝方便善巧，雖親近諸佛，種諸善根，承事善友，而不能得一切智智，是故方便為究竟也。是故新學菩薩於最初學極不可忽者，方便善巧是也。是故佛境菩薩行合，而後為教也。

釋義二

將欲釋佛境菩薩行至義，必先明不可思議三事。三事既明，義乃有據，不蹈虛肊（編者按：同臆字）。

一真妄主客事。《勝鬘經》言：此自性清淨如來藏，而客塵煩惱上煩惱所染，不思議如來境界有二法難可了知，謂自性清淨心難可了知，彼心為煩惱所染亦難可了知。據此則真與妄法並時發現也，非止一真更無有妄也，非妄滅然後有真也。《楞伽經》云：諸有妄法，聖人亦現，然不顛倒。妄法是常，相不異故。心意識轉，即說此妄名為真如。若無如來藏名藏識者，則無生滅。然諸凡夫及以聖人悉有生滅，《解深密經》云：如實了知離言法性，於有無為決定無實，然有分別，所起行相猶幻狀，迷惑覺慧，不如所見堅固執著謂為諦實，彼於後時不須觀察。此說則妄非為無有而不執也。然《密嚴經》云：賴耶與能薰及諸心法等染淨諸種子，雖同住無染。又云：藏識與七俱體性而無染。此與《勝鬘》說染不同者何耶？據《辯中邊論》，如水界金空。則此染者真妄不離，是故云染，非同世說和合一味，是故非染。此中辨析，厥有二義：

一者涅槃唯真無妄，不與生滅相應故。無餘涅槃無損惱寂滅中無邊功德，如如不動。其一分現前者，皆由先時菩薩願力發起而來，譬如滅定，由先加力出起遊行，是故真如緣起者，乃邪說也。一真法界，諸佛自證理同不異，謂之為一，而言別有一境眾其一心，亦邪說也。

二者菩提真妄不離，與生滅相應故。生滅相應，八識遂變根身器界心及心所，名之曰藏。依藏淨種曰如來藏，依藏染種曰阿賴耶，同一八識，增立九識，亦贅說也。

二智如非一非異事。以法言非一，楞伽密嚴俱稱五法。《密嚴》云：法性名如如，善觀名正智。《楞伽》云：真實究竟，自性可得，是如如相，不生分別入自證處，是名正智是也。以義言非二。《般若》云：變化與空，如是二法非合非散，此二俱以空空故空，不應分別是空是化。若以生滅言又非是一。智與生滅相應是化，如不與生滅相合非化。《般若》云：真如名為無生無諍，如實知見諸法不生，諸法雖生真如不動，真如雖生諸法，而真如不生，是名法身，其言真如雖生諸法者，依於真如而有一切法生，非真如生一切法也，法若即如法尚不生，何況真如而有生法？如智既分，明與無明義自相對。《密嚴》云：……法理相應，明瞭能見，說為正智。「般若」云：於無所有不能了達，說為無明是也。若無明對如，則體用不分，法相淆亂，不可為教。

三法法成佛事。《般若》云：諸菩薩摩訶薩於諸行相狀，能正顯發道相智者，遍於如是諸行相狀皆現等覺。與華嚴位位成佛義無差別。蓋般若學蘊處界空，以自相智入正性離生矣，復回而觀蘊處界空，業學三漸次而修六度六隨念，乃至一切善法。是故一入一切，一切入於一切，金剛道後菩薩佛等，而無間行仍稱菩薩，不必但三三昧證空稱佛也。所以必法法成佛者，般若中有三義：一令有情法無倒解。二知有情意樂隨眠為作樂利遮障示修。三知有情諸根勝劣於所說法終不唐捐。三事既明，乃釋至義。

佛境畢竟空，菩薩行則本性空二取空。云何本性空耶？龍樹有言：畢竟空者無有遺餘，本性空者本來常爾；畢竟空者三世清淨，本性空者但因緣和合無有實性；畢竟空者是其深空，本性空者是中道空；畢竟空者一切佛行，本性空者菩薩所行。本性有理破不心沒，是故新學菩薩無不取用於本性空，為驚怖空而設方便故也。《般若》云：非別實有不空涅槃，然我為新學菩薩說涅槃非化。善現問：云何方便教誡教授新學菩薩，令知諸法自性常空。佛告善現：豈一切法先有後無，而不常空。然一切法先既有後亦非無，自性常空，不應驚怖，應如是令諸法自性常空。

云何二取空耶？為導俗故，為導俗以趣空故，立依他如幻，如幻更執遂生二取為遍計執，如幻自然即二取空為圓成實，是為無住異門說三自性。此三自性皆心境上事，皆相用邊事，但有此施設事、緣生事、實相事，非如幻上更有自性事。是導俗以二空，繩非蛇而所空，麻非繩而能空，豈增語以三性，更八不而增名，復九喻而增相？是故龍樹為取真而無性，此之無性但無增語，非性全無，以有實性曰無性性；無著為導俗而自性，此之自性但有此事，非主宰有，以無主宰曰性無性。大士婆心，各以方便異門詮空，使人明瞭，奚必捨義別滯於文，法苑長悲執競千古。

佛境一切智智，菩薩行則道相智，一切智智何以為佛境耶？一切智智有二相，一寂滅相，謂一切法皆同一相寂滅相也。二遍知相，謂諸行相狀能表諸法如實遍知也。菩提涅槃，是稱為佛，佛之知見一切智智是也。佛之知見依於為境，則無性為性，法界為相。無性為性者，所緣亦無性，行相亦寂靜，增上於正念也。法界為相者，法即法界，法界即法，學法界於法，學法於法界也。

道相智何以為菩薩行耶？能往一切智智為道。道相智者，賅用三智以為其相，行至於一切智智是也。二智者，小果蘊處界為一切智，極果一乘畢竟空為一切智智，自果發心至證覺為道相智。發心至證覺有二事：一諸道般若，統攝三智、法法成佛。二無相般若，不住有相，除遣一切，自始至竟，念念菩提，曰菩提道。被大功德鎧，任不可思議事，曰菩薩道。境以佛道為頓而總，行以自道為漸而分，曰菩薩行。行乎自道，曰菩薩行行於道相智也。

行相紛繁，漸分為四：曰地前、地上、地滿、地竟。地前行者：植基在一心，得道在善友。植基在一心者，思惟一切智智，念念不忘，死急事來，都應遣去，深信成種乃可為基。經所謂圓滿無性為佛，漸證無性為聖，深信無性為賢善士也。經又言行引修三慧，以般若力破蘊令空是涅槃相，出定住情還念寂相悟一切空，地前行慧也。不可說有無，言語道斷，則初地引慧，入甚深禪，復以般若破禪與禪緣，又地地修慧也。得道在善友者，與人巧便，方為善友。巧便云者，非諸善根，非諸善法，而佛之知見。親近諸佛，承事善友，種諸善根，而未得聞殊勝方便，終不能得一切智智。初發心人，於佛聖賢及正知處多聞聞持，應深作意。既得巧便不其戲論，於聲聞道遍學滿已，即以自乘由三三昧而入正性離生。是之謂地前行。

地上行者：一用小道，二用極道，三用自道。遍學八地，勝智超入，復由諸道，漸次修證一切智智。聲聞果向，斷智即菩薩忍，熟情嚴土不離一切相故。如是馴至八地，則一切智盡，梵行已立，不受後有，是為一用小道。一攝一切，一入一切，菩薩為欲圓滿布施，即於施中攝受一切而行布施，由此因緣而無二想，一切入攝，與佛無二，故云成佛，是為二用極道。初地至六，配修六度，是有三要。一切智智相應作意也。無實成轉滅入諸法相，無所作能入諸行相也。泯有無想即是順忍，亦是修道，亦是現觀。得自在轉，得受記忍，雖得勝果，而不取證也。馴盡六地，即出世間，即為無相，七地無相尚有功用，馴七地盡無功用矣，是為三用自道。是之謂地上行。

地滿行者：熟情嚴土神通大用也。無量無邊幾佛功德，入大地獄，事十方佛，割濟旁生，饒益餓鬼，燒殿警天，世出世間法施微妙，有如是希奇，一法成佛一入一切，法法成佛一切入於一切，雖一切一切而法未盡，尚見行修，故名為行，亦名為漸。菩薩十度，前六自分，後四增勝，方便增施，願增精進，力增禪定，慧增般若，以有增進方能廣大威德，入佛法身，富樂莊嚴，不沉湎於尼夜摩性。是之謂地滿行。

地竟行者：菩薩行圓滿時，斷一切習，覺一切相，得一切智，幾與佛齊，為究竟行。道相智至此，舉足下足，皆如來行，為究竟行。佛與菩薩性本無異，但位不同。合剛道後，解脫道生，一剎那頃，即成正覺，此剎那頃，出時稱佛，入剎那時，猶稱菩薩行。由本性空而畢竟空，一切一切，已能頓現阿耨多羅三藐三菩提，無須分法，是之謂地竟行。

四行分布，析佛無遺，求總於分，得頓以漸，諸有智者，譬喻而明。水大周世間，誠不可思議。然設方便積集觀全，小德歷遍川流，汪洋窮於瀛渤，豈其大量絕無方便推測而知歟！又如帝京千里而遙，神通如壯士，屈伸臂間即至。未得通人，率履周行，夕露晨霜，時哉不失，豈其佳地達竟無期歟！

佛境無餘涅槃，菩薩行則無住涅槃。無餘涅槃者，涅槃寂滅，無餘則二寂滅：一寂靜寂滅，解脫身能得。一無損惱寂滅，無量無數廣大甚深，非得法身不能顯現。人惡空無，難語寂滅，迫不得已略譬萬一。中夜中天，一輪孤月，萬籟俱寂，玉宇無雲，寂照河沙，無品不淨。當此時也，方寸翕然。誰不樂寂？而況乎大道非色，絕對非喻者哉？是則無餘至亟，而菩薩無住何耶？直追在佛，誠懼落於聲聞，力進在學，又恐湎於無為，故於無餘入遊觀定，非得少為足證而長居。

涅槃八相，盡、善、真、實、常、我、樂、淨，聲聞唯六，以其得解脫身盡善同佛，不得法身不實不真；以其得無漏聖道安樂清淨，不得般若無我無常。云何為常？有佛無佛，法性常住，法住刊量，入大定窟，而非入滅，是故為常。釋迦牟尼，於娑婆國，捨一根身，於一燈明，入一器界，出沒隱現，而非涅槃，是故為常。云何為我？大我有八自在：一、一身多身，二、一微塵身滿三千界，三、滿身過沙界而無障礙，四、一心不動令眾有心，五、一根知六，六、以無所得而得涅槃，七、說一偈義長劫不窮，八、虛空不現令一切見。恣肆淋漓，縱心所欲，若不如是，不能盡未來際作大功德於無邊也。是故非僅解脫涅槃，而三德涅槃。無住者必得般若法身，入一乘道，而無住於解脫涅槃也。八地幾滅，以佛呵斥而圓滿其行；聲聞趣寂，佛惡焦敗而禁人與俱。是故經言：觀空不證箭箭注楛也。此之謂菩薩行也。

佛境第一義諦，菩薩行則二諦。無著釋龍樹論，若說二諦，此如是說，不異世諦，而更別有第一義諦。以一相故，謂無相故。以如是義，《中論》偈言：諸佛依二諦，為眾生說法，一以世俗諦，二第一義諦。若人不知此二諦之義者，彼於佛深法則不知真諦，以無自體如，本性空如，此則是諦。一相無相，於此不破，據此而談，諦非無俗，但唯一相，俗不離真。不二法門，離言默契，曰第一義諦。眾生不知第一義空，方便說教，令俗易了，故曰俗諦。

第一義諦，但緣總相，俗諦為眾分別令知，是則無言無別之真，是佛境，言說分別之俗，是菩薩行也。是則總非一合相，應具多分，說真中有俗；分出於總相，無非是總，說俗中有真也。是則三科四諦，無不依於法界真如，而皆是真；三科四諦，於依他上二空圓成，而皆是俗也。是則真不自真，待俗故真，即前三真，亦說為俗；俗不自俗，待真故俗，即後三俗，亦名為真也。說真說俗，為依他故，為立教故。佛言：心性本淨，而有客塵，是為依他。若破依他，一惡取空，二撥無俗諦，三撥無染淨，四無後得智，五無立教地。過失無邊，戕賊胡底，夫安可哉？是故立四真諦，一、三科，二、四諦，三、二空，四、一真。立四俗諦，一、瓶盆，瓶盆遍計從能詮說諦，二、三科，緣起實有，三、四諦，為安立諦，四、二空，非安立諦。

佛境一乘，菩薩行則三乘。射人先馬，擒賊先王，止有此乘，無二無三，直趨所的，毫不人情，是謂一乘法門。說一乘法，今舉七教：一、般若，以無所有破執一三，即畢竟空義。二、密嚴，賴耶勝教，內證聖智義。三、楞伽，能取所取空，俗諦空義。四、勝鬘，說第一義，為法身義。五、法華，佛之知見，一切智智義。六、大法鼓，如來解脫，則解脫義。七、《大涅槃經》，無上醍醐，是佛性義，種種所說，詮各不同，而皆一味。一味於佛境而已。今涅槃學，教敘涅槃。經云：是經三大義，如來常住，一切眾生皆有佛性，大般涅槃說一乘法。以說一乘法故，信則龍女頓成，謗則善星生陷。不可思議以譬而明，譬如大海眾寶蘊藏故，譬如須彌山眾藥根本故，譬如虛空一切住處故；譬如猛風無能繫縛故，譬如金剛無能破壞故，譬如恆沙無能算數故；譬如帝幢法網無邊故，譬如商主趣涅槃城故；譬如導師引商入海故，譬如日月頓破幽冥故；是應剝皮為紙，刺血為墨，以髓為水，析骨為筆，書寫如是《大涅槃經》。

雪山半偈，布施身命，以我熱血，供彼夜叉，而況全經，汪洋曲盡，不可思議者哉！

多生難聞，唯此佛境，是則直趣一乘可矣，而又說菩薩行，而舉三乘何耶？是有五義，豈容矛盾：一、甚深義。二、廣大義。三、眾生根器義。四、出生義。五、緣助義。一一應以經詳。

一、甚深者，經云：大海八不思議深而無底，或說不得菩提不轉法輪，或說常，或說無常，或說一乘，或說三乘，是故甚深。

二、廣大者，經云：大海八不思議眾寶所藏，三十七品，聖梵天行，諸善方便，眾生佛性，三乘及佛乘功德，六度與無量定慧，蓄蘊難測，其無津涯。又云：海受眾水，三乘如來所入之處，名大涅槃。三三昧、四禪、八背捨、八勝處、十一切處，隨能攝取如是無量諸善法者，名大涅槃。又云：聽《大涅槃經》，斷一切疑，知法知義。

三、眾生根器者，經為聲聞緣覺方便說三。而乘唯是一，教則有三。教唯是一，乘則有三。頓漸二家，諍論不解，以吾觀之，但文字障，義則無殊。乘為行具，乘而行之以達菩提，教為導引，引而導之以證正覺，其為循境而行以期成佛，一而已矣。故雖唯賜白牛，而一雨普被，諸草各別，化城使息，慰彼疲勞。故雖分談五姓，而姓以習成，但種非性，小能迴大，不以格繩。一乘刊定，三乘朝宗，斯無不同，中間小異，何足紛紜？

四、出生義，經云：從牛出乳，從乳出酪，從酪出酥，從生酥出熟酥，從熟酥出醍醐，醍醐最上。佛亦如是，從佛出於十二部經，從十二部經出修多羅，從修多羅出方等經，從方等經出般若波羅蜜，從般若波羅蜜出《大涅槃經》，猶如醍醐。雖非生因，而是所出，以出為生，故經又云：因乳生酪，因酪生酥，因生酥得熟酥，因熟酥得醍醐。

五、緣助義，涅槃不從作因有，從了因有，了因即是緣因；眾生為正因，如乳生酪；六波羅蜜為緣因，如煖酵等。然三十七品，六波羅蜜，雖是了因，但涅槃因，無量阿僧祇助菩提法，乃得名為大涅槃因。是故經云：師子大王，安處巖穴，四足據地，晨朝出穴，頻伸欠呿，四向顧望，發聲震吼；為眾生為破邪為小悔為四部不畏，從聖行、梵行、天行、窟宅頻伸而出，觀益眾生決定而說，十住菩薩能修三行則師子吼。三行者，五行中三菩薩自乘；五行前一是為病行，為聲聞行；五行後一則為嬰兒行，佛與菩薩相共所行。

夫道相智者，攝小賅佛，不局於自，全體而行，為菩薩行於五行者也。病行在蘊處界，聖行在戒定慧，梵行慈悲喜捨，天行十波羅蜜，嬰兒行者不能來去語言，不知苦樂晝夜父母，不能造作小大諸事，未知正語，但能婆啝，楊葉而止其啼而已。能行五行，乃得十德。何謂十德？一者知法義，斷疑曲，了三句。二者得通自在，聞見知勝，三者捨闡提慈，得如來慈。四者不逸成佛，福田淨土，滅餘斷緣，淨身無相，離怨離惑。五者根具不邊地，天愛宿命智。六者金剛三昧，破一切法。七者友及三慧，涅槃近因。八者遠離蘊見，念定菩提，四梵一道，心慧解脫，九者信直持戒，近友多聞。十者覺分入寂，說經示性。十德雖非得究竟果，自立圓滿，而得勝進。亦庶乎其不差矣！

說教三

畢竟空義無所云教，而眾生不知，方便大悲，教乃權立。是故染淨之謂教，是為教中之義。是故五法、三自性、八識、二無我之謂教，是為教中之法。今所詳說，說取捨義，說唯識、唯智、涅槃之學，其五法三性，識及無我，如是諸法，適於其中隨宜而說，不復更詳。捨染取淨，詮以三德涅槃，則捨染義為解脫義，離二障，空二取，因之有唯識學。以捨染而取淨義，為般若義，不戲論觀實相，因之有唯智學。取淨義為法身義，染亦是淨，無非中道，因之有涅槃學。

唯識學云何捨染耶？染生於虛妄分別，若不成立虛妄分別，則繫縛解脫即應皆無，如是便成撥無雜染及清淨失。無修無對治，無教無出期，遍此一法界，皆波旬勢力，是故立量：虛妄分別有，許滅解脫故。謂滅此亂識上二取，得二空所顯真解脫故。虛妄分別性是依他，成立依他，捨染取淨教然後立。依他起上二取是無，是遍計執，猶般若之不其戲論也；依他起上二空是實是圓成實，猶涅槃之常樂我淨也。而皆在依他上顯者，三性不離唯識，三界心心所是虛妄分別故也。法真而妄立何耶？此法爾如是也。妄中唯有空，於空亦有妄，中邊所談也。似色相續染為依故，若不爾者，非義起義，倒不得有，即二障清淨，俱不得有，攝論所談也。自性清淨心煩惱所染，難可了知也。然中邊云：先染後淨，二差別相，是客非主。又云：雖先染後淨，而非轉變，成無常失；如水界金空，出離客塵，非性轉變也。

唯識學染如何捨耶？一、多聞薰習，如理作意。等流無漏，聞思所出，仗真實依，為引發因，十法行句，於斯為重也。二、對治，貪觀不淨，瞋觀慈悲，癡觀緣起，慢則析根，疑復數息。三、伏斷，煩惱見伏在於地前，斷則見道。煩惱修伏，入地乃盡，斷必金剛。所知見伏在於地前，斷則見道，所知修伏，十地乃盡，斷於地漸，於金剛頓。四、離言自性無分別智，起八分別，出生三事，妄依緣事，及見慢事，貪瞋癡事。破遍計執，破惡取空，唯有平等，遠離分別，最勝空性，廣大勝能。五、四尋四實，尋思在煖頂位，如實在忍法位，必名義空、自性差別空，然後入地生如來家。六、善巧相應，三科善巧，乃能馭俗，如是六善巧，十善巧，開合隨情。七、後得智圓，生攝地行究竟瑜伽，圓滿菩提皆後智事，方願力智，輔助六度，遍周法界，亦後智事。八、轉識成智，修十波羅蜜，斷十地麤重，證十種真如，得二法轉依。無住涅槃四智心品應詳其事。如是八義，為唯識學染得捨事。

唯智學云何以捨染而取淨耶？無義、不義、非義，是捨染義。不異義、即義、平等義，是取淨義。觀一切法自相皆空，無實、無成、無轉、無滅入諸法相，知一切法無作、無能入諸行相義，增長覺分熟情嚴土義，以無所得為方便而求一切智智義，實相相應平等平等義，是為捨染而取淨義。既非為捨染，又非唯取淨，則如來藏事應辯而明。

一切染淨法種蘊八識中，名曰藏識。闡賴耶義者曰：無漏寄賴耶中轉。闡如來藏義者曰：煩惱客塵纏於藏識。實則染淨諸種子，共聚於藏識中也。種聚於一處，而《楞伽》曰：如來藏識者，是淨種所依。《密嚴》云：如來清淨藏，和合於習氣，變現周世間，與無漏相應，雨諸功德法，是也；唯識稱阿賴耶藏識者，能藏，所藏，我愛執藏，是染種所依。《密嚴經》說：變色翳見，生識作業，似色似我，無不依於賴耶而轉；瑜伽亦說本轉互生，昰也。是則染淨有異，非識有異也！然賴耶詮種亦非唯染，唯識三性中談，分別緣所生，應知且說染分依他，淨分依他亦圓成故。是故《密嚴》以賴耶立教，曰：賴耶即密嚴，曰：如來清淨藏，世間阿賴耶，如金與指環，展轉無差別。蓋言淨藏賴耶，猶俗諦不異於真諦故也。

隨緣不變，非是真如，是八淨識。《密嚴經》云：識隨分別種，無思及分別；無處不周遍，見之謂流轉；不死亦不生，本非流轉法。賴耶本無過，過在於末那，無始戲論薰，變境彌世間，意執我我所，思量恆流轉，諸識類差別，各各了自境。賴耶為變薰，復增長餘識，更互以為因，相續而轉生，常無有斷絕，是故應斷七。唯識對治斷，作意在禦七纏縛；唯智迷悟斷，作意在八不隨緣。所趣不同故也。

唯智學何以染捨而淨取耶？一、歸依，通途為三，茲則取一。涅槃歸依佛性，法華歸依佛見，密嚴歸依密嚴，勝鬘歸依法身。二、信，佛體是信，皆有佛性，皆有佛體，皆得成佛，性自是佛，但無分別，一往直前。三、住，得無分別，支解不動。四、解行，聞法而覺悟，離文字分別，入三解脫門，是名為得悟。此聞法者，聞阿賴耶即如來藏之淨法也。唯識解行在一引發，唯智解行乃在一悟。五、法相善巧，色心不相應，有為與無為，皆是無分別，不同唯識詮後得智。六、四諦，以四諦而得涅槃，非由苦集滅道諦，非由苦集滅道智，但由平等實性，即是涅槃，苦滅非壞，常住自性而已。七、定，一依無自性，從初發心歷遍十地無有轉移。八、淨土，密嚴微妙善說賴耶，瑜伽所生勝於極樂。如是八義，為唯智學以捨而得取事。

涅槃學云何取淨耶？取淨者，取於畢竟義也。畢竟義者，常樂我淨之涅槃，唯佛為能，而說一切有情皆有佛性則皆作佛，是為一乘法畢竟義。四十九年最後說者，眾生外道四倒，是故最初方便引導說十二部經無常；而聲聞聞又四倒，是以最後開權顯實，說此一乘法《大涅槃經》常也，若使眾生早知畢竟空，聲聞能悟畢竟空，則早說一乘法常，不必最後說耳。說一乘法者，說眾生有佛性能得涅槃常也，若是，則佛性義應辯而詳。

成就恆沙佛法名為法身，即具足無邊佛法名為佛性。人有百體如佛法身，胎具人骸如眾佛性，唯見不見判顯不顯，是以異耳。此有法具，亦有人具，法具者：無明有愛，中間生老病死之苦，是名中道。「寶積」亦說：離二邊而處二邊之中，為中道也。以是故十二因緣名為佛性。佛性者：有因有因因，有果有果果，賅遍於一切，因是十二因緣，因因是觀緣智，果是菩提，果果是大涅槃；彼無明因行果，行因識果，則無明亦因，亦因因，識亦果，亦果果。以是十二因緣，不生不滅，非因非果，常恆無變，與佛性同，名為佛性。見一切空，不見一切不空，乃至見無我，不見為我者，不名中道；見空與不空，無常與常，苦之與樂，無我與我，一切平等，是第一義空，名為中道。煩惱即是菩提，香味無非法界，山河大地不現崎嶇，翠竹黃花盡成般若，此之謂畢竟義也。

人具者：上至後身菩薩，下至為一闡提，是為一切有情，佛說皆有佛性。闡提斷善，固無佛性，而言有者，世無真闡提，佛無決定法，此之謂畢竟義也。說畢竟義，尊極一乘，無別及二。是故乘急戒亦可緩，能教是乘者，長宿於少年邊，護禁於破戒邊，出家於在家邊，皆如婆羅事火，天奉帝釋，恭敬禮拜，供養捨身。四相說口密般若，身密法身，意密解脫，伊字密嚴。四依於昔，法不在人，故唯依法；四依於今，人乃有法，亦依法人。四諦則唯一真諦，四倒則常樂我淨乃不為邪，歸依不二，中道無二。此之謂一乘畢竟義也。

涅槃學云何取淨耶？見性而已矣。有眼見，有聞見，唯佛眼見，自初發心歷至九地皆為聞見，入地稍見而非了了，最勝微妙猶仗佛聞，故曰聞見。必如何而後見耶？亦戒定慧三學而已矣。經云：耳、戒、心、慧，修而後見。若不修身，則不能觀無常怨害入最初法門。若不修戒，善無梯磴，出生無地。若不修心，狂象無鉤，惡本不制。若不修慧，無明不壞，無漏安生，況能見性？唯見植基，如來於時丁寧重戒，曰：持究竟戒，持菩薩戒，為正法戒，為眾生戒，定共三三昧戒，性自能持戒。云何性自能持？持戒為心不悔故，不悔為愛樂故，愛樂為安穩故，安穩為禪定故，禪定為如實知見故，知見為生死過患故，過患為心不著故，不著為解脫故，解脫為大涅槃故，涅槃為常樂我淨故，常樂我淨為不生滅故，不生不滅為見佛性故。如是十三趣赴，曰戒而定而慧以達於見，皆自然得，法性爾故，是故性自能持。

經已復云：修定、慧、捨，得無相涅槃而能見性。定唯一境取色，慧則定中觀常無常，捨於定慧都不見相。既重戒矣，又何為修定耶？能知五陰出沒相故也。曰五智三昧，無貪，無過，常念，身意專淨，因果俱樂。曰六事三昧，觀骨，觀慈，覺觀，觀生滅，觀十二緣，阿那波那。如是七覺分，八解脫，九次第定，十一切處。如是空三昧門，金剛三昧，首楞嚴定，無量百千均應修習。云何修慧？了知世出世，總別破，四真諦，不逸莊嚴自在，惡果善根煩惱。云何修捨？定空，慧無願，捨無相，無非詳說三三昧耳。經又云：修八聖道見性，讀經見性，十二部外聞《涅槃經》，雪山忍辱餘草不同。又云：十法見無相涅槃而見性。信戒近友，寂靜精進，觀諦六念，軟語護法，給伴具慧。又云：菩薩以十法稍稍見性。少欲知足，寂靜精進，止念定慧，解脫讚解，涅槃化生，如是諸義，為涅槃學取淨事。

上來捨染取淨，教中三學，分別而詳，實非圓相。然摩尼以方，各呈其色，水火非一，莫可聚談，既別不淆，便可總說。經云伊字，離亦不得，合亦不得，縱亦不得，橫亦不得。一道清淨，離則二三。法相不亂，合相斯淆，一剎那事，縱則三時。法無高下，橫則左右主中。經云：伊字三點並則不成，縱亦不成，別亦不成，解脫之法，亦非涅槃；如來之身亦非涅槃；摩訶般若亦非涅槃；三法各異，亦非涅槃；如是則必一法具三玄，一玄具三要。

凡一法上，具法與相，法身為性，唯識為相，相應於性，厥稱般若，此所謂一法具三玄也。如涅槃二邊，平等平等，無非中道，此之中道，瑜伽分別上非空非不空中道，般若因緣上空假中道，皆邊不執於一，乃玄則具於三。又涅槃寂滅，其寂靜寂滅者解脫，其無損惱寂滅者大悲般若也。如唯識二空所顯，二空則般若無所有，所顯則涅槃無邊德。又唯識說二轉依，菩提是般若果，涅槃是法身果也。如般若實相方便，實相無戲論，則擇滅無為，方便法圓滿，則法身沙界。又般若如來藏，空如來藏則解脫，不空如來藏則法身也。此所謂一玄具三要也。

解脫道生剎那證覺，一念般若相應即佛，佛藏出纏即是法身，豈有如來不通一切。夫明星徹悟，唯一毫端，此一毫端，在唯識家言是識，在般若家言是智，在涅槃家言是性；然極位了識，大覺稱智，唯佛見性者，平等平等是佛境界，識智與性，不囿一隅，不離一隅故也。譬如神珠，輝室止塵，百端妙用，而唯是懷中一粒；譬如朗月，遍照三千，陰晴圓缺，而止是中天一輪。作如是觀，或相契有期歟！

復次般若唯是名，法相又稱相，相無名亦無，何處有分別？唯識唯智學，歸於無分別，法身無分別，直趣於智如。唯識立依他，般若遣遍計，法身即成實。八忌隨七緣，三學要在是，總之教肝髓，在一無分別。我有情理義，情為有主宰，龜毛兔角喻，無即說為無；理為寂滅本，燈滅爐猶存，有即說為有；有我無我二，中道如實說。經云：如來有因緣故說無我為我，而實無我。雖作是說，無有虛妄。有因緣故，說我為無我，而實有我；為世界故，雖說無我，而無虛妄。佛性無我，如來說我，以是常故；如來是我，而說無我，得自在故。

三昧四

參禪貴在死心，學佛要先肯死。肯死云者：決定一往而已。是故三歸乃曰歸命，八念修於死想，若不如是，任爾六度萬行，如意隨心，三藏十二部，懸河舌辯，而一隙揹於幽隱，知見必留世間，則千仞之堤潰於一蟻，星星之火勢至焚天。若不如是，安能難行苦行，大作功德？捨身飼虎，割肉稱鷹，求得法而斷臂，求弘法而抉明，皆不能辦；為悅群情，俔俔伈伈，世無拔俗，大丈夫雄。若能如是，則獨往獨來，縱橫上下，世無險巇魔難，徑路雖絕，而風雲通。

若能如是，則何玄不證，一乘畢竟空，涅槃一切智智，斯可問津。堂奧之基也，木之本，水之源也，烏可忽也？既植基本，禪乃可談。曰三十七菩提分三昧，曰三三昧，曰金剛三昧，曰一行三昧。為唯識唯智及涅槃學修是四三昧，若論禪定，百千億萬無不俱修。

菩提分三昧者：菩提是宗，其總猝難，方便修分，有三十七事。曰四念處、四正勤、四如意足，為解脫分最初修事；曰五根、五力，為抉擇分事；曰七覺分，為見道分事；曰八正道，為修道分事；如是菩提分能總得菩提，其基則在四念處，四事推之至極，則如來事矣。此無著中邊義也。龍樹亦言：三十七菩提分法至涅槃城，其根本在四念處也。「涅槃」亦云：我說梵行是三十七助道之法，離三十七品不得三乘果，不證菩提，不見佛性，修集三十七品入大涅槃，常樂我淨。

四念處者，通言觀身不淨，觀受是苦，觀心無常，觀法無我是也。蓋有漏生死身，非常樂我淨，而無常苦無我不淨也；無漏法身，即其無常苦，無我不淨，而得常樂我淨也。小乘身處不淨五相，生處、種子、自性、自相、究竟，而詳於九想觀。小乘受處有漏皆苦，無漏不苦，心不著故，雖然無常，不生憂悲苦惱故，道諦攝故，不離三三昧十六聖行故。小乘心處過未心無，現心去疾不覺受樂，生滅如幻，念念不停無有住時，不得實相。小乘法處法識是心相，非神我相，心則顛倒，顛倒計我，何以不他身中啟我。小乘四念處，有性有共有緣，如千難品中詳。小乘四念處三界俱有，其三十七品初禪都具，未到除喜，二禪除行，中間三四除喜與行，無色除喜行語業命，有頂除七覺分八正道分，欲界亦然，此聲聞觀也。

摩訶衍身觀者，歡內身為行廁，緣成身車，識牛牽旋，是身無堅無常，相不可得，不覺無知，如牆壁瓦石，菩薩觀知是身非我身，非他身，不自在，是身身相空，妄緣所生，是身假有，業緣所屬，是身不合散來去生滅依猗，循身觀無我故空，空故無相，無相故無願，緣合所生，緣亦無相，是為觀於實相。摩訶衍受觀者，歡內受無來去，但妄想生屬先業緣，不在三世，觀知諸受不合散生滅入不生門，不生故無相，無相故不生，如是知已繫心緣中，心不受著亦不依止，入空無相無願三解脫門。摩訶衍心觀者，觀內心三，相無實，不在三世，不在內外中間，妄緣合生，外緣內想，強名為心，相不可得，無相無住。無生者，無使生者，無合散三際形對，無我無常無實。性不生滅，是靜，客塵相著名不淨，智者觀生滅不實不分垢淨，而得清淨不為塵染。摩訶衍法觀者，法不在內外中間，不在三世，妄緣合生無實無主，相不可得。無合無散如空如幻，性淨不污，以無所有故，心心所乃虛誑故，法非一異緣生無性，是為實空。空故無相，無相故無願，無願故不見法生滅，入無生法忍門。此菩薩觀也。

更有大乘觀法，《大薩遮尼乾子經》：四念處有二義，初義如般若，二義者，觀身念處是淨義邊，我今因不淨身故得淨法功德身，得一切眾生樂見身。作是觀已，能淨二行，一者無常，二者常。觀一切眾生身畢竟成就諸佛法身，以有法身得平等心無分別心，不起諸漏。觀受念處，眾生受苦而起悲心，眾生受樂而起慈心，不苦不樂而起捨心。觀心念處，觀於自身菩提之性不忘不失，正念不亂，如自性相，眾生亦爾；如自心空，眾生亦爾；如自心平等，眾生亦爾。觀法念處，不著常見，不著斷見，行中道見，以法眼觀，不著不失。

三三昧者：經言：菩薩以空無我行相攝心一趣，名空三昧；以寂滅相攝心一趣，名無相三昧；以苦無常行相攝心一趣，名無願三昧。聲聞定多常觀空門，菩薩慧多常觀無願，如來則定慧平等常觀無相。又一相無相為空，無實成轉滅入諸法相為無相，無作無能入諸行相為無願。經言：依此三門能攝一切殊勝善法，離此三門所應修學殊勝善法不得生長。能學如是三解脫門，亦能學真如法界三科、四諦、六波羅蜜、無量無邊一切佛法，以三三昧總攝一切妙善法故。龍樹亦言：唯佛一切智智能達諸法實相，而菩薩以三三昧門得實相慧亦無所不通。三三昧是實法，四念處是方便，行首自三十七品至涅槃城，從三三昧入涅槃門。夫無生法忍，必先以柔順忍而乃無弊，習定趨勢然也。六波羅蜜，般若主也，而必導以五度。三三昧般若也，而必導以三十七品。三十七品亦般若也，而必助以諸禪定法。

龍樹有言：入三三昧有二種觀。一者得解觀，二者實觀。實觀者是三十七品，以實觀難得，次第說得解觀。欲界心散亂，當依上界禪定，四梵，八背捨，八勝處，九次第定，十一切處中，試心如御試馬，曲折隨意，然後入陣。得解觀中，心相柔軟，易得實觀，用是實觀得入三涅槃門。一者空門，觀法我空，緣生無作者無受者。二者無相門，無有實法，但有其相，而男女相一異相皆不可得。三者無作，既知無相都無所作。三定是慧，而說三昧者，定得實相，慧不從定來則狂心發語；又三既三昧，而同慧來者，定不獨生，力不獨作，三昧如王，慧如大臣，君臣共營，行乃得成。空有二行，曰空無我，無相四行，盡滅妙離；無作十行，無常苦集，因緣生道，正與跡到；是三門於四禪、未至、中間，及三無色皆無漏性故，或繫為有漏不繫無漏故。初在欲界，成就其行在色無色。

若摩訶衍三三昧者，則不同小。小空生慢，學無相門滅取空相，於無相中復牛戲論，學無作門，不起三業不求三界生身。大則三三昧是一法門，以行因緣說有三種。法空名空，空中不取相，是時空轉名無相，無相中不應作為，無相轉名無作。不得一時入城三門，直入事辦不須二門，通途更塞由他門入。小空緣苦諦攝五蘊，無相緣一法謂數緣盡，無作緣三諦攝五蘊。大則通緣諸法實相，以是三昧觀諸世間，即是涅槃。佛或一時說於一門，或說三門。見多說空，緣生無性，無性故空，空故見滅；愛說無作，法無常苦，從因緣生，見已厭愛，即得入道；愛見等者為說無相，男女等相，無故斷愛，一異等相，無故斷見。菩薩遍學知一切道，故說三門。《分別瑜伽論》，修瑜伽法不離三三昧，有教授二頌：菩薩於定位，觀影唯是心，義想既滅除，審觀唯自想；如是住內心，知所取非有，次能取亦無，後觸無所得。義想滅除為空門，所取非有為無相門，能取非有為無作門。分別瑜伽既不得來，修三三昧從般若說。又《大乘經莊嚴論》說五現觀伽他，如攝論引。

金剛三昧者：最後最上三昧也。念處為初，金剛為終，三昧乃全。夫禍患生於七識，非三昧不能屏除。四惑相應，無明住地，有覆無記，日夜思量，起執計我，七識性也。唯識家言：金剛道後，執種盡淨，二障伏斷，至此乃圓。唯智家言：安住如幻五取蘊中，了知實相修金剛定，住此定中除如來定，一切三昧具能入住，然一切界都無所得，超諸聲聞證入菩薩正性離生。涅槃家言：修大涅槃得金剛三昧。譬如金剛，堅實無比，所擬之處，無不破壞，而是金剛，無有損折，無常無實，破散一切諸法，雖行六度，不見有一眾生。譬如金剛，寶中最勝，摧伏難伏，一切三昧悉來歸屬。譬如金剛，淨見無礙，生滅出沒，如坐四衢，觀諸眾生去來坐臥。譬如金剛，摧破煩惱，終不生念我能壞結。譬如金剛，於一念中，變佛無量，斷沙界惑，一色現多，一音解普。是則研窮三學，金剛三昧，為毀破七識而來。或阻七不擾，或安八不隨，或寂滅而靜，乃知金剛三昧為窮源究委之大定也。得此三昧，近佛乃能，隨順趣向，亦凡夫法。但知空門方便可修，不必定證實相也。

無著《金剛論》：如畫金剛形，初後闊，中則狹。是般若中狹者，謂淨心地，初後闊者，謂信行地，如來地也。《般若經》：行引修學，初以般若力破蘊令空，入寂相後出住六情，還念寂相知一切空，地前行慧如金剛初闊也；不可說有無，言語道斷，初地引慧如金剛中狹也；入甚深禪，又以般若破禪與禪緣，二地或七地以去，修慧如金剛後闊也。初中後三皆從事摧破，學一切法而學無相，除遣一切是學無相；不住有想是學除遣，是為能破。成實家言：金剛三昧，實唯一空。般若家言：金剛三昧，唯是實相。以一實相，遇法遇行，無一摧破，則修金剛三昧也已。

一行三昧者：菩提非智，煩惱非惑，而實相同；四諦非以諦證，非以智證，而平等得。第一義諦分別都空，一相無相是為定相；塵塵沙界，都現太平，一色一香，無非中道，不將迎於一法，亦不遠離於一法也。於此有疑：金剛三昧，破壞於一切，一行三昧，收容於一切，豈非相反，何可相成？然無疑也，皆無想也。說此無想法，是諸法除遣，即此無想法，亦諸法不背。但能無想，兀兀騰騰，不著一念，瀑流恆轉，捐不相隨，則破壞與收容，無相妨礙歟。於此又疑：四念處定為無常苦與無我空，而一想定則常樂我淨，豈非相反何可相成？然無疑也，皆實相也。有漏實相無常苦無我空也，無漏實相常樂我淨也。一相實相非常非無常，非凡外常，非聲聞無常也。解脫對治是謂非常，般若實相非常非無常，法身中道一切是常，三德一時，云何相反而不相成。是之謂一行三昧也已。

復次，龍樹有言：小乘修定以定為近門，大乘反以戒慧為其近門。蓋言修定不可執定於定也。數息觀不淨觀者，最初修習，佛常為教，佛弟子舍利弗等亦以接群。龍樹有言：是二定者，誠甘露法門也。無著六門教授習定論，舉止捨亦至要也。

文字五

文字般若能嫺，而後觀照般若不謬；觀照般若既習，而後實相般若相應；故文字之功斯為至大。如來讚嘆，月夜毗曇，佛弟子從事設界結集是也。文字之研，亦為最始，無著重多聞薰習，般若重十法句義是也。從十二部出修多羅，於是有大小通慧文字；從修多羅出方等經，從方等經出般若波羅蜜，於是有相性二慧文字；從般若波羅蜜出大涅槃，猶如醍醐，於是有究竟極慧文字。

通慧文字，諸學由來，捨此無基，故為俱舍立科，此菩薩行道相智中之一切智也。二慧文字，因果差別，行乘兩輪，故為瑜伽立科，為般若立科，此菩薩行道相智中之自乘法也，此龍樹，無著學為菩薩行自分學也，此玄奘、羅什諸譯為菩薩行根本文字也。極慧文字，江漢所趣，一切一味，故為涅槃立科，此菩薩行道相智中之一切智智也。甚矣！畢竟空難知，如來垂寂夫乃昌言，學者粗鈍安可驟悉？然佛境菩薩行既已立教，如何佛境，如何菩薩行，不明極慧一切懵然，自始至終都非全相，舉足下足滯於一隅，所謂媛媛姝姝，一先生談，烏足以談佛法也？萬派朝宗，先須的認，峯非止境，愈擴愈弘，弗云解耳，將以行證；弗云初耳，種不可誣。是故四科文字，應須悉嫻，初必分詳，繼應融貫，四科闡義，當於別明，四科讀法，應於今敘。

初俱舍文字科。是科應分三段以次研讀，初有部經部，次俱舍正理，後雜集毗曇。且初有部經部者，五事分部，曰上座、大眾。大眾由「增一阿含」來多大乘義，義必分別，如大中道不執一隅，是故二百年間，即分九部，皆可謂之分別論。有部從六足而來，一味和合，三百年初始有雪山上座，時分別論則勢極盛行，世友惡其不純，建立「發智」，號一切有，崇論如經方之曰身，六足雖師儕以為足。五百羅漢復為廣論曰「毗婆沙」，敘一切異己，盡情斥毀以定一尊，此雖武斷無情，而諸部凋傷，反因此而猶存梗概也。道非決定，心豈畦町，雖三百年，犢子、正量相繼敦本，而化地、法藏極端相違，更出飲光亦難阿順。迨四百年經量部出，其所諍理，視化地之乖為尤烈也。

經量部者，初為譬喻，不遵「發智」而法句是崇，童受著書，喻鬘癡鬘，幾等莊嚴；阿梨跋摩，亦譬喻師，「成實」論義，多符一心也。由譬喻趣進經部，其譬喻之細心一心同於攝論一類師者，難以自存。經部細微隨界多界救義以生，既足以破婆沙，又足以啟大乘，此真部執之最上者也。室利羅多無慚上座，經部「毗婆沙」惜未傳來，更有世親之師曰佛陀蜜，又有世親後出曰婆藪跋摩，作《四諦論》粗細具詳。蓋始於《出曜經》，終於《四諦論》，研而有系，經部之說思過半矣。是為初段有部經部也（經部一段採用呂秋說十之八九）。

次俱舍正理者，世親朋經部義，破有部執，學「婆沙」於迦濕彌羅，作「俱舍」於犍陀羅國。新薩婆多眾賢崛起，救返有部大破「俱舍」，作《顯宗論》及《正理論》。「顯宗」明自，「正理」破他。西城稱「俱舍」為聰明論，世親則稱「正理」為有思想而為命名曰順正理。一斥雹論，一云正理，度何至哉？二論諍義，應值鑽研。奘師所聞西域眾說，均授普光，則「光記」其最也。圓暉遁麟雖有精華，然順有部不可訓矣。是為中段俱舍正理也。

後雜集毗曇者，雜集一分救「俱舍」一分闡法相。其一分救「俱舍」有三義，曰阿毗達磨，曰組織規模，曰隨順經部。且初阿毗達磨者：「俱舍」是名曰《阿毗達磨俱舍論》，「雜集」題名曰《大乘阿毗達磨雜集論》，均為阿毗達磨。以「雜集」一分闡述法相別之曰大乘，以蘊處界廣分別有三十八種法門均之曰阿毗達磨。「俱舍」之阿毗達磨為世親小乘之終，「集論」之阿毗達磨為無著大乘之始。無著「集論」固自用阿毗達磨法門以分別大乘法相也。至安慧「雜集」則意取大乘法門以救其阿毗達磨之「俱舍」矣。

組織規模者：安慧救「俱舍」而糅「雜集」，規模針對獨在「發智」。「發智」組式，法則為三科，修則為四諦，凡敘一法而皆以攝相應成就法，立自簡他。雜集三科四諦正用「發智」法修，攝相應成就亦用「發智」工具，但於各門俱增大義數條而已。至於論品，則作論辯論悉詳，而於因明亦所不離，猶「解深密」成所作品之用意也。

隨順經部者：此正營救「俱舍」之至意。「雜集」敷義誠不若唯識微妙無疵，《唯識述記》辯論所在，亦不僅數條，披尋自了，不用贅談。雜集營救姑敘三義，世親弟子營救俱舍不獨雜集。光記所敘皆從西域師來，最宜用意。以是三段義，是故此科應讀「婆沙」、「六足」、「出曜」、「成實」，及《四諦論》，而終之「正理」、「雜集」。「俱舍」之研，足殿小乘而業告成。

次瑜伽文字科，是科宗在捨染，《解深密經》說十一麤重故。宗在捨染，故先須讀「辯中邊論」。相障真實以染為境，對治菩提分捨染為行，分位得果不淨淨不淨清淨，五果十果三乘通以擇滅為果也。獨提般若無上大乘，金剛十句，遠離二邊為中邊立論，捨染而直證菩提也。「中邊」熟讀，此科得髓，乃足廣研。應分二門，唯識法相，法相糅古，唯識創今；法相廣大，唯識精純；顧法相結局亦必精微，而歸諸唯識，故總曰唯識學。唯識學有二要：一匯小，溯部執溝澮大乘江河，法來有自，法通無衰也。二匯大，統散漫奔流歸汪洋瀛渤，彼惡取空方廣道人無勢也。不研唯識，其心不細，易入歧途，其陋不除，易流儱侗。是故學佛入門須始唯識。

唯識門者，始研《攝大乘論》，終讀《成唯識論》。中間開鑰，有「二十唯識」、「百法明門」。《攝大乘論》立染污末那，成藏種賴耶，是為創建，以是談依；三性緣起，以是談相，是為對小之境。無分別入，而因果差別十度十地，依「般若」、「華嚴」，又三學增上，皆對小之行。斷從無住，智敘三身，又對小之果。古人著書樂說創立，而悉有阿舍。攝論綱目十相，本《阿毗達磨經》，境行果三，摹《解深密經》是也。攝論創初，持義未審，成唯識廣，博大精微。此科大本，淵深挹注在「成唯識」，故讀斯論應大研求。論分相性位三段，相以能變所變有支三性為詮，性以真如識性為詮，位以漸次得果為詮。其能變中五教十理而立八，二教六理而立七，創而有因也；三性依他以毗曇義敘也；其間種薰四分，三依四緣，義至多也；最初別破，外小我法，學至博也。

此科創立於無著，而光大於世親，世親而後繼續有陳那，而集成於護法。十大論師，難陀、親勝雖有別立而勢甚微，唯獨安慧與護法義乖諍至多，厥後清辯亦與護法諍辯尤烈，非復聰慧，夙習，陳義能微，而誰堪語是？後有法稱，其學不純，從其說，種種過生，西域以是而止，東土因以開宗。奘師學法相於戒賢，學唯識於勝軍，出其門者厥有二派：一為窺基，百本疏主，現存「述記」、「樞要」、「別抄」，輔以《法苑義林》而已。靈泰「疏鈔」，智周「演祕」，道邕「義蘊」，如理義演，皆此派附庸。而慧沼《慧日論》、《了義燈》，則此派千城，陳述敵義，猶「毗婆沙」足存諸家梗概也。一為圓測，籍雖不多，視所對辯，亦知其略。秦賢「學記」集敘多家，可當讀本。自此而後，微乎渺矣。陳那之「觀所緣緣」、「掌中」、「觀相」，清辯之「掌珍」，鳳毛麟角此方猶存，以研唯識至足寶也。

法相門者：略於「雜集」廣於「瑜伽師地」，中間「五蘊」、「莊嚴」是其將伯。「雜集」三科四諦，攝相應成就，式雖小用而義則大糅。「瑜伽師地」五分十七地，汪洋廣博，法相之繁縟誰能並？本地分境攝九地，行攝六地，果攝二地；抉擇分則抉本精華而立新義，瑜伽自分盡於此矣；更解經儀則曰釋分；釋名義別曰異門；釋三藏三學要義曰事分；又因論生論而廣大之也。本地行六地中，菩薩學相最要，真實義外在力種姓，「莊嚴」於是開一為六。「瑜伽」大悲百十一苦所緣生起，「莊嚴」大悲三十六偈相用分別。詳其異處「瑜伽」糅古不盡，「莊嚴」又踵事增華。抉擇菩薩功德破惡取空，糅《寶積經》十六相義為教授資，引「解深密」全經不遺為研求依，此其心中心要中要也。

若夫糅古觀其所詳，則五分皆有，不獨一二；尋伺三地，糅《緣起經》。三摩呬多，糅《出離經》、《離憂經》、《蕩塵經》、《靜慮經》、《三相思維經》、《四檢行定經》、《四趣道經》、《四淨勝經》、《五支經》、《心清淨苾芻思惟五相經》、《六出離戒經》、《六境不受想無想經》。思所成地，糅諸《伽陀經》。聲聞地，糅《師子吼經》、《普賢經》、《難陀經》、《七日經》。菩薩地，糅《轉有經》、《無盡意經》。此本地分所糅古也。抉擇尋伺地，糅《出愛經》、《八苦經》、《三士經》。抉擇三摩地，糅《身念處經》、《摩訶俱瑟恥羅地因緣經》、《眠經》。抉擇聲聞地，糅《月喻經》、《伐地迦經》、《乞食清淨經》。抉擇菩薩地，糅《五種過惡經》、《尸佉羅迦經》。此抉擇分所糅古也。至若釋異門事，彼三分中之多糅四含。糅古無邊，此唯大略。總之不熟十二部，不足知瑜伽海若之弘，而不嫺瑜伽，不足解十二部幽玄之妙，能容而後廣，多集而後大，枯守五分囿十七地，而曰瑜伽師在是，吾不敢知也。

或曰：「瑜伽」百卷，多文從節，曷讀「顯揚」？然「顯揚」闡教，非節「瑜伽」，「瑜伽」糅古，「顯揚」又糅「瑜伽」。九重四淨義，勝抉擇義、則捨染取淨之所以立教，七種善巧，乃九事中泛應曲當之根。四無倒品，現觀瑜伽及不思議，又九事中無邊功德之積。糅古立教，九事四相與勝抉擇，名之曰攝；創新樂說，所餘八品，名之曰成。以「中邊」始，以「顯揚」終。此所謂無著無上學之歟！

三唯智文字科。是科宗在捨染而取淨。有漏種依淨藏，而七識執取賴耶；無漏種寄染藏，而八識隨緣末那。密嚴滅胎藏染生，斷我識害，則七不執取；密嚴標如來淨藏，悟無分別，則八不隨緣。實相般若，法法不其戲論，則七不執取；方便般若，念念一切智智，則八不隨緣。此拔本塞源之學，亦即捨染而取淨之教也。嫻唯識後，繼之唯智，從事淨藏，不滯染藏，賴耶不隨緣，得捨染頓義，以是見佛慧之大也。是故學佛升進，應研唯智，龍樹學者，唯智之最上學也。龍樹傳中，敘龍樹學厥有四分：一者《無畏論》十萬頌，《中論》及釋，學之宗主，義之精奧，悉於此詳，是為總中論。其支有三，抉二十七品之十二品為入門之徑曰《十二門論》；補三相品中未盡義曰《七十空論》，漢無藏有；闡觀緣品餘義曰《迴諍論》；此一分說，是創立義，是精微義，義明中道，中道是二諦，而歸旨於一相無相。補《中論》缺使之大備者，其唯提婆乎？有四宗論而邊見可以包容，舉假實義而二諦更不落虛，其龍樹之三益者乎？四百論中之《百論》及《廣百論》，此土倖存矣！繼起有羅睺羅，釋八不義以常樂我淨，讚般若義以二十二頌，亦足多也。釋《中論》有八，此土唯來其三。青目本《無畏疏》，是以極純，安慧清辯如何可及？《般若燈論》品品最後引大勇猛證畢竟空，餘所不談，俗有真無之說因是以立，而大異於中觀正論。月稱之後，轉展互破，以是膠葛不寧，而《中論》學晦矣！清辯《中觀心論本釋》、《中觀攝義論》，亦彼破瑜伽正異說之書歟！八家之說，佛護、寂護略見引於燈論，唯然燈智不詳。

二者《大智度論》十萬頌解《般若經》，《般若經》十六分，前五全敘，中五散出，後六分詮六度，而最後一分詮畢竟空。《智論》所釋在前五之第二，析為五般若，曰舍利弗、須菩提、信解、實相、方便。《智論》釋最初序品百一十法門，已得三十四卷，以後除經文二十七卷，唯三十九耳。什公云：論十萬頌，若都詳譯何止千卷，此方根劣譯十之一，釋經之論但順文解而已！然方便般若陳義絡繹，猶足資挹，而於《中論》實大有裨，如云先說分別後致之空，如云若不執取佛亦說四緣義，是其例也。若使全譯，所可取者不更多歟，悲夫福薄，實無可言。此一分說，是糅古義，是廣大義，未見其繼，東土三論，亦不稱四，是何故耶？

三者《十住毗婆沙論》五天頌解《十地經》，今所譯存但初二地，已十七卷，若使全譯，無適百卷，汪汪廣博《智論》之倫，忍進止觀修習無路，方願力智圓滿難知，應發大願繼述什公。

四者《菩提資糧論》五千頌闡菩提分義。「資糧」其始，《中論》其至，《智論》、「婆沙」又復廣博。其斯為龍樹學也歟。

密嚴是唯識唯智之通經。詮五法三自性、八識二無我之為教，三界輪轉源於賴耶，與唯識同。然獨尊如來藏，賴耶即密嚴，心境界非真，真為慧境界，悟無分別，生密嚴國，豈非與般若同歟！密嚴云：十地華嚴等大樹與神通勝鬘及餘經皆從此經出，如是《密嚴經》，一切經中勝，據是則華嚴、勝鬘、楞伽，皆是通經也。「華嚴」為唯識六經之一，又與般若安住一切智智，世親注十地，龍樹釋十地，地前三方便，十地斷十障，漸次而行布，與唯識同；位位皆成佛，一切入一切，行布而圓融，與般若同；詮根本無所得，詳後得無邊行，總別同異成識壞，妙義重重，唯識唯智之通經決然矣，勝鬘詮如來藏，自性清淨心而為客塵所染，與唯識同；說滅諦常住，自性清淨離諸煩惱，與般若同；亦唯識唯智之通經歟。「楞伽」與「密嚴」，皆以五法三性八識無我為教，與唯識同；楞伽與密嚴皆詮如來淨藏，與般若同；是不亦唯識唯智之通經乎！經固有通，學何必封。龍樹無著，如車兩輪，慎毋惑解經家誤陷迷途可也！

四涅槃文字科。此科以《大涅槃經》為大本經，說一乘，說常，說佛性，說一乘以法華為先導，諸說一乘舉有七經如先所說；四教醍醐亦如先說。如來四十九年說無常義，臨入涅槃乃說常義，開權顯實，法住是常，如來不滅常是法身，樂是涅槃，淨是正法，而我則是佛。眾生雖未成佛，而有成佛之性，後必成佛，於是大師子吼說眾生皆有佛性，以視法華開示悟入佛之知見得一切智智，更別具以一義也。夫木有其本然後扶蘇，水有其源然後江海，人有佛性然後成佛，是蓋與人以決定義，俾知作佛，更有依據，無所恐懼，斯乃不可不治之經歟！說法以涅槃最後，設以涅槃究竟，研學以涅槃圓融，文字以涅槃美滿，是故學佛畢事，應治涅槃。

涅槃遵據世親《涅槃論》，立四句義以讀經。起哀嘆品訖大眾所問為法句。起現病品訖高貴德王為法行句，師子吼為法義句，迦葉憍陳如為法用句。最初三品敘當時事，非四句攝。法句之法，即《常性經》三，云何得長壽，凡二十三偈，作三十四問，佛就《常性經》三，深微奧義，一一酬答，則法句也；法行為五行十德，皆一乘之由來，葛藟庇本，勿傷於斧尋，天豈階升，而通於方便，則法行句也；法義有二：一明佛性辯眼見聞見，二明涅槃修道見性讀經見性。佛性雖同，見不見異，而聖凡各別，則法義句也；法用為一用根，二用諍，三用分別，四用隨自說，皆如來境界，則法用句也。此略提綱，若欲詳談，見諸別冊，此經以外有諸附庸，曰《金明光經》，詳法身義，曰《大法鼓經》，詳如來解脫義，曰《大雲經》，詳法界義，詳四倒四不倒義，始舉一二以例其餘。

《大涅槃經》有四大要：一戒，二定，三修，四三德相應。戒亦為涅槃，由戒而定而慧以相應於寂滅，若非為涅槃，則戒可緩，經所謂乘急戒緩也，經所謂為取祕經戒亦可犯也！定亦為涅槃，金剛三昧、首楞嚴三昧、入無餘、入無相、入大定窟，若非為涅槃，則世界禪定，四禪三空三界流轉，亦何所為？修亦為涅槃，五行十德舉足下足皆涅槃道。《無量義經》四諦十二緣，法猶是也，而義則大異於緣覺聲聞。若非為涅槃，三學不出生死，亦何異牛狗炙身之苦，一類威儀之拘，邪執邊執之惑歟！三德相應，更為大般涅槃。經云：解脫之法，亦年涅槃！如來之身，亦非涅槃；摩訶般若，亦非涅槃。解脫非涅槃者，聲聞無大悲，亦耽寂滅，必真如出所知障大悲般若常為輔翼，必如來藏出纏法身盡未來際作諸功德，乃大涅槃也。法身非涅槃者，佛常非入滅，佛我大自在，必悉佛境無過非尼夜摩性，又必知佛境證空為畢竟全空，乃大涅槃也。般若非涅槃者，有得即煩惱，有證非菩提，必觀縛解都無所得，又必本法界以學一切，乃大涅槃也。

諸學佛人，毋謂侈談凡非聖境，新學菩薩，文法窮源，不數年間，必知梗概。先得佛之知見，念念皆一切智智。則無論何科，所學歸極，滴滴赴壑，法法登峯，豈不懿歟？若不知通，昧於其的，任學何科，都墮嵎負，大道自全，得少為足，又如之何其可哉！

復次四科之外，為論議資，又必學習因明。此學必尊陳那，籍重理門，三十三過以研似立，十四類以研似破，皆理門所生也。學中藝伎，日研日精，後有作者，必勝於前，月稱而還，應留意焉。

夏聲說

人必有所以為人，然後能人，然後謂之曰人。人之所以為人者，惻隱羞惡是非之心是也。堂下觳觫，堂上不忍，況乎國將亡，族將滅，種將絕，痛之所不勝，不得不大聲疾呼奔走號咷；大聲疾呼奔走號咷，而後舉國震悚萬眾一心，出其才力智能以自拯，蹴爾嗟來，寧死不屑，傾天柱地維溺人心於必死，忍之所不能，不得不直聲執言日光明照；直聲執言日光明照，而後莠不能亂苗，紫不能奪朱，鄉愿不能亂德，本人之所以為人之心，以發其至大至剛至直於聲，稱之為「夏聲」。

無惻隱之心非人也，無羞惡之心非人也，無是非之心非人也，是則無人而無夏聲也。中國蠻陌之所之，舟車人力之所至，冒霜露之所被，吾夏聲一呼，宜乎盡人憤悱而相應以起也。孔子之道不著，軻之死不得其傳，夏聲乃不得不發。夏聲者，孔子之中庸，孟子浩然之氣也，夏聲者，以一言之曰誠，以二言之曰中庸，以三言之曰直方大，以四言之曰浩然之氣，人之所以為人其為物不二故也。

中庸何以是夏聲耶？君子之道費而隱，鬼神之德微之顯，合費隱微顯於一物，謂之為中庸。至真之物不可以費隱微顯囿也，民質之日用飲食，即包併乎知化窮神；天命之微妙玄通，無以異乎日月呈露。小以誠小，大以誠大，幽以誠幽，明以誠明，不誠無物，誠固物之始終者也。何謂終始？譬如車行，跬步其始，千里其終，輪廓錐地，轉點轉積以得一周，積周成里積里成千，盈億累兆之周而不能缺錐地之一點，缺一點於錐地，即不能成周成里，其勢然也。參天贊地，點之至於千里也；愚不肖知能，點之起於跬步也；受命制禮，點之至於千里；不睹不聞，點之起於跬步也。千里之點，即跬步之點，點固無殊也；舉費即舉隱也，舉微即舉顯也，費而不遺隱，微而不離顯也。真實周通是謂中庸，故曰夏聲為中庸也。是則直方大之夏聲，亦誠而已也。

今夫人心之姦偽而無術以止之也，為之斗斛權衡以量之稱之，則並與斗斛權衡而竊之；為之符璽仁義以信之矯之，則並與符璽仁義而竊之。治老氏學者，曰掊斗折衡而民不爭，焚符破璽而民朴鄙，攘棄仁義而天下之德玄同矣！無為而自然，希夷微而一，此雖得中庸微之顯之理，而不得其費而隱之道。據未來將至之幾，而不順素位現在之誠，若是謂之希聲，謂之柔聲，異直方大之夏聲。包藏禍心者，又併此而竊之，曰老成謀國，委曲以將事，於是鬼蜮充於朝野，國真無以為國矣，致用之所至，容或一相似，而以為大本大經者，則君子不由也。

國之瘠貧，民之寡恩，聞墨氏之風者，又作而起矣！節用短喪薄葬，裁物質之贏虧，以抑其性情之舒發，君子曰：「不然！誠不可戕賊，而均則無貧。」兼相愛，交相利，愛人者人必從而愛之，利人者人必從而利之，君子曰：「不然！吾誠於身而愛身，吾誠於人而愛人，若為人之愛我而兼愛人，則愛不誠，所為二本也。」此亦異乎直方大之夏聲也，君子不由也。君子之正人心也，必中庸是由也。

不誠無物，故君子貴誠。誠非第成己也，所以成物也，故至誠無息，誠則至矣盡矣！蔑以加矣！請益，曰不息而已。不息則久而徵，博厚而高明；昭昭之天不息，而日月星辰以繫，撮土之地不息，而華嶽河海以置；卷石之山不息，而草木禽獸寶藏以聚；一勺之水不息，而蛟龍魚鱉以生；貨財以殖，天之所以為天，文王之所以為文，皆於此不息寓之也。又何人心之不得其正哉？此不測之義然矣！請舍不可思議而證以目前淺義，亦無不效也。久於其道，天下化成故也。久則是非之大明也。神咒呼名，鬼蜮藏形，效一。久則識種之觸應也，人非一成，善惡環生，效二。久則有徵之足信也，冰山非倚，金石是恃，效三。久則主客之勢移也，喻利拜金，聞義依心，效四。久則多寡之勢敵也，敵彼咻楚，丁寧鐘鼓，效五。久則環境之變遷也，素視琦寶，須臾弁髦，效六。久則仁義未嘗不利也。信遍國人，廣譽施身，效七。久則監偽之無終也，趙孟貴賤，董叔繫援，效八。久則清議之不容也，落魄無歸，有靦無依，效九。久則垢穢之無傷也，四凶不穀，元愷迭出，效十。故曰君子之正人心也，必中庸是由也。是則救人以夏聲，亦久於其道而已也。

古之所謂夏聲者，詩三百篇聖賢發憤之所作，節南山以下諸詩是也；孟子七篇，則疾雷破山風震海，振聾啟聵於末世，無以逾焉；勾踐滅吳，精神見於吳語越語；史漢之刺客、游俠、黨錮獨行，凜凜有生氣；下而至於韓愈之文，杜甫、陸游之詩，辛棄疾之詞，史可法之疏，乃至忠肝義膽，片言舒鬱，莫不皆夏聲之所寄。夫夏聲者，人所以為人之心，人莫不皆有，吾烏知今必異於古所云，丁寧浮於振鐸鼓而行之而已矣！

一九三六年，《孔學雜著》支那內學院，一九四二年

唯識

辨虛妄分別

虛妄分別，凡諸經論，如「楞伽」、「瑜伽」、「顯揚」、「中邊」，皆詮依他性；而以之詮一切法相，則《辨中邊論》與《辨法法性論》獨舉。藏傳彌勒五論與奘師彌勒五論書不相同，是大問題，迄未解決，對於此事安能遽然率然？然譯者既從藏譯五論，則藏人談「辨法法性」時與「中邊」相提並論，謂其說依圓實有而遍計實無，如隆都喇嘛集內《慈氏五法名數錄》即有此義，譯論者不應於此加之意歟！《辨中邊論》談一切法法相以非空非不空為宗，空是其無，不空詮有，蓋有無並舉也。虛妄分別有，言亂識上見相二分是有也；於此二都無，言亂識上所無者是二取也；此中唯有空，言亂識上所有者是空性即法性也；於彼亦有此，言空性上所有者亦此亂識也。亂識從因緣有生，不從計執無生，其相如幻，其體是有，所謂其中少有亂識生是也。亂識非實有亦非全無，許滅解脫故，謂於亂識相見分上，擇滅二取計執，解脫二取纏縛，種種聖道許以慮託，若亂識全無，安所慮託歟！所謂有無並舉非耶？今譯《辨法法性論》，談一切法法相，詳其趨勢乃在無邊，蓋非有無並舉，以宗其非空非不空也。實無而現，無義唯計，無而現有，無有別非一，有無無別非異，最是有無一異一頌，則竟以全無義邊談法相也。

夫談唯識偏對外境，無其外義而內識則唯；若談法相，則非談相之作用，而必談相之體性，體性之質實、體性之賅攝，必一一詳之，而《辨法法性論》乃詳無略有，何耶？若謂法性是有，法相止可談無邊者，何不舉法性真有、法相幻有義耶？若謂觀無乃可入真，幻有亦何礙於觀無義耶？是則談《辨法法性論》，一、五論未解決，二、法相異中邊義未解決也！此論梵文不存，根本無從研覈，徒憑重譯，輾轉相沿，又烏知其中所蘊何若，卻怪譯者曾不矜慎，匆匆重譯，又不署重譯之辭，而直書某某所譯，一若非譯藏文而直譯梵文者，一若原譯摩訶闍那等之責可代負者，非所謂侮聖言、凌先哲、掩眾明者耶？

復次，分別與計度或遍計之名詞古不區別，初無異義。至先哲玄奘法師時，則界限精嚴，不容稍混。計度或遍計義，範圍甚狹，唯有六七有，五八則無；分別義寬，既賅六七計度，亦攝五八任運也。《成唯識論》周遍計度，故名遍計，安慧八識皆能遍計，所據理教不能精確，犯過重重，護法破以十義，會以三事，而計度分別唯攝屬第六第七心品乃定。自是以後，辨理譯文莫不奉為圭臬，是則計度之範圍至狹，不可概虛妄分別之全分也。瑜伽七分別，解家以任運分別為五七八識有，餘六分皆隨念計度所攝，計度唯六七識有，是則必三分別或七分別始攝得八種識盡，所謂分別義寬也。《辨中邊論》談分別則悉舉五八六七識，曰識生變似義有情我及了；而《辨法法性論》談分別，譯者但以無義唯計為分別，又申之曰：「分別者，謂一切無唯計度耳！」又引其師說：「忘現為有，忘執為有。」二種俱名分別者，以實一切境義，唯自遍計分別故。師弟舉分別名詞，俱但舉計度一面，一若分別唯攝六七計度，不必攝五八不計度者，夫其談妄執於義無失，而名詞有失，又使譯名詞於古時無失，於今時有失，其師是藏人，或以僻遠不讀中籍，無論矣；譯者是中土人，不讀中籍而為中國譯典，可乎哉？譯家不閑千數百年輾轉辨別最後定為一尊之名詞，或閑故不用，而徒執先時混沌不分之名相以迷惑國人，又非所謂侮聖言，凌先哲，掩眾明者耶？

一九三六年，《內學雜著》上支那內學院，一九四二年

辨二諦三性

大乘有兩輪，曰二諦，曰三性。二諦以說法，《中論》諸佛以二諦為眾生說法，一、以世俗諦，二、第一義諦是也。三性以立教，密嚴五法、三自性、八識、二無我，此即是諸佛教最後之教理是也。說法無二道，其極曰一真法界；立教機感，其極曰二空所顯。既已云一真法界矣，而復曰二空所顯者，法界法爾唯如是真，增益固不得；法界法爾有如是幻，損減亦不得也。不真無體，幻滅無用也。依真說法，依幻立教，此其所以立二諦復談三性歟！二諦詮真，剋實唯遮世俗諦；三性詮幻，剋實唯詮依他起性。第一義諦周遍有也，依他起性少分有也；第一義諦如實有也，依他起性如幻有也，皆有也。其為無者，二諦中俗諦無，三性中計執無也。真俗以有無判，依圓以真幻判也。

何謂二諦剋實唯遮世俗諦耶？談二諦者莫不依般若波羅蜜，龍樹有言：「觀一切法實相慧名之曰般若波羅蜜，」一切法實相，涅槃也，即第一義諦也。第一義諦有，依之以觀一切法，則凡不與第一義諦相應者無也、非也、不也，無色、聲、香、味、觸、法乃至無智、無得等也，非常、非樂、非我、非淨等也，不生、不滅、不增、不減等也，此豈言一切法斷滅無哉？

《般若經》言：「如諸愚夫異生所執非一切法如是有故，應如無所有如是而有，若於無所有法不能了達，說為無明生死三界。」《般若經》又言：「甚深般若波羅蜜多，非如是等諸法所攝亦非不攝，如是所攝所不攝法，所有真如不虛妄性、不變異性、如所有性，如諸如來及佛弟子菩薩所見，是謂般若波羅蜜多。」是蓋言第一義諦如實而有也，其所謂無者，乃計執之俗諦無也。以計執之俗諦無立一切法畢竟空義，文殊、龍樹、清辨等而以為宗。

何謂三性剋實唯詮依他起性耶？依他起上若復起執為遍計所執性，即二諦之俗諦畢竟無有；依他起上不復起執為圓成實性，即二諦之真諦如實而有。於二諦外別立一性，非無如計執，非有如圓成，而亦有亦無繫於一法繼二諦而創立者，其唯依他起性乎？二分之謂識，雜以二取之謂亂，二分識上之二取亂，所謂境無識亦無也；二取亂上之二分識，所謂識體不滅之為有也。此於變似應得詳談。變之謂能，似之謂所，似於能邊謂之為分，似於所邊謂之為取，分取相錯字為亂識，亦有亦無，就識邊言，則所謂少分有也。此非獨影從見，如空中華本無所有也；此由先種今緣二分變現，不可云無也。

云何立此亂識有耶？亂識之謂染，所謂染依他也；亂云之謂淨，所謂淨依他也。諸佛立教莫不依於染淨，有染然後有淨，去染然後得淨，若染依他無，則識本無亂，何所為去，去之云何？又何淨至？唯其有染，則有纏縛，乃有解脫；縛脫對治，染去淨存，是之謂教。法爾有亂識，法爾建立有，乃諸佛方便立教之深意歟！

以依他之染性，非真有，非全無，立一切法非空，非不空義，彌勒、無著、護法等而以為宗。兩宗既立，其談一義，所趣不同，如其談計執無義，二諦唯詮二取之畢竟無也。三性則必詮二取之無於二分識上有也。如詮計執，《密嚴經》言：「諸法不生滅，不斷亦不常，不一亦不異，不來亦不去，妄立種種名，是為遍計性。」又言：「諸法猶如幻，如夢與乾城、陽焰、水中月、火輪、雲電等，此中妄所取，是為遍計性。」二諦以不義詮唯談計執無也。三性以如義詮必談無其執於有上也。又如其談圓成真義，若二諦邊，以真諦有對俗諦無，則有無異也，若三性邊，圓成真有對他依幻有，則依圓同有，不以有無異而以有上之真幻異也。

兩宗既立，各詮其所詮，各極其所至，經言：「文殊觀一切法平等平等，不見山河大地瓦礫磽确是也。」經言：「若復一法超過涅槃，我亦說為如幻如化是也。」兩宗既立，各極其至，不可以相譏；法法不相知，不可以相淆；法法不相到，非彌勒不嫺般若，非文殊不審瑜伽。既各宗其宗，法相自不容或亂也，然宗雖各別，而道不相離，八萬四千門一妙清淨道故也。二諦遮執，三性詮染，宗不同也；歸極於真有，結果於涅槃，彼云第一義諦，此云圓成實性，道無異也。不達斯旨，般若、瑜伽之上別立一宗，昧法平等，俯矚群流，高居統攝，謂為融洽，理不可通，教其無據，是謂波旬。象恭滔天，一或不慎，喪慧失命，誠可哀矣！若欲徹底嫺般若、瑜伽於一，是唯涅槃三德伊字，一語三玄，一玄三要，乃稱妙旨，須再詳談，今姑且止。故曰：「今所宜闡揚者，般若、瑜伽之教，龍樹、無著之學，羅什、玄奘之文。」

附解或四則

前作「辨虛妄分別」，廣〈瑜伽法相辭典敘〉末段之義，其根本之點，在《辨法法性論》說分別是無，與彌勒非空非不空宗有無並舉不合，不得視為彌勒學；此學說異也。而又五論未決，無梵可覈，更分別與計度譯名有違，故云翻譯不可不慎耳！文意至明，然猶有惑者，因復略解之。

一、**論宗不合**。彌勒一切法非空非不空宗。建立於「中邊」。「中邊」說虛妄分別以二分為有，又以空妄互有為有，有故非空；以二取為無，無故非不空。變現之自體，二分也，從因緣生，不可謂無；變現之所似，二取也，計所執境，不可謂有。因二分之現，乃有二取之執，安慧「釋」謂餘分別執為二取，其體非有，是也。「攝論」隨順「中邊」。說虛妄分別所攝諸識由二性安立唯識性，有相有見二識別故，此為二分釋分別之所據。若云自證之義，實發見於陳那，不可以後難前而責無著二分之不合也。

遍計所執之能取、所取二取也；能遍計之能取取與所取取亦略云二取也。其《成唯識論》之說二取薰習與由二取輪迴者，亦皆就二取取言，安慧、護法翕然無諍，不可誤為所執之二取具能薰流轉之用為實有也。明分取義，則知「中邊」所說虛妄分別有無並舉。始能盡概，義不傾動。《辨法法性論》非有無並舉，烏乎可立？論說法、法性非一異處，據藏人所傳之世親註疏而釋，是謂虛妄分別法為無，真如法性為有，故法與法性非一，因法無而法性顯，故法與法性非異。又論說入轉依處，亦據藏傳以釋，是謂法性由法無而後顯；故法現則法性隱，法隱則法性現，此皆以無義談虛妄分別。乃達於極點，幾視依他與遍計為一，空妄互有亦無以立，其與「中邊」不符，與彌勒非空非不空宗不合，猶待深論乎？

二、五論未決。奘傳五論見《瑜伽倫記》，為瑜伽一系之舊說；藏傳五論，則超岩寺師子賢始顯現觀，大梅咀梨波始傳法性與實性，是乃無著以後六百年中顯密雜參之談。故奘傳純而藏傳駁，明明因時代先後而性質以易也。奘傳五論中，《金剛經論頌》藏譯乃不諳作者為誰；藏傳五論中，《寶性論》奘門始斷為堅慧所造。又奘傳謂《金剛論》、「瑜伽」、「莊嚴」、「中邊」皆彌勒為無著所說；而藏傳則謂彌勒但說「般若」、「瑜伽」，其「莊嚴」、「中邊」及餘三書乃彌勒自造，合為五論，此奘、藏兩傳明明因時代先後而內容以變也（近人慈氏五論頌合刊序，於舊譯寶性謂原題堅慧所造；於藏文「瑜伽」謂非出慈尊所說，又謂藏文不聞有釋「金剛頌」云云，皆有誤）。

奘傳五論皆無著、世親傳之，至玄奘、義淨不替，藏傳則「法性」「寶性」二論之師承在宗喀巴一系即有異說。或謂無著、世親、安慧等歷代相傳，與「莊嚴」「中邊」無異；或謂不然，無著後二論失傳，師子賢釋八千頌般若時猶不知有其書，迨無著後六百年，大梅咀梨波始於荒塔得之以遠承慈氏（此《第五代達賴尊聞錄》之說，由此可知藏人謂《法性論》有兩種傳承者，乃對於一種譯本之異解而說耳！與釋本之同不同無涉也）。揆之史實，後說較信，是奘、藏兩傳又明明因時代先後而師承以改也。今既溝通漢藏，兩傳變遷之故俱得而詳，詎不應善事抉擇以期見彌勒學之真歟！不加抉擇，即視「法性」與「中邊」一類，甚至疑為分別瑜伽，欲以闌入奘譯之林，學統淆然，其烏乎可！

三、**無梵可覆**。從目錄家通例，書之云佚者，以並世不見其本為斷。流沙石室或有埋藏，非所問也，印度、尼泊爾等地已發現之梵本皆有目錄，皆不載《辨法法性論》，故謂梵本不存耳。今譯但有西藏本可據，而藏本異文雜出，摩訶闍那等初譯為散文本（北平刻藏文慈氏五論收之），寂賢等異譯又另為一散文本，摩訶闍那等再譯又改為頌文本。據傳世親註解指論文處皆云如修妒路，修妒路是散文體，兼以寂賢異譯亦作散文，似散文本最在先出；然與藏傳《彌勒餘論》皆為頌文者即不侔，此底本有待刊定者也。娑闍那傳《法性論》入藏，授其子摩訶闍那譯之，所譯先後成散文、頌文兩本，以一傳承而自歧其例，此又底本有待刊定者也。至三本文義出入，名相異同，亦有審訂必要，皆非稽之梵文不可；今梵本不存，研覆困難，翻譯可不慎之又慎歟！

四、**譯名有違**。分別有自性、計度、隨念三種，此本毗曇舊義，故分別與計度名義寬狹各不同，護法許之，安慧亦許之（見所糅《雜集論》）。以其兩家俱許，護法乃能據以為因，而與安慧諍八識之孰為計度執能遍計（因明立量，因須極成，未有但自許是因而可立義以曉他者。奘師唯識量因云自許，乃簡因中初三兩字，並非簡因之全體。基疏釋之極詳）。即在陳那、法稱亦許之，《因明論》常說五識離隨念計度等分別是也。故從護法，不可混分別與計度為一，即從安慧、陳那、法稱又何得淆分別計度為一乎？此豈一家私言，而譯藏文可不必遵依者哉？舊譯名詞，精嚴未逮，自奘師刊定而後，百世譯宗，無可改轍；今猶欲概以計度譯分別，攝義不盡，所解全非，是亦不可以已歟！（舊譯常以計度遍計為分別，如能遍計譯能分別，遍計性譯分別性，皆以總詮別，故其說泛。新譯嚴其界畔，總說處必譯分別，如依他性之為分別，別說處或譯遍計，如六七識之為能遍計，各適其適，俾無異解，此固學說精研之由致，抑亦翻譯之例所應爾也。今譯虛妄分別義，於總說分別之處，而以別說計度義譯之，是則以別詮總，既異舊譯之以總詮別，復異新譯之以總詮總。以別詮別，新舊諸譯皆無其例，顛倒解生斷乎不可，又何涉於學說異同哉？故其譯札迦註解，既云五識無計度，又云五識唯自遍計分別為境，前後乖反，殆亦計度，分別二名察之未審，而譯之不當之故歟！札迦原書具在，可覆按矣！）

《內院雜刊》入蜀之作三

唯識抉擇談

聶耦庚 筆記
呂澂 校訂

「將談《成唯識論》之八段十義，先於本宗要義作十抉擇而談」（引用標以內係直錄演講原稿之文，以下並同此例），將談十抉擇，先明今時佛法之蔽。其蔽為何？略舉五端：

一者，自禪宗入中國後，盲修之徒以為佛法本屬直指本心，不立文字，見性即可成佛，何必拘拘名言？殊不知禪家絕高境界，係在利根上智道理湊拍之時，其於無量劫前，文字般若薰種極久；即見道以後，亦不廢諸佛語言，見諸載籍，非可肊說。而盲者不知，徒拾禪家一二公案為口頭禪，作野狐參，漫謂佛性不在文字之中，於是前聖典籍，先德至言，廢而不用，而佛法真義寖以微矣！

二者，中國人之思想，非常儱侗，對於各種學問，皆欠精密之觀察；談及佛法，更多疏漏，在教理上，既未曾用過苦功，即憑一己之私見妄事創作，極其究也，著述愈多，錯誤愈大，比之西方佛菩薩所說之法，其真偽相去，誠不可以道里計也。

三者，自天台、賢首等宗興盛而後，佛法之光愈晦。諸創教者，本未入聖位（如智者即自謂係圓品位），所見自有不及西土大士之處。而奉行者，以為世尊再世，畛域自封，得少為足，佛法之不明宜矣！

四者，學人之於經典著述，不知抉擇。了義不了義乎？如理不如理乎？皆未之思也，既未之思，難免不誤。剋實而談，經論譯文，雖有新舊，要以唐人新譯為勝。唐人之書，間或深博難通，然其一語義俱極諦審，多舊譯所不及。又談著述，唐人亦稱最精。六朝要籍未備，宋明古典散亡，前後作者之於依據，難云盡當。今人漫無簡擇，隨拾即是，所以義解常錯也！

五者，學人全無研究方法；徘徊歧途，望門投止，非視學佛為一大難途，即執一行一門以為究竟，如今之言淨土者即是，如此安望佛法之能全顯露耶！且今之學者，視世出世智截然異轍，不可助成，於是一切新方法皆排斥不用，徒逞玄談，失人正信，比比見矣！

欲祛上五蔽，非先入唯識、法相之門不可；唯、識法、相方便善巧，道理究竟，學者於此研求，既能洞明義理，又可藥思想儱侗之弊，不為不盡之說所惑；且讀唐人譯述，既有了義之可依，又得如理之可思，前之五蔽不期自除，今所以亟亟提倡法相唯識也！抉擇之談理難詳盡，「時俗廢，疾略而起之，要其精義，絡繹隨文」。

第一，抉擇體用談用義

「無為是體，有為是用」，此粗言之也！若加細別，則有體中之體，體中之用，用中之體，用中之用。今先言其粗者：無為有八，即虛空、擇滅、非擇滅、不動、想受滅（此五皆就真如義別而立）、三性真如是也。云何虛空？真如離障之謂。云何擇滅？由慧簡擇得證之謂。云何非擇滅？緣缺不生之謂。云何不動？苦樂受滅（即第四禪）之謂。云何想受滅？離無所有處欲，想受不行之謂。云何三性真如？謂善、惡、無記法中清淨境界性。蓋真如遍一切一味，非惡、無記中即不遍也，此理須辨。無為法不待造作，無有作用，故為諸法之體；反之由造作生，有作用法，即是有為，故有為是用。此所謂粗言體用也。

次細分體用，有如左列：

一、體中之體　一真法界
二、體中之用　二空所顯真如（又三性真如）
三、用中之體　種子
四、用中之用　現行

何以謂一真法為體中之體？以其周遍一切故，諸行所依故。何以謂二空所顯為體中之用？以其證得故，為所緣緣故。何以謂種子為用中之體？以種子眠伏藏識，一切有為所依生故。何以謂現行為用中之用？以現行有強盛勢用，依種子而起故。此總言體用也。如更以相明體用二者，則「非生滅是體，生滅是用；常一是體，因果轉變是用」；何謂非生滅與生滅？欲明此義，須先解剎那義。剎那者，念之異名，念者，變動不居之幻相也。吾人一生心之頃，有無數幻相於中顯現，非可以暫時止息。此頃間無數幻相，以其至促至細，故假以剎那之名。言剎那者，微細難思，才生即滅，不稍停留。正成果時，前念因滅，後念果生，如秤兩頭，低昂時等（然將成果時，種現同在一處，此即因果同時之義）。當情幻現，亙古遷流，所謂生滅大用，其實如是。反乎此則是非生滅之相也。

復次，何謂常一與因果轉變？轉變即是生滅。因果生滅，相續幻現，證得其實相，是謂幻三昧，亦名不空金剛。蓋幻相歷然，如量顯現，不壞一法，成其全知，故曰如幻三昧。有種能生，勢用終存，幻作宇宙眾相，從無始來，盡未來際，轉變而現，故曰不空金剛。所謂因果轉變，其相如是。反乎則是常一之相也。

上以諸相顯體用，體用之義則已明矣。然「有為生滅因果，無漏功德，盡未來際，法爾如是，非獨詮於有漏也」，生滅向流轉邊是為有漏，向還滅邊是為無漏。從來誤解生滅之義，以為非無漏果位所有，所據以證成者，則「涅槃」：生滅滅已，寂滅為樂（《大論》十八譯作：由生滅故彼寂為樂）之文也。此蓋不知寂滅為樂之言非謂幻有可無，大用可絕。滅盡生滅別得寂滅，亦幾乎斷滅之見而視佛法如死法也，其實乃了知幻相，無所執著，不起惑苦，遂能生滅不絕而相寂然夫是之謂寂滅為樂也，諸佛菩薩皆盡未來作諸功德，常現其幻，生滅因果，又如何可無耶？「是故須知，有為不可歇，生滅不可滅，而撥無因果之罪大，又復須知一真法界不可說」，何以故？不可思議故，絕諸戲論故。「凡法皆即用以顯體」，十二分教皆詮俗諦，皆就用言。「又復須知，體則性同，心佛眾生三無差別；用則修異，流轉還滅語不同年。」

第二，抉擇四涅槃談無住

涅槃一名，向來皆以不生不滅解釋之，此大誤也。不生不滅所以詮體，非以詮用。諸佛證得涅槃而作諸功德盡未來際，故其涅槃實具全體大用無所欠缺，其體固不生不滅，其用則猶是生滅也。此生滅之用所以異於世間者，以盡破執故，煩惱、所知二障俱遣；以真解脫故，相縛、麤重縛一切皆空。障、縛既除，一切智智乃生，即此妙智以為用，一切自在而有異於世間，假使僅以不生不滅為言，則涅槃猶如頑空，果何以詮於妙智之用耶？

涅槃義別有四，即自性涅槃、有餘依涅槃、無餘依涅槃、無住涅槃是也。自性涅槃者，諸法自體，性本寂靜，自然具有，不假他求，凡夫、三乘無所異也。有餘依涅槃者，顯苦因盡，苦依未盡，異熟身猶在，故名有餘依。無餘依涅槃者，有漏苦果，所依永滅，由煩惱盡，果亦不生，故名無餘依。此二皆就滅諦為言，故三乘具有而非凡夫。無住涅槃者，就大用方面以詮，諸佛如來不住涅槃，不住生死，而住菩提。菩提者即因涅槃體而顯之用，非可離涅槃而言之也。體則無為，如如不動；用則生滅，備諸功德。曰無住涅槃，即具此兩義，此唯大乘獨有，非二乘之所得共，今本宗之所側重，則在是也。

「佛為一大事因緣出現於世。大事因緣者，所謂無量眾生我皆令入無餘涅槃而滅度之是也」，或者曰：何不曰令人無住涅槃，而謂無餘涅槃耶？解之曰：涅槃為全體大用，在前已明，今茲無餘，就體邊言，即亦賅用邊言之。體用不離，故舉無餘即所以顯無住。《法華經》

有法身說法，不假言詮之義，其全體表白即全用顯現，最可以見無餘不離無住之理。又無餘涅槃，四姓齊被，三乘通攝，故獨舉以為言也。有人於此不如理思，「遂有歧途曰：大事因緣，出離生死，灰身滅智」，此惑之甚者也。大智由大悲起，聖者不斷生死，但於生死因緣，既明瞭不迷，雖復生死，而不為生死漂流，如是乃能出生死以說法度生，如是乃得謂永遠出離生死證得涅槃，此豈灰身滅智之可比者？「故唯識家言：雖則涅槃而是無住，不住生死，不住涅槃，盡未來際作諸功德，然作功德乃曰無住，而相寂然仍曰涅槃。」《金剛般若不壞假名論》亦作是說：「無餘涅槃者何義？謂了諸法無生性空，永息一切有患諸蘊，資用無邊希有功德，清淨色相圓滿莊嚴，廣利群生妙業無盡。是則無餘涅槃者，絕非灰身滅智之謂也。」自其了諸法無生性空，永息一切取蘊，所知清淨，能知圓滿方面言之，即是涅槃寂靜相；自其資用無邊，妙業無盡，廣利群生方面言之，即是無住功德相；涅槃寂靜相者顯體，無住功德相者顯用，故舉無餘涅槃即所以顯無住涅槃也。

「此大事因緣，亦即是佛唯一不二之教」，佛雖三時說法，分乘為三，然教唯是一，即一切眾生，我皆令入無餘涅槃而滅度之也。「諸有不知，說頓，說漸，說半，說滿」，如天台有四教之判，賢首亦有五教之稱，尋其依據，天台則《無量義經》，賢首則《瓔珞本業經》，皆以事義判別，教味無殊；故說四說五，以義言則可，以教言則不可。教所趣歸，三乘無別，故謂三獸渡河，河流是一也。諸有昧此義者，「豈識圓音無非一妙，聞者識上故局一偏」，瀛渤潢污，率視其量。「然子貢因論學而知詩，子夏因論詩而知禮；執詩執禮，世典且難，況於佛說？」

行者修習地波羅蜜，有地前、地上、地後之三期。地之為言，近取譬也，能生，能持，其象如地，故以地喻。地前二位，曰資糧、加行，資糧位曰順解脫分，加行位曰順抉擇分，即地前七方便，所謂十住、十行、十向、煖、頂、忍、世第一法是也。地上二位，曰見道、修道，即由初地乃至十地是也。地後一位，曰究竟，即等覺、妙覺是也。又地地有三心，曰入、住、出。即地地有四道，曰加行、無間、解脫、勝進。以四道配三心，入心則加行道也；住心則無間道、解脫道也（無間道是正住，解脫道是住果）；出心則勝進道也。因有勝進，乃得愈趣勝妙至於圓滿。修行次第雖如是其繁，然一以涅槃貫之，無異趣向。「故初發心入資糧位，曰順解脫分；金剛喻定，曰無間道；大學極位，得大菩提，曰解脫道」。其因其果，皆以解脫為言也。

「問：教既是一無餘涅槃，然發心者，不曰發涅槃心而曰發菩提心；證果者，不曰證解脫果而曰證大覺果，何耶？答：涅槃是體，菩提是用；體不離用，用能顯體。即體以求體，過則無邊；但用而體顯，善巧方便。用當而體現，能緣淨而所緣即真，說菩提轉依即涅槃轉依，唯識所以巧妙莫階也」。諸有不知如是義者，每以現法樂住為涅槃，如初禪之離欲，二禪之離苦，三禪之離喜，四禪之離樂，乃至於神我周遍，自然（道家以用為體），自在（上帝造物之類），哲學真理，儒家世樂（暫時息機），此皆誤以體為可求，妄構似相執著之；然此相轉瞬即非，樂且無常，況云涅槃？至於佛法，但於用邊著力，體用不離，用既面面充實，不假馳求全體呈現，不期而然。是故菩提轉依不異涅槃轉依，於發心者亦不曰發涅槃心，而曰發菩提心也。又「諸佛與二乘解脫身同，牟尼法身不同」。牟尼法身具足涅槃菩提之果，功德莊嚴，「故不曰證解脫果，而曰證大覺果」。

第三，抉擇二智談後得

智是抉擇之謂。於一切所知境當前照了，復能抉別簡擇，明白決定，無隱蔽相，無迷惑相，是以謂之抉擇。此與慧異。慧是有漏，與我見相應，不離執著，常不如理分別而有迷昧，故有執之識（六七識）決定俱有。又慧雖間有抉擇之功用，然不盡明徹，偏而不全，皆與智有別。是以對治功用獨舉智為言也。智凡有三：一曰加行，二曰根本，三曰後得。加行未能究竟，根本究竟而不能起言說以利他，故今又獨舉後得而談也。

加行智何以究竟？「加行智，四尋思後四如實，見似非真」。加行智所得蓋為似相真如。當其加功而行，尋思名義、自性、差別皆假，而如實了悟之際，雖與真抉擇相順，聞思工夫亦不可以忽而視之，然其所證則未至究竟處也。

根本智何以不起言說以利他？曰：「根本智，入無分別，斯乃見道」。無分別云者，非空除一切之謂，乃不變種種相狀相分而泯諸分別之謂也。正智緣如，恰如其量，能所冥契，諸相叵得，如是乃為誠證真如，名曰見道，此時戲論既除，思議不及，故無言說可以利他也。利他之用恃相見道。「然真見一三，又益之相見十六者，必後得智，見乃周圓。真見自悟，相見悟他；有一眾生未成佛，終不於此取涅槃，菩薩以他為自故」，所以須起後得智以悟他也。

何謂真見一三？釋真見道有一心、三心二家之言。一心真見道者，謂根本智實證二空真理，實斷分別煩惱、所知二障，雖多剎那事方究竟，而前後相等，不妨總說一心。三心真見道者，謂由三方而緣遣一切有情等假：一則內遣有情假，二則內遣諸法假，三則遍遣一切有情諸法假。以是前後續起有三。是皆以根本無分別智為其體。

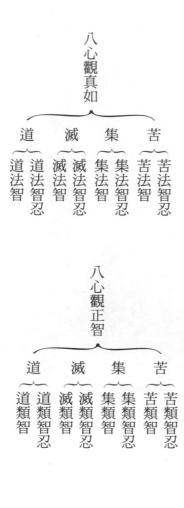

何謂相見十六？真見道後次第起心，取法真見道中，無間、解脫二道能緣正智，所緣四諦真如，變起相分，重加分別以說與他；於此有二重十六心差別。第一重十六心有如次表：

八心觀真如
- 苦
  - 苦法智忍
  - 苦法智
- 集
  - 集法智忍
  - 集法智
- 滅
  - 滅法智忍
  - 滅法智
- 道
  - 道法智忍
  - 道法智

八心觀正智
- 苦
  - 苦類智忍
  - 苦類智
- 集
  - 集類智忍
  - 集類智
- 滅
  - 滅類智忍
  - 滅類智
- 道
  - 道類智忍
  - 道類智

何謂法（四諦教）？忍忍之為言忍可也；雖則忍可，而未重證，重證取者，要須法（四諦如）智；法忍雖已入住，而火候未熟，法智乃得圓證解脫（此即取法真見解脫道故爾）；於此了知法忍有觀之用，而法智則有證之用，此二者之區別也。然法忍、法智皆係外觀，觀所緣故；類（後法是前法之類曰類）忍，類智皆係內觀，重觀能緣故。用慧為忍，用智為智，要由無漏慧無間引生無漏智故，先後次第如此。

於此亦有歧說，謂真見一心，相見三心、十六心者。以三心別緣人法，同於安立，故亦說之為相見。斯說也，「唯識」從之，吾今不從。何以？故三心遣假，泯諸分別，不過次第總別有異，而與相見所緣四諦無關，故以真見一心三心，相見十六心，為盡理也。

大乘相見，重之以兩重十六心，故後得智之功用極大。「菩薩於何求？當於五明求。一切智智，五明是資，聞思所成，修慧引生。直往（菩薩）不迴心，趣（發心）異於初今。若入果位，所作獨攝（成所作智，唯後得智攝），餘三通二（圓鏡、平等、觀察三智，皆通根本後得）。如理（根本智證會真如）匪艱，如量（後得智遍知依他）實緊。盡所有性，斯乃殊勝。此義引伸，讀《菩薩藏經》。」

元、明人未見古籍，多昧後得妙用之義，至有解「八識規矩頌」而輕視果位五識為未至者；今且一旁辨之。頌曰：變相觀空唯後得，果中猶自不詮真。變相觀空是後得智，其根本智無有影像，親證真空，後得則帶空相而觀空也。前五淨識至果位而後有，雖無根本智，不可證真，然其妙用，即依後得而不窮，並非以其不詮真，即有所未至也。

又在因位起六七後得智，更有斷惑之用。惑從迷事起者（此就親迷而言，貪、瞋、慢、無明、戒取、見取等煩惱皆是），一分通後得智斷；惑從迷理起者（就親迷言，疑、無明、身見、邊見、邪見等煩惱皆是），一分不執，非獨頭起，同於迷事，大乘修道斷之，亦用後得智，故後得智之用大也。

「問：唯識義是用義，於涅槃則無住，於菩提則後得；無住、後得、證（根本智證真如）以後事，則依智不依識，何不曰唯智而曰唯識耶？答：無漏智強識劣，識應其智，智實主之；有漏識強智劣（此智體即是慧。又此有漏指地上所起者言），智應其識，識實主之。五位而及於資糧、加行（此皆用識為主）；百法而及於煩惱、不定；作意在凡外小內故（凡夫、久道、小乘內大不善用取者），法為眾建故，舍智標識而曰唯識。」

第四，抉擇二諦談俗義

性相二宗俱談空義，但性宗之談係以遮為表，相宗之談係即用顯體。以遮為表故，一切諸法自性皆無，即用顯體故，依他因緣宛然幻有。此兩宗之大較也。

性宗之空，龍樹與清辨所談前後迥別。所謂以遮為表者，惟龍樹得之，讀《大智度論》可以概見。蓋勝義諦本非言詮安立處所，說之不得其似，遮之乃為無過。譬如言紅，紅之相貌難於形容，愈描畫必愈失真，不若以非青非黃非白遮之；此雖未明言何色，而意外既有非青黃白之紅色在。龍樹言空，大都如是，故為活用。善解其義者，固不見與相宗牴觸，其實且殊途同歸矣。後來清辨之徒意存偏執，但遮無表，所談空義遂蹈惡取，相宗破之不遺餘力，未為過也。

相宗談空所謂即用顯體者，此蓋於能安立言詮之處（即相），直以表為表也，故曰：無能取所取而有二取之無（此即顯空以無性為性）。此義詳於《辨中邊論》，論以五義辨空性：

第一為相，即謂空性非有（無二取）非無（有無性），非一非異（此與虛妄分別對辨）。

第二為異門。

第三為異門義，謂空性假名有五，義即各別。所謂五者：一真如，無變義，二實際，非顛倒義，三無相，相滅義，四勝義，最勝智所行境義，五法界，一切聖法緣此生義。「對空」解空，七門分別，除前五外，加無我性及與空性。「般若」解空，亦有十四門分別，除前五外，更加法性、空性、不虛妄性、不變異性、平等性、離生性，及與法住、虛空界、不思議界。但「般若」異門皆就遮遣為言，此與「中邊」、「對法」謂有「無相」者實不同也。

第四空性差別，略有二種；一染淨差別，由用有垢無垢以顯。十二分教捨染淨法外，別無可說，故「顯揚聖教」亦即此二門而顯揚之。蓋流轉、還滅、於斯建立，一切佛法不能外也。二所治差別，依對治法說，有十六種：一內空，六根空故。二外空，六塵空故。三內外空，根身空故。四大空，器界空故。五空空，對治內外一切執故。六勝義空，如實行所觀真理即空故。七有為空。八無為空，二淨法空故。此之八空依境上立。九畢竟空，饒益有情所為即空故，菩薩以他為自，眾生盡成佛乃證果故。十無際空，生死無際即空故，不住涅槃，不畏生死故。十無散空，直至涅槃無一時而間斷故。此之三空依行上立。十二本性空，種姓本有即空故。十三相空，大士相好即空故。十四一切法空，令力、無畏等一切佛法，皆得清淨即空故。此之三空依果上立。十五無性空，無人法實性故。十六無性自性空，無性為空自性故。此之二空總依境、行、果三上立。如是十六空，「顯揚」同一建立。復有異門。《大論》七十七，如此無所得，說十七空。「般若」第三分，則立十九，加所緣、增上、樂無（無禪天）。又二會則立十八，於十六空除相空，加自共相、不可得、自性三種。一會則立二十，同上分自共相為二，又加散空。勘之可知（《中邊述記》卷一具引）。

第五空性成立。總括頌云：無染應自脫，無淨應無果，非染非不染，本淨由客染。蓋染淨是境，解脫是行，得果淨是果，三者相因。設無染淨之境，何得有於行果？又說染淨依用而殊，無關本性。「中邊」就相詮空，故得如此切實詳盡；此蓋一宗大旨所在也。

性宗之辨空有也，以二諦；相宗之辨空有也，亦以二諦。「空宗俗有真無，相宗則俗無真有。俗有真無者，於世俗諦一切皆有，於勝義諦一切皆空。般若所談，非義遮義，匪是其表」。清辨之徒從此立論，如上已說。「俗無真有者，於世俗諦瓶盆遍計，一切皆無；於勝義諦一真法界，圓成而實。然此真俗唯是一重；若說依他，則四真俗。三科、四諦及與二空，真之前三即後三俗。」此四重二諦之說，乃窺師本《大論》六十四及護法義建立者，料簡空有，精審無倫。今更表明其大概如次：

法體	四俗諦	真俗對辨	四真諦
我法	世間	攝假從實	
三科	道理	攝境隨識	因緣
四諦	證得	攝相歸性	唯識
二空所顯真如	勝義	性用別論	無相
一真法界			真如

上表所列四重二諦之名皆從略稱，若具列之，四俗諦：一曰假名無實諦，二曰隨事差別諦，三曰證得安立諦，四曰假名非安立諦；四真諦：一曰體用顯現諦，二曰因果差別諦，三曰依門顯實諦，四曰廢詮談旨歸。

四俗中初偏計是無，四真中後圓成叵說，惟後三俗與前三真，是依他法或其所證。「真俗皆有，俗則如幻，真則不空，是詮是表，非是其遮。《瑜伽》所說，不空空顯，如幻幻存，善巧絕倫，於斯觀止！空宗俗有乃相宗初俗，是為情有，情則有其遍計瓶盆也。空宗真無乃相宗後真，是為理無，理則無其遍計瓶盆，俱以一真法界不可名言也。若夫真之前三，俗之後三，

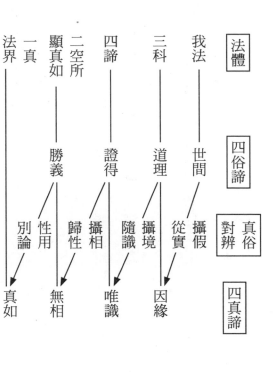

不可名而可名，不可言而可言，不了義經烏乎齊量？」

第五，抉擇三量談聖言

就用而談「取捨從違，自憑現量。然真現量，見道乃能；非應無漏，雖現而俗」。蓋現量之現有三義：一者現成，不待造作，當體顯露。二者現見，全體呈現，無一毫模糊。三者現在，現前實現，非過未無體。此三義約識分別，則第八識恆時現量，而微細不可知；五六識少有其義，以有執故唯是率爾心（墮境第一念）得，非如無漏之可以久也。蓋前五依次第六識，第六識依意根。意根有染，前六識有現量時，亦不免有染。由此可知，前六識所有現量，唯是世俗，實不可恃。「據俗而評，患生不覺，故唯聖言，最初方便，馴至證真，縱橫由我。譬如五根（此謂淨色也。別有粗色相扶助者，名為扶根塵。舊亦視同根類，而謂為浮塵根，實屬錯誤），五識難緣，恃聖言量，以能發識比知有根。譬如賴耶，意識難知，恃聖言量，以能執持，比知有八。不信聖言，瓶智涸海。聖不我欺，言出乎現，問津指南，豈其失己？」

第六，抉擇三性談依他

依義淨《寄歸傳》之說，「空宗以二諦為宗，故談真絕；對相宗以三性為宗，故因緣幻有。因緣幻有者，依他起也」，本宗安立三性，理兼空有；而以因緣幻有之依他起為染淨樞紐，包括全體大用於無餘，故今所談獨在於是。「他之言緣，顯非自性。緣之為種；法爾新生起有漏種，法爾新生起無漏種，都為其緣」。法待緣生，即無自性，即顯畢竟是空義。此與空宗本屬吻合，觀《中論》：因緣所生法，我說即是空，亦名為假名，亦名中道義（此即天台三觀所本）。一頌可知。但龍樹雖知有賴耶，而不談其持種受薰，於因緣生法之實際略焉不詳。至於清辨變本加厲，並賴耶亦遮撥之，緣起道理遂不能澈底了解。以視本宗立義，無即說無，有亦說有，稱量而談於我無與者，其相去誠遠矣。

緣起通於有漏無漏，依他起法即有二別。「有漏緣生曰染依他，無漏緣生曰淨依他」，遍計、圓成二性即依依他而顯。「執為實有曰遍計所執，空其所執曰圓成實，夫以成之為言，乃一成不變義者，則是常義，即涅槃常樂我淨義；彼依他緣生則三法印者，無常義，無我義，苦義。若以成之為言，為究竟斷染義者，則淨分依他是其所事，體遍而用亦遍，非虛而亦非染，圓實二義依他別具。三界心心所是虛妄分別故，淨分依他攝屬圓成。若分別立名唯目緣慮，則淨分染分皆依他攝。撥因緣無，黜依他有，彼惡取空流、諸佛說為不可救藥者」。

即如清辨造《掌珍論》，有頌曰：真性有為空，緣生故如幻云云，撥無依他起法。此頌具足三支，成一比量（真性簡過，有為正是有法，空是其法，合之為宗。緣生故為因。如幻為喻）。然量有過，立義不成。清辨宗俗有真無，以真性言，簡有為是其真諦，故性本空。然對本宗真性有為勝義是有，如此出量，便犯因明有法一分不極成過。又因喻云：緣生故如幻，此雖遣法自性，而不遮功能，即可幻有，如何空無？故此量有過不能立也。據此談空，便鑄大錯。若以本宗道解者，即可用其因喻，立相違量云：真性有為非空非不空，緣生故，如幻。蓋緣生法分明有相，是故非無；待緣而起，生滅不停，取喻如幻（「楞伽」幻不自生，依明咒起，亦是緣生）。即因緣生法非有自性，不從自故，不從他故，不從共故，非自然生故；唯各自種子仗託而起，生必有滅，無實作用，故緣生諸法又畢竟性空；此亦喻之如幻。真性有為空一頌別見於《楞嚴經》，清辨立說似依至教；然在當時清辨對敵立宗並不提明此是聖言。若是聖言，顯揭以談，諍論冰銷，何棼千古？護法宗徒縱加破斥，而亦未聞有人據為叛教。奘師東傳法相，又亦未聞說有此經；故其門下直就量破，不留餘地。若果聖言，顯蹈悖謬，豈其有智！故《楞嚴》一經入於疑偽，非無因也（經文更有可疑之處，今不具舉）。

第七，抉擇五法談正智

五法者何？相、名、分別、正智、真如是也。云何為相？謂若略說所有言談安足處事。云何為名？謂即於相所有增語。云何為分別？謂三界行中所有心心所（有漏心法），云何為正智（無漏心法）？即是世出世間如量如理之智，云何為真如？即是法無我所顯，聖智所行，非一切言談安足處事。此之五法，前四為依他起（分別一種合諸識見相分而言。然安慧別義淵源性宗，以相見為徧計無，不可遵信），後一為圓成實。或為能緣，或為所緣，先總括為一表，次釋其義（分別惟緣相、名正智自緣其智，亦緣分別，以成一切智智，將能作所故）。

就無漏言，「真如是所緣，正智是能緣；能是其用，所是其體；詮法宗用，故主正智」，用從薰習而起，「薰習能生，無漏亦然。真如體義，不可說種，能薰、所薰，都無其事。漏種法爾，無漏法爾，有種有因，斯乃無過」，是故種子是薰習勢分義，是用義，是能義。正智有種，真如無種，不可相混。真如超絕言思，本不可名，強名之為真如，而亦但是簡別。真簡有漏虛妄，又簡遍計所執；如簡無漏變異，又簡依他生滅。此之所簡，意即有遮，蓋恐行者於二空所顯聖智所行境界不如理思，猶作種種有漏虛妄偏計所執，或無漏變異依他生滅之想，故以真義如義遮之。是故真如之言並非表白有其別用（如謂以遮作表，亦但有表體之義。本宗即用顯體，以正智表真如淨用，即但視真如之義為遮）。古今人多昧此解，直視真如二字為表，益以真如受薰緣起萬法之說，遂至顛倒支離莫辨所以，吁可哀也！

真如緣起之說出於「起信論」，「起信」作者馬鳴學出小宗，首宏大乘，過渡時論，義不兩牽，誰能信會，故立說粗疏遠遜後世，時為之也。此證以佛教史實無可諱言者，次請約略述之。佛滅度後小宗盛行。約百餘年，有大天者，唱五事以說阿羅漢不遺所知障，未為究竟（上座部學者堅守舊義，故《毗婆沙論》、《異部宗輪》等皆斥大天為極惡不留餘地）五事者，頌云：餘所誘無知，猶豫他令入，道因聲故起，是名真佛教。阿羅漢仍有煩惱習氣為天魔嬈，是為餘所誘；又微細無明不染污者未除，是為無知；處非處善巧方便未得，是故猶豫；自證不知，仗他指示，是故他令入；因聲聞得道，故道因聲起；即此五事是名佛法。當時四眾爭論甚盛，遂分兩部，從此說者為大眾部，不從者為上座部，自後迄於佛滅四百餘年，兩部又屢屢分歧，大眾部分為九，上座部析為十一，合有二十。其間說理精粗頗有等差，其最精處，且有接近大乘性相兩宗而開其先路者。馬鳴初宏大教，由粗而精，由雜而純。法爾如是，無恃飾言。今先表諸部分裂之次第，再敘其理論之大概。

（佛滅後百餘年）（第二百年間）（——第三百年間——）（第四百年初）

（一）大眾
- （三）一說
- （四）說出世
- （五）雞胤
- （六）多聞
- （七）說假
- （八）制多山

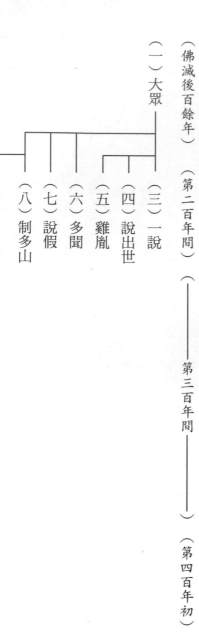

- （九）西山住
- （十）北山住
- （二）上座（雪山）——（十一）說一切有
  - （十二）犢子
    - （十三）法上
    - （十四）賢冑
    - （十五）正量
    - （十六）密林山
  - （十七）化地——（十八）法藏
  - （十九）飲光
  - （二十）經量

諸部異執，若以淺深列成次第，凡得六宗：第一犢子部「我法俱有宗」，計我在蘊外，非有為無為，此正對破外道所計主宰常遍之我；第二說一切有部「我無法有宗」，此計三世三科皆屬實有，但不立實我，較犢子部說為進；第三大眾部「法無去來宗」，於三世法中，惟說現在法及無為法有；第四說假部「現通假實宗」，於現在法中，又分別界處是假（不可得故），唯蘊是實，第五說出世部「俗妄真實宗」，於現在實蘊，更分別世俗是假，勝義是真；第六一說部「諸法但名宗」，於勝義世俗蘊法，說為但有假名。此上四宗，立義漸次精微，至於諸法但名，則幾與法性宗說相銜接矣。然說法實有，乃小宗之通執，其間異論，或謂現在蘊法是

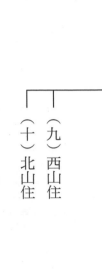

實，界處是假，說假部（分別論之末流。分別論者，合大眾、一說、說出世、雞胤四部而名之）、《成實論》（經量部別派）皆同此計；或謂界是實法，蘊處是假，經量部本宗作此計；又或謂界處是實，蘊是其假，《俱舍論》作此計（俱舍用經量部義，故亦是其別派）。所謂界則是因義、種子義也，故小宗視界為實法者，自然意許有種，而其立說側重用邊，與大乘法相宗立種子義，以界、處攝無為而闡明依他者頗相接近。又小宗視界為假法者，自然不許有種，而其立說側重體邊，與大乘法性宗遮撥種子唯談圓成者亦甚接近。大乘教雖非直接自小宗出，然流布較後，傳播者對機而立說，其與小宗思想難免關涉，不辯可知。今即本上所說，略示大小關合之點以成一表如次：

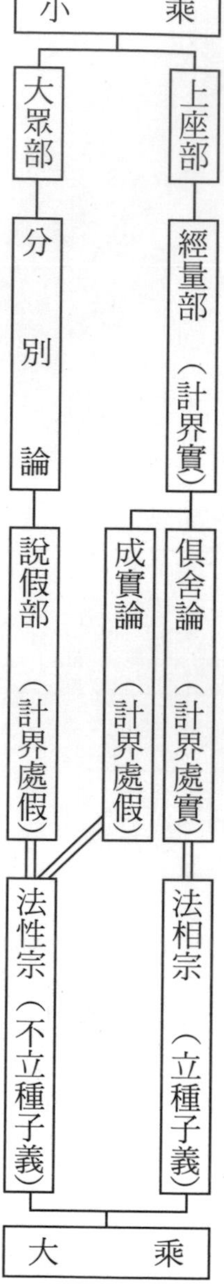

觀上表即可知，法性宗之不立種子，頗與分別論等相近，而首先就法性立說之馬鳴「起信論」即極見有此種形跡。又馬鳴初在中印度盛唱異說，中印度則分別論流行之地也，其思想之受影響當有不期然而然者。及後為脇尊者弟子，北去迦濕彌羅，從五百尊者之後筆受《毗婆沙論》（解釋有部本論《發智論》）之文，備聞一時有部諸師異論，不能愜懷，以至於別宏大乘，其取反對一切有部之思想如分別論等者，又屬應有之事，可無待言也。然分別論之義，頗覺粗淺支離，馬鳴為相似之談，其失遂同。「分別論者無法爾種，心性本淨，離煩惱時即體清淨，為無漏因，如乳變酪，乳有酪性。是則以體為用，體性既淆，用性亦失（體為其因，因是生義，豈是不生？自不能立，須待他體，以為其因，故用性失），過即無邊（本論出過備有八段，至文講釋）。」馬鳴之論與分別論相似處，觀下所對列各條自明。

分別論：心性本淨（一），客塵煩惱所染污故，名為雜染（二），離煩惱時轉成無漏（三）。

起信論：是心從本以來自性清淨（一），而有無明，為無明染有其染心（二），雖有染心而常恆不變。（中略）所謂以有真如法故，能薰習無明。（中略）謂諸菩薩發心勇猛。速趣涅槃故（三）。

分別論：無為法有九，第八緣起支無為。緣起非即無為，然有無常生滅之理，是常是一說名無為（一），能令緣起諸支隔別有轉變故（二）。

起信論：以依真如法故（一），有於無明，則有妄心，不覺念起，現妄境界，造種種業，受一切身心等苦（二）。

「起信論」不立染淨種子，而言薰習起用，其薰習義亦不成。「薰習義者，如世間實無於香，以香薰習則有香氣。世間衣香，同時同處而說薰習；淨染不相容，正智、無明，實不並立，即不得薰。若別說不思議薰者，則世間香薰非其同喻。又兩物相離，使之相合則有薰義，彼蘊此中，一則不能，如遍三性，已遍無明，刀不割刀，指不指指，縱不思議，從何安立？」

「起信」之失猶不止薰習不成而已，其不立正智無漏種子也，則於理失用義。於教違「楞伽」；其以三細六麤連貫而說也，則於理失差別，於教違「深密」。「楞迦」五法，真如、正智並舉而談；「起信」無漏無種，真如自能離染成淨，乃合正智真如為一，失體亦復失用也。「深密」平說八識，故八識可以同時而轉，以是俱有依故，又識各有種，種生現行不妨相併故，因緣增上二用俱有故；「起信論」堅說八識，三細六麤次第而起，幾似一類意識，八種差別遂不可立矣。從史實與理論觀之，「起信」與分別論大體相同也如彼；以至教正理勘之，「起信」立說之不盡當也又如此；凡善求佛法者自宜慎加揀擇，明其是非。然而千餘年來，奉為至寶，末流議論，魚目混珠，惑人已久，此誠不可不一辦也（即如「起信」有隨順入無心之說，談著遂謂無分別是智，有分別是識，佛之遺教依智不依識，即是去識不用。然根本智無分別，而後得智則明明有分別，又與智相應者亦明明有分別之識，安可以無分別是智等概為解釋？無分別，有分別係有所對待之言，正未可以一句說死。至於佛教依智不依識云云，蓋謂依智得證圓成而如量知他起性，依識思惟分別則多為偏計所執而不能當理也。反觀「起信論」家所談，非錯解之甚乎），今故因論正智有種而詳言及之。

馬鳴著「起信論」，立義雖多疏漏，然僅此一書不足以見馬鳴學說之全而決定其真價也。

考馬鳴之重要著述，已傳譯者，猶有數種：一、《六趣輪迴經》，詳談六趣生死輪迴，無甚精義。二、《大莊嚴論經》，歸敬脇尊者而說引凡外入內事，又說皈依供養因果事，說十二因緣事此似初入佛教時之作，猶限於小宗所說。三、《佛說行讚經》，與《大莊嚴論經》同其旨趣，而原典文辭特美。四、《尼乾子問無我經》，昔人於此經未嘗重視，然提法空要領而談因緣生法俗有真無，實為法性宗之要籍。五、《大宗地玄文本論》，此論亦有疑為偽作者，然其所談五位，義極廣博，甚可推重。所謂五位乃談五義，非立五宗。一切諸法俱非位談《大般若經》，法無自性之義；一切諸法俱是位談《阿毗達磨經》，五姓齊被之義，無超次第漸轉位談《解深密經》，三祇成佛之義，其餘究竟總持位談《楞伽經》亂住之義；周遍圓滿廣大位談《華嚴經》帝網重重之義。五經皆大乘最要之籍，而此論已概括其大義而無餘（又其說果位有無量過患，故教化之用盡未來際；此既含有無姓之義，實為甚精），是故馬鳴所宏大乘不可但以「起信」一論相推測也。

第八，抉擇二無我談法無

「執之異名為我，煩惱障存則有人我，障其所知則有法執」；我者主宰義，人與法皆因緣和合而生，謂有主宰即名曰執。佛教大要無非破執二字，執著是眾生，執破即是佛，而破執者則二無我之教法也。依教修行，大小乘各不同。「大乘悲增，修一切智，十王大業，貫徹法空」；蓋智從悲起，所悲者深，故所修者廣，所知者遍，而歷時不得不久。自欲界人王至於色界諸禪（大乘直往菩薩必在色界成佛，與迴心者異），皆受極果，得以自在度生，故地前造十王業（人中鐵、金二輪王，欲界五天之王，色界初、二、四禪王），而後得除所知障淨盡，以貫徹法空無我也。補特伽羅無我亦大乘所證，但依小乘所不共者專談法無。此在法相、唯識兩宗所修，又各有別。「三科（蘊、處、界）、緣起（十二有支）、處非處（善因果、不善因果）、根（二十二根）六種善巧，法相所修；自性（八種識）相應（諸心所），色（識所緣）及無為（識體），百法明門，一切唯識，唯識所修」。法相道理等視萬法，有即說有，無即說無，故依他、圓成真幻俱立，遍計本無不加增益；此之謂如量之證，「相應如如」；唯識道理獨尊識法，攝一切法不離心王，識亦虛幻，法空無我（空就體言，無我就用言，三法印中合此二為一法印也），「歸無所得」兩宗究竟，「一極唱高，寧有容上」！

第九，抉擇八識第八

凡夫小乘分別心粗，止知有六種識。蓋前五識現前可知，第六識亦顯明易加比度也。但了別之謂識，了別之用依根而起，前五識既各依一根，第六識亦必有不與他識相共之根。前五識外緣實色（此說第八識所變，非前五識所親取名外緣），故五根屬於淨色；第六識多內緣獨影相分，待分別而後起，故所依根必非無知色法。又五識緣現境色、聲、香、味、觸，相分自有其種，即有能引見分之力；六識緣境，相分多隨見分種而生，不復能引於見分，故第六識所依根必倍有勢力，助第六之能緣使其強盛而後可。依上三義應知別有第七識。自此識常與我執相應分別力強而言，得名為識；又自此識能發生第六而言，得名為根；蓋一心法而有二義也。但此第七識性有轉易，染淨功能仍不能依彼恆存，知必更有受持之第八識在。立第八識而後一切染淨起滅（此但功用隱顯，非是法體有無。猶如熟睡時五識不起，非其功能斷滅，特睡眠種子現行，前五識種隱而不現耳），皆有依據，不同憑空來去，此蓋大乘法相宗立義最精之處也！

法相宗之立第八識也，所依至教凡有五類，所依證成道理復有十種或八種。勘「唯識論」，**（一）五教十理及於八證而立此識（第八識）**：「此義在八段十義後，姑不必談。然「顯揚」先談建立，後說體業，讀者心朗；今雖不能詳談，亦必略表其目。其顯近易知者，更抉一二別續而詳之。」

五教大意　五教者，《阿毗達磨經》二頌為二，《解深密經》、《入楞伽經》各一頌，又合《小乘共許經》，乃有五也。第八識梵云阿賴耶，義譯為藏（舊譯阿梨耶，義為無沒失），凡具三義：能藏（持種），所藏（受薰），我愛執藏（第七識恆時所緣）；又梵云阿陀那，譯為執持，亦有三義：執持、執受、執取。此種種義皆非前六識所能有。「五識無依義（為諸法依即所藏義），六識無攝藏義（此即能藏義），六識無執持法種，執受色根，執取結生相續義」，大乘四教證成此識，不外就此諸義立說。

初一教「對法」頌云：無始時來界，一切法等依，由此有諸趣，及涅槃證得。此頌以用顯體，凡有三解：一解、初句明能生之因（果即是因），次句明依持之緣（前五識既依五根即不能更持五根，必別有一識持之，即是第八），因緣具而後有諸趣之染及涅槃之淨。二者、初句說自性，次句說緣生，針對空宗立義；後二句同前。三解、初句明此識相續，次句明依他，三句明遍計，四句明圓成。此頌所明受薰及與依義，蓋遍就所藏邊為言。

第二教同上經頌云：由攝藏諸法，一切種子識，故名阿賴耶，勝者我開示。此頌明持種義，蓋偏就能藏邊言之。

第三教《解深密經》頌云：阿陀那識甚深細，一切種子如暴流，我於凡愚不開演，恐彼分別執為我。以具執持、持受、執取三義，說此識為阿陀那。此中言執與第七識之執不同，七計有主宰為我，而八則不爾也。所云執受又有二義：一、覺受義，執受根身而能領略；二、執持義，執受器界。至云恐彼執為我者，凡愚本有其俱生之我執，聞說不了，必更起分別我執，故不為說也。

第四教《入楞伽經》頌云：藏識海亦然，境等風所擊，恆起諸識浪，現前作用轉。此頌仍顯賴耶三藏之義。初二句明賴耶受薰即是所藏義，恆顯我愛執藏之恆時不捨，起則顯能生諸法是持種能藏也。

第五教合小乘諸密意經說而言。「大乘根本識，上座有分識（三有之因，即種子義），化地窮生死蘊（生死位俱有之），有部愛樂欣喜阿賴耶，五教外之小教皆談第八」，此等不過名目不同，所指之法實是第八也。皆詳《攝論》，可勘（「述記」以大並為一教，小為四教；今以大為四、小為一，亦可）。

十理大略　「『唯識』十理：一、持種心。『瑜伽』、『顯揚』、『對法』、八證第四，有種子性」，有契經說，諸法種子之所集起故名為心。此心必要決定、恆轉，方能持種。決定云者，謂於三性中決定是一類無記；恆轉云者，非斷非常亙古相續。由前一義，乃得遍持三性法種；由後一義，乃得持久不失。前六識皆無此義，故必別立一第八識。此在小宗頗有異計，然皆不成，詳「成唯識」，今但略敘之。如經部計轉識是心。然有間斷故，易脫起故，不堅住故，非可受薰持種；彼部或計六識無始時來前後分位識類無別，即名為心。然即彼識類是實則同外道，是假則無勝用，受薰持種之義不成；彼部或計六識事類前薰於後而得名心。然前後念不俱有，如何相薰，此亦不成。又如大眾部計六識可俱時轉，第六為依名心。但諸識俱而無薰習，即無種子，更無持種之義。又如上座部計色心自類前為後種，有因果義。然彼自類無薰習，且有間斷，不成心義。又如有部計三世諸法皆有，因果感赴無不皆成。然過去未來非常非現，又無作用，亦不得名為心。又如清辨等惡取空者執大乘遣相空理為究竟，謂心非實有。彼違經論，成大邪見，無種無識，功用唐捐，是故應信有第八識能持種心，依之建立染淨因果。

「二、異熟心。八證第六，身受差別」，真異熟心酬牽引業，遍無間斷。依據此義應別立第八識（第八猶如庫藏，凡所藏物隨用取攜；諸法依第八，隨其業報有現不現），眼等識有間斷故，非一切時是業果故，又在定中或不在定，起眼識時或餘識時，有別思慮無別思慮，如理作意或不如理，此來彼去理有眾多身受生起，後時此身遂有怡適或勞損，若非恆有真異熟心，如何有此？故知定有此第八識真熟異心。

「三、趣生體」，有情流轉五趣四生，為彼體者必應實有（有體）、恆（無間無雜）、遍（遍界地有）、無雜（惟生自趣法），命根非實有故，諸生得善及意識中業所感者不恆有故，諸異熟色及五識中業所感者不遍無色界故，非異熟法住此趣起餘趣生法故，皆非真實趣生體，故知別有第八識。

「四、能執受」，八證第一，依止執受，五色根及彼依處，惟現在世是有執受，能執受心必具五義：一、先業所引，體任運起，非現緣起；二、非善染等；三、一類異熟（此真異熟非異熟生），無記性攝；四、遍能執受五根等法，為五根等共依；五、相續執受不使爛壞。此五義皆前六識所不具，故應別有第八識能執受心也。

「五、持壽煖」，壽謂命根（因業所感第八名言種子現行之時長短不定，假名彼功能上生現分位為命根），煖謂煖觸。經說壽、煖、識三，更互依持。壽煖一期相續，識亦應無間無轉。此義非前六識所具，故應別立第八識也。

「六、生死心，八證第八，命終不離」，經說受生命終必住散心。當時身心惽昧，如極悶絕，明瞭轉識必不現起；非別有第八識相續無變，不成散心。又將死時由善惡業下上身分冷觸漸起，若無此識，彼事亦不成。

「七、二法緣」，經說：識緣名色，名色緣識，展轉相依。名謂非色四蘊，色謂羯邏藍等，前六識即攝在名中，不能更與名色為緣，故應別立第八。

「八、依識食」，一切有情皆依食住。食是合義，為生順緣，與生合故。此食有四種，欲界香、味、觸、三變壞時，能長養造色，是為段食（欲界身需段食乃自然之理，苦行少欲固不可非，然至違反生理時則不可許）；欲色界六識相應之觸與思，皆有資益於身之義，謂為觸食、思食；又有相續執持之三界有漏識，能使諸根得受，觸思資長，是為識食。一類相續前六並非，故應別立第八識。

「九、識不離。八證第七，二定不離」，經說：住滅定者識不離身（持壽煖故）。滅定中前六識不行，故應別立第八以成不離身之識（無想定例此可知）。

「十、染淨心」，經說：心染淨故有情染淨。此謂染淨法依心生，心持彼種子故。前六識於三性，時時轉易，無染心中（無想等上地）應不能持煩惱種，後時下沒應不起煩惱。世間道中應不能持淨種，彼出世道初不應生。故須別立第八識也。

上來十理當八證之五，餘有三證皆對小宗有部不許諸識俱轉難立第八而說。即「第二、並不初起」。如有一俱時欲見乃至欲知者，爾時作意、根、境，三種無差別而現前，不應隨有一識最初生起；故立第八恆時現行與他識俱無妨也。「第三、並則明瞭」，眼等識緣境、意識分別，如不同時並起，則意識憶念過去，必不明瞭；實不如是，故諸識可以俱起，即不妨立第八識恆與他識俱也（又五六俱起則應於別依外猶有總依，此即第八也）。「第五、業用差別」，識法起時隨有了別器、依、我、境等用，即用顯體，應有諸識俱轉，即不妨立第八識。

法性法住，如是如是，本不待於安立。然而有五教十理證成唯識者，此乃方便破執，不得不爾。凡夫外道計執實我，說是五蘊假名，小乘又計實法；更說法無自性，不了義大乘又蹈於惡取空以是攝法歸識，顯二無我，示其中道。假使諸執盡除，唯識自亦不立，乃今人之聞唯識教者，每視為實有建立，有識可唯，是則仍成法執，同於所破也。於此不可不特舉現觀一義以補救之。現觀之義，同於證量。諸法相用，歷然差別，由用顯體，由能帶所，現前現成，無用安排，此唯現觀能親得之，若談唯識猶不免執，毋寧即說佛教使人現觀之為究竟。今固略明其義如次：

一者、何為現觀？現有三義：一非造作而現成，二不隱沒而現在，三不迷昧而現見。觀亦三義：一思，二證，三行。思謂地前於諸諦理決定思惟，證謂地上證得二空所顯，行謂如量遍知諸法。此諸行相即能觀智，現前明瞭，觀察現境，故曰現觀。

二者、何所觀？見道以後，所觀至繁，姑以六門列之：（一）三界九品（三界各有九品）所知事，（二）苦集有漏法，（三）滅道無漏法，（四）四諦所攝未見法，（五）滅道所攝未受法，（六）法智、類智所行境。

三者、以何觀？以出世無分別智（平等性智與妙觀察智俱起）能觀。邪見、見取、戒取及疑等俱遣故，我執空故。

四者、何處觀？惡趣苦障，上界耽樂，皆無現觀，唯在欲界人、天，有佛出世，說三法印，方得現觀。

五者、誰能觀？此通三乘學、無學果，凡有五種人：一、未離欲者（離修道所斷欲界煩惱），此謂聲聞初果十六心見道、二果。二、倍離欲者（離欲界修惑盡），謂三果。三、已離欲者（離三界修惑盡），謂阿羅漢果。四、獨覺。五、菩薩。

六者、何者入？唯心能入，非我能入。心是無常（有漏能作無漏等無間緣），有境，待緣，能生智故；依心能斷粗重我執及與我愛故；我由七識執起，違一切法無我，非是智因故。

七者、何次入？次第有六，即六現觀。一思現觀，謂最上品喜受相應思所成慧。二信現觀，謂緣三寶世出世間決定淨信。三戒現觀，謂無漏戒除破戒垢，令觀增明。四現觀智諦現觀，謂一切種緣非安立、根本、後得、無分別智（有四後得智：一緣理後得，與根本智俱時；二緣事後得，在根本後時；三有漏後得，地上無漏仍有漏故；四無漏後得，佛果功德純無漏故。此非安立無分別智後得緣理後得也）。五現觀邊智諦現觀，謂現觀智諦現觀後，諸緣安立出世智。六究竟現觀，謂盡智等究竟位智。此六現觀，思、信、戒三是現觀加行，所以引生現觀；次二是根本現觀，以因果分為二；究竟現觀則在圓滿佛位。修行次第，首重加行，依至教量廣為辯論，惟在凡夫（禪境好寂，聖位自證，都不喜諍；理以諍明，惟凡夫事）。多聞薰習，如理作意，是思現觀，無漏種子由此引生，三十七菩提分法始於此修，三法印（無常、無我，涅槃寂靜）於此深契，一切法共相真如，亦於此證知，益以信戒現觀，以次能得後三。

八者、現觀相。智境決定，凡有十相：一眾生無，二遍計無，三無我（二無我）有，四相有，五麤重有（此二縛無），六我無無我有（此二不滅），七法及法空無別（法即空，空即法），八空無分別，九法性無怖，十自在能斷不復從他求斷方便。

九者、現觀差別，有十八種：聞思修所生智為三，順抉擇分智見修究竟道智為四，不善淨善淨俗及勝義智為三，不善淨善淨行有分別，善淨無分別智為三，成所作前正後智為三，聲聞菩薩智為二；合有十八。現觀諸門略如上辨。

談第八識以五門明建立所由，上來初一門訖。

（二）唯識以識攝蘊而立此識：「羯羅藍位（胎中初七日位，義云雜穢）五識不行；而《名色經》言，識緣名色，名色緣識；則七八仍行。受想行識之名及色為五蘊，五蘊中之識為名中識，但是六識名色緣識之相依識，乃是八識。相依識與名中識互為其緣，即是八識與六識互為其緣耳。法相以蘊攝識（攝是不離之義），所被極廣，及於二乘。是故不善《般若經》、僻執聲聞藏，都但說六，信有五蘊，不信賴耶。時多邪慧，正學荒蕪；六識不足範圍，更恃誰何，而堪折正？」

（三）深細不可知之識是此識：「二定、無想天、睡眠，與悶絕此之五位六識不現，七八仍行。」如加二乘無餘依，則為六位無心，就人分別有無，略如次表：

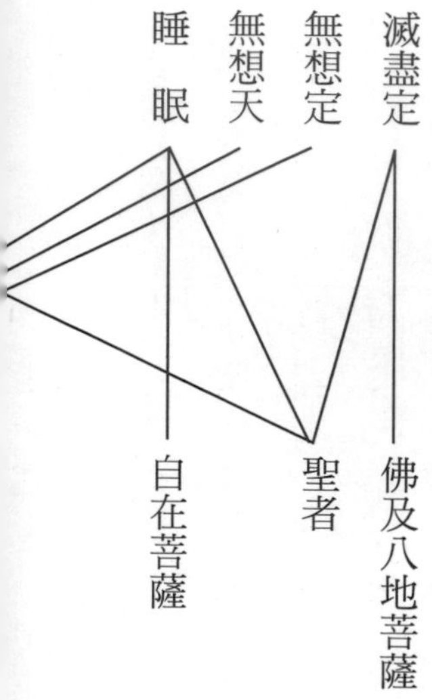

悶絕——異生
無餘依——二乘無學

「且談眠悶，粗顯免爭。死生一寤寐間耳，斯又何奇！寤而復醒，仍依此身死而又生，但身別易，身依容異，識有是同，但是細微極深無底，非若六識粗淺可知。若以深細不知而即言無，無則現前粗細俱無，云何熟睡昏迷震驚仍覺？此意深長，烏容釋究。斯固知八種持種六雖不現，種為八持，斷而復續（就現行言），職是之由，立有八識，夫然後理可通也！」

（四）不為聲聞而立此識：「《攝論》云：何故聲聞乘中不說此心名阿賴耶識，名阿陀那識？由此深細境所攝故。所以者何？由諸聲聞不能於一切境智處轉，是故於彼雖離此說，然智得成，解脫成就故不為說。若離此識，不易證得一切智智。一切境智則廣大，阿陀那境則深細，由深細而後成其廣大，亦惟廣大乃至於深細處也。《深密經》云：阿陀那識甚深細，一切種子如暴流，我於凡愚不開演，恐彼分別執為我。一則無用乎此，二則益其僻執；不立之由，誠如經論。」

（五）因為大悲而立此識：本宗約智談用，為智根源，為用血脈者，則大悲也。《瑜伽》四十四云：是故如來，若有請問菩薩菩提誰能建立，皆正答言：菩薩菩提悲所建立。是故智由悲起，悲之等流又以智為究竟。非有大悲貫徹，將無緣求得遍知，三祇無厭；亦非至於一切智智圓滿無缺，不可得無緣大悲之所歸宿，二者表裡始終，蓋有如是者！然今時人談佛法每每味此源頭，或則例同宗教，或則視為哲學，又或偏執不了義之說以概全體。例同宗教，遂有貌似淨土宗門（指不到家之淨土宗門言耳，若真淨土真宗門與唯識是一貫之學），誤解了生死之言（此本謂明瞭，乃誤解為了結），並亡悲智；或隨順外道而有悲無智，或趣入小乘而悲智俱微。視為哲學，遂至少智無悲，漫談宇宙人生，於名相中作活計，又執不了義說如「起信論」等，無正智種，遂至大用無源，悲智不起，凡此皆非所以語於真佛法也。佛法以菩提為極果，而以大悲為根本。大悲之言絕待無緣，既非憂慼悲愁，亦非顧戀哀愍，一滯人法，即有所不遍而不能成其大。今人於此亦多所誤會，次更以數門釋之。

大悲云何差別？略有十門：一者自性，相屬憐愍本來具有故。二者數擇，數數抉擇見功過故。三者宿習，先世久修薰習積集故。四者障斷，障悲貪愛得斷除故。五者平等，於三受皆見苦而生悲故。六者常恆，亙古亘今無間斷故。七者深極，自他平等故。八者隨順，如理拔濟一切眾生苦故。九者淨道，此是對治相貌故。十者不得，是無生法忍故。

云何大悲緣起？此略有五：一由深細苦境而生，二由長時薰習而增上，三由救濟眾生猛利而生，四由極清淨地而生，五由慈力澆潤而生（若以四緣分別，即以因力為因緣，等流為等無間緣，觀苦為所緣緣，善友為增上緣）。

復次，就深細境緣起而言：「云何而悲？觀眾生百一十苦（詳《大論》四十四）而起大悲，觀眾生昧三十二法（詳《思益經》）而起大悲。云何觀眾生而起大悲？無人，無我，無眾生，皆一心之差別。此識持一切種，遍周沙界；周沙界識網周沙界，相繫相維，相與增上，觀乎眾生自然而悲。心穢則佛土穢，心淨則佛土淨，悲其穢矣，屬其心矣，必了心體，有斷然者。」蓋窮苦緣起於無常，差別於種子，必究阿賴耶而後能盡也。

此外猶有異門，他日詳談。今人不明大悲為學佛要事，實屬誤解佛法之尤，不可不抉擇發揮，且概括數言示其要略，曰：諸佛菩薩由觀苦而起悲（諸佛以苦諦為師，明瞭觀苦乃無繫縛；見他即自；又自然牽動而生大悲，此非逃苦、厭苦、怖苦、捨苦所可比也），由大悲而利他，由利他而起苦（一切苦悉入生死苦中，不捨生死，即是不捨一切苦，此蓋觸真實苦，以苦為大樂，乃能如是），由起苦而不住涅槃。

上來五段明建立八識所由畢。

第十，抉擇法相談唯識

「一時極唱，性相兩輪。明瞭而談，一遮一表。都無自性故，所以必遮；相應如如故，所以必表。法相賅廣，五姓齊被；唯識精玄，唯被後二。詳見他敘，此姑不贅（《瑜伽論》敘十義，《真實品》敘六義，參看法相攝《阿毗達磨》全經，唯識攝《攝大乘》一品；法相攝十二部經全部，唯識攝方廣一部）。」

一九二三年十月歐陽竟無演講稿、聶耦庚筆記、呂澂校訂、支那內學院出版

辨唯識法相

前辨二諦三性文，明二諦空宗為文殊學，三性非空非不空宗為彌勒學，而於彌勒學之內容未能剖判，今故繼述此文。蓋彌勒學者，發揮法相與唯識二事也。初但法相，後創唯識；彌勒「瑜伽」中詮法相於本事分，而詮唯識於抉擇分，是法平等曰法相，萬法統一曰唯識；二事可相攝而不可相淆，亦復不可相亂，此彌勒學也。

無著者，親近彌勒，此間以為初地菩薩，藏中稱為三地菩薩也。《解深密經》、《攝大乘論》者，相宗大匠皆據為講彌勒之經論也。作論有一定格式者，無著《攝論》，遵彌勒「攝釋」而刊定其法則也。無著攝大乘之言曰：「若有欲造大乘法釋，略由三相應造其釋。一者由說緣起，二者由說從緣所生法相，三者由說語義。」緣起者，本轉種子之唯識也；法相者，三性之一切法也；語義者，佛功德與菩薩行之大悲相也。蓋前二為深義，後一為廣義；或初一為深義，後二為廣義也。此唯識法相德義，論本及世親「無性論釋」發揮明晰，不可誣也。

所以唯識、法相必分為二者，世尊義如是也。世尊於「楞伽」、「密嚴」既立五法三自性之法相宗矣，而又立八識二無我之唯識，「密嚴」以為最勝之教理，衡量一切法，如稱如明鏡，照耀如明燈，試驗如金石，奈何淆而一之，或亂而易之哉！

唯識、法相德義之作論格式，試舉其例，初如《攝大乘論》是唯識邊論，大乘對小乘，故適用尊勝也。於境則所知依立阿賴耶，由諸聲聞不於一切境智處轉故；於行則彼入因果立六度行，由諸聲聞但於三十七菩提分轉故；於果則彼果斷立無住涅槃，彼果智立法身，由諸聲聞但二涅槃解脫身轉故，唯識注重觀行，故於因果差別三學之先提要特立入所知相分也。

次如《辨中邊論》是法相邊論，三乘莫不皆法，故適用平等義也。一切法者，賅染與淨，淨法是有，染法亦應是有，若染不立有，則何所滅而何所存耶？「中邊」談一切法中道，必立染有。先於「相品」辨亂識相為少有，而染得生；次故於「障品」立五障、九障、十因、三乘障之染有，若有若無，稱法而談，則染淨皆有其真實，故「真實品」立十種真實有。小乘對治三十七菩提分，小大分位共有十八，小乘得果但有所得也。若無上乘則行果異小，正行十波羅蜜行。而修別有六。十波羅蜜之所緣，十波羅蜜之修證，皆廣大無邊也。凡此皆法相邊義也。

又次如《大乘莊嚴經論》是德義邊論，不但攝乎大乘而已，而且莊嚴乎大乘，故適用廣大義也。「瑜伽」菩薩地詮菩薩行是廣大義，「莊嚴」品目悉不與異，然「莊嚴」意存光大必較「瑜伽」菩薩地而更充盈，則「瑜伽」所無而必加補，「瑜伽」所略而必加詳，於是於德義邊而亦賅攝乎唯識法相。如「述求品」詳談唯識又加諸相也，如「梵住品」別說大悲有二十六門也，如「菩提分品」三十七菩提一一詳敘也。蓋「瑜伽」菩薩地於唯識法相義散見於前後諸地，而「莊嚴」則必聚於一處，直不啻以一論而賅攝「瑜伽」，誠可謂大乘經之極莊嚴矣！故西域不熟「莊嚴」不能弘法，意誠當也！舉此三例，唯識法相德義體例各別，不相淆亂，彌勒學也。反此或淆或亂，非彌勒學也。

復次，聽法眾生有樂廣文，有樂略文，故經論長行有前中後嗢陀南以為賅攝，而極略則在一經論之名。故世尊說一經竟，當機必請以何名此經，要使一望此經之名而即知所說之事義若何也。論亦何復不然？《攝大乘論》十殊勝，殊勝語止是賅攝大乘，非是詳敘。大乘以少攝多，以統攝散，談唯識邊事義，一望其攝大乘名而即知梗概也。《辨中邊論》立虛妄分別有，乃有染有淨是一切義普能決了三乘法故；非各局於一邊談法相事義，一望其「辨中邊」名而即知其梗概也。《大乘莊嚴經論》說經義，譬如蓮華開敷榮茂，非止賅攝，故於其初成大乘宗，而於中後即菩薩地而更詳之，談德義邊事義，一望其大乘經莊嚴名而即知其梗概也。即論名字即論事義，此彌勒學也，反此，或義不與名合，或此名乃彼義用，非彌勒學也。

附解惑二則

一切法者，「百法明門」攝無為真如法，是知染法不足盡一切，染法之生死法更不足盡一切。處處經中談染法皆指生滅而言，不第談生死，生死義狹生滅義廣故也。今《辨法法性論》名為一切法，實則非一切法，但局於生死一法，名實異矣！又生死涅槃相翻，通常法門亦平等法門，小乘解脫身相共，不足攝大乘法身，故亦不足盡一切法，而亦不足賅法性之量。今《辨法法性論》謂抉擇依大乘，而又說唯以生死涅槃是詮，參差異矣！又二帝以徧計所執詮一切法，則凡與法性不相合者皆不之無之，故可言一切法無唯法性有也。三性以依他起詮一切法，空中固有此虛妄分別，故不可言一切法無唯法性有也。試舉其例，《大般若經》〈四百七十八空性品〉具壽問如來：「永斷習氣豈亦是化？」佛言：「諸法若與生滅相合亦皆是化，涅槃不與生滅相合是法非化。」是則菩提與不生滅相應謂之轉依，而必與生滅相合乃堪為用，乃堪盡未來際作諸功德，是故遍計談行談畢竟空，依他談行乃談善巧，善巧即與寂滅寂靜相應也，焉可云一切法無唯法性有也！今《辨法法性論》謂一切法無唯法性有，不覺詮體而廢用，說豈能圓滿哉？今為之說曰：「若《辨法法性論》標《生死涅槃論》，則名實相副矣！乃內容生死而外標一切法，一切法不足，與《中邊》談無欠缺者不同，故曰非彌勒學。」

《中邊》虛妄分別，性是依他有，境是遍計無；而《辨法法性論》直是但詮遍計無耳！何也？《攝大乘論》遍計所執相謂於無義，唯有識中似義顯現；《法性論》不過於此一句演為一頌而已。現二及名言實無而現故，以是為虛妄，即似義顯現也。彼一切無義，唯計故分別，即謂於無義唯有識中也，不得但以現字計字附會《中邊》有，遂惑遍計作依他用也。故曰非彌勒學。

心學大意

詮解名義分

心學者何？禪學也，定學也。然禪名局於靜慮（靜慮只色界義，無色界及欲界定非靜慮故。禪只局於有心定，二無心定非禪故），定名不能賅慧（有定無慧乃同木石，故定慧不相離）。《解深密經》一心為止，多心為觀，止觀皆從心詮。奘師譯《大論》、《攝論》等三學名皆為戒心慧。茲從其例名為心學，不循通例名為定學。

敷演因緣分

曷為而說心學？耶機已動故，示行軌故，防邪修故。且述其說。道無定則，貴在當機。邇來承學之士，多有以如何修持乃能入其所悟之理為問者，是宜可及時而開示心學矣；吾為茲喜。

多聞薰習，如理作意，吾所揭以自啟啟人者也。人亦有言，知者知所行，行者行所知，舍教而冥行，其為唐勞固無論矣，倘徒博觀經論而不圖切證會，則空持名相以興諍論，煩惱仍存，執障不破，為益於實際者幾何？吾為是憂。

院中同人或以課餘修觀，或以養疴習定，是則是矣；然心學學也，不先講究而遽從事，寧不虞其為邪道之歸乎？吾為此懼。

綜上三故，特講斯門。本意原在總合「般若」、「華嚴」、「瑜伽」、「舍利弗毗曇」、「顯揚」、「雜集」、《法蘊足論》、《解脫道論》、《俱舍論》、《成實論》等外，更合《等目菩薩所問三昧經》（「華嚴」十定品）、《如幻三昧經》（「寶積」善住意天子會）、《菩薩念佛三昧經》（《大集經》念佛三昧分）、《般若三昧經》、《月燈三昧經》、《首楞嚴三昧經》、《慧印三昧經》（三乘）、《力莊嚴三昧經》、《無極寶三昧經》（似《維摩詰經》演說眾多三昧）、《金剛三昧不壞不滅經》、《寂照神變三摩地經》、《超日月三昧經》、《成具光明定意經》、《如來獨證自誓三昧經》、《佛印三昧經》、《法華三昧經》、《金剛三昧經》、《四童子三昧經》、《集一切福德三昧經》（以上大乘經）、《雜阿含經》（阿練若雜事）、《正法念處經》、《大安般守意經》、《禪祕要法經》、《治禪病祕要法》、《有部毗奈耶雜事》、《陰持入經》、《身毛喜豎經》（九次第定、十力、四無畏）、《治意經》（說安般守意）、《身觀經》（身不淨無可愛）、《禪行三十七品經》（少時修三十七品）、《禪行法想經》、《法律三昧經》、《五門禪經要用法》、《坐禪三昧經》、

《禪法要解》、《思維略要法》、《菩薩呵色欲法經》、《禪要經》、《小道地經》、《修行道地經》(〈僧伽羅剎集〉)、《道地經》、《達磨多羅禪經》、《內身觀章句經》、《法觀經》(數息)、《修禪要訣》(以上小乘經、律等),四十五種至教,類別部居,觀同較異,詳加揀擇,勒為一書,俾言定者,有所法守。以成就需時,先舉體要焉。

料簡餘宗分

定之為事,內外之所共也,而宗旨途徑殊焉。古之外道不必譚,今之外道不屑譚,姑先舉中土所有諸宗,關於心學部分與印土交歧者略論之。

一、天台宗。此宗精華在於止觀,其要籍為《六妙門》、《釋禪波羅蜜次第法門》、《摩訶止觀》三書。顧《六妙門》說安般守意(數息),誠便於初學矣,而未詳十六事(身、受、心、法,四法各具四事,異生至無學皆修,是為十六事)。似此乃為有頭無腦,準之而行,不見果利之所在也。《釋禪波羅蜜次第法門》說世間禪、非世非出世禪,詮九次第定(色界四無色界四加滅盡定一為九)。只具大意,而不說出世禪,師子奮迅三昧亦未道及,蓋傷缺失矣。至《摩訶止觀》,於此宗最為要典,其中心在於本般若宗龍樹《中觀論》:「因緣所生法,我說即是空,亦名為假名,亦名中道義。」一偈之緣生勝義而立三止三觀(見表一),初則止觀雙運,更進則融三為一而即空即假即中,於一剎那打成一片,圓通之義於焉叶矣。特以瑜伽宗圓成實義格之，圓則圓矣，而未實也。彼三止三觀者，僅具總相通相，分析以求其實在則彼為無，是尚有待於商量者歟？

表一

三觀	三止
空	體真
假	方便隨緣
中	息二邊分別

二、賢首宗。此宗宗「華嚴」，即無殊宗「瑜伽」，應講各各無量三昧，而彼用法界觀，亦僅言總相通相。其謂一攝一切，一即一切而發揮四無礙、四攝四即之理，固為精到，然於各各無量三昧亦未詳明，故從之者多以宕然無藉之玄譚自困，而於禪學卒亦無由而入也。

三、羅什派。什公言定之書，如集《禪祕要法》等，皆從小乘。小乘以涅槃為總相，以對治貪等為別相，而以不淨為勝定。蓋於淫為生死之本，所宗在了生死，故首之也。按什公本宗「般若」，其言小乘定不足以盡所學。蓋中國禪學，源於安世高等，所譯有《安般守意經》等。叡法師不了所學，適什公在關中，時從質疑焉！什公乃順機集此以應其求，非修禪扼要之典則也。

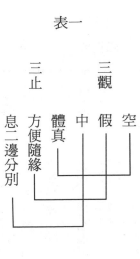

標示正旨分

印土正宗有二：一般若宗，二瑜伽宗。就心學言，般若主空、無相、無願三三昧，推而廣之則為百八三昧。此百八三昧攝入三三昧中，皆用無所得，於「大品」（第二分）問乘品具明之，可覆按也。

瑜伽宗主大乘光（智）、集福王（悲）、賢守（一切善法守而不失）、健行（強健之行菩薩不及）四三昧（見表二），推而廣之則為百三三昧。此百三三昧入一切佛自在堅固善現決定無相，於晉譯「華嚴」四十五卷具明之，可詳覽也。此三三昧、四三昧高矣遠矣，吾之宗旨於是乎在。

表二

四三昧

大乘光	初地二地三地四地修此。　一部分說，如「寶積」等，謂之小總；一法王所說，相續盡未來際作功德之法，謂之大總；無量佛所說謂之無量總；鳩一部分或數部分總法，光弘於世界名大乘光。
集福王	五地六地七地修此。　菩薩修十王大業，成佛時稱兩足尊，未成佛時得大其用。
賢守	八地九地十地修此。　大總、無量總，任持不失，稱賢善守法。九地能以陀羅尼說法。
健行	佛地修此。　號決定行，說法亦稱獅吼。

（此四名義見《攝論》增上心學分，《唯識述記》五十六，及《佛地經論》卷五。）

三三昧空後事，四三昧地上事，眾生何由而及之乎？曰：事有其序，安可驟企？登高自卑，則當由小乘世間出世間禪而入於出世間無上之禪也。眾生煩惱所縛，頓超直入，談何容易？譬於定亂，對治為先。貪觀不淨，瞋觀慈愍，癡觀緣起，慢觀根界，疑則數息，此五停心實為初步（見表三）。此觀稍得相應，即可改修世間一切不可樂觀，欣上厭下而入初禪，漸入九次第定，引生五通。此小乘世間有漏禪一路也。其出世間無漏禪不必由五停心入，直捷由四諦入。

表三

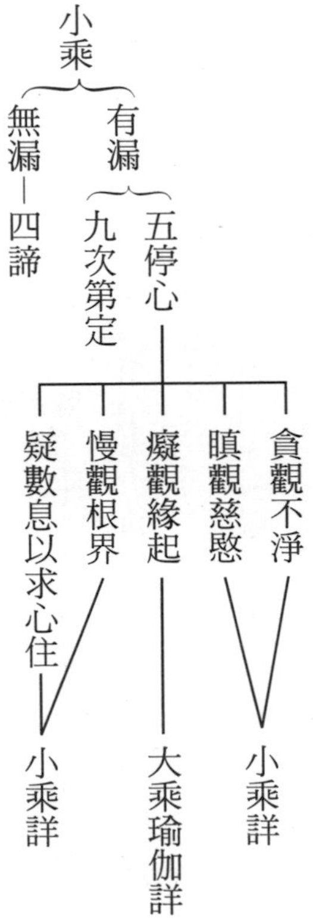

復次，當知佛法住於二緣，一教，二證。教則十二部三藏，證則三十七菩提分法。就小乘言，非由六足、婆沙、俱舍、成實、舍利弗毗曇、解脫道論，以入於瑜伽聲聞地，則教不得通。非由四念住（三十七菩提分以四念住為主。《大智度論》：慧多名念處，精進多名正勤，定多名如意足，十二法鈍根人名根，利根人名力，力則疾趨辦事，事未辦名道，正思辦名覺，故三十七菩提以四念住為主。瑜伽聲聞地析心為三十六，受為二十一，身為二十，法為二十），以通五停心（如數息十六事），則證無從冀。明夫四念住十六事，則由五停心歷四禪而加行而見道，入四三昧得百三三昧可也；由四諦觀入空三昧，得百八三昧可也；或根利障輕，不從五停、四諦，而直從大乘光下手亦可也。惟是行依於法，法依於教，修心學人不務明教，師心自用而無失者，匪我攸聞。

條申體義分

止故能定，觀故能慧，定慧交長，止觀不離，此為大小乘通義。故《解密深》分別瑜伽品十八門別中，其同異門主張止與觀非有異（以觀所緣境為所緣故），非無異（一心為止，多心為觀），其雙單門主張一向修和合修，此為大乘止觀不離之證。若小乘之言止觀不離者，莫詳於《成實》止觀品三能十五喻。三能者，止能遮結，觀能斷惑；止能捨樂，觀能離苦；止能斷貪，觀能離癡；皆是共作一事止以始之觀以成之也。十五喻者，止如捉草觀如鎌刈等十五也（如表四）。

表四

止如

捉草	牽繩
掃地	鑷鑷刺
揩垢	器鉀
水浸	平立
附癰	服膩
起脈	調泥
調心	調金
灑金	

觀如

鐮刈	用剗
除糞	剪刀剪髮
水洗	兵杖
火熟	發箭
刀決	投藥
刺血	印印
沒心	造器
火炙	

上來既總標綱要已，茲更條申體義以窮幽致。佛法所詮，盡於因果，定為佛事自莫能外，述因果第一。一行之立有名有數，有體有相，是名物相，述法相第二。一行之立不能無待，內外處所緣具理彰，述觀行第三。藥至病騰，道高魔奮，攻守有道，乃克奏功，述護持第四。

因果第一

果之發起為因，因之圓滿為果，因果相即，二者循環。先且明因，言因則有二：有以所求為因者，智其首也；有以資糧為因者，戒其首也（如表五、表六）。

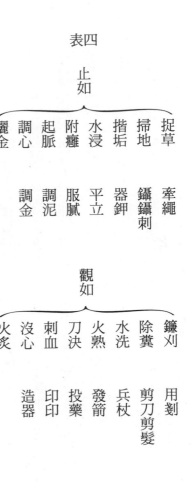

表五

所求為因 ｛ 得通（內外）、除障（世出世）、涅槃（大小）、菩提（大）

表六

資糧為因 ｛ 戒、聞思、善知識—教理

若為求得通而修定，則與外道同，外道有五通有定；若為求除障而修定，則與世間同，界繫由下障除，乃能升上而得上定；若為求涅槃而修定，則與小乘同，小乘極果入無餘涅槃，由四諦出世定而得；是故大乘所為獨求而修定者，乃在無上菩提也。

菩薩地云：智是悲之等流。吾謂因智求定，定亦是智之等流。觀苦自起悲，聞法乃知苦，有慧乃聞法，得定乃有慧，故定可謂之道，亦可謂之修；「雜集」說：定皆攝屬修道。職是故也。定非恰到好處不能得，得定則一切洞然，無罣無礙；習之既久，行住坐臥乃至夢中無不定時，如是乃可稱定，世途以兀坐如槁為定，此死定，非智定也。

戒為馬埒，定如馬行。循循而行，固云是定，超速而行，亦可云定，如奮迅三昧，如超禪皆是。「深密」云，以尸羅為因，淨慧為果。「瑜伽」聲聞地初持詳戒，四持詳慧。《解脫道論》、「婆沙」、「成實」等，莫不以戒為始，五通四諦為究竟。定資於戒，無戒不定，大小共信，此其徵矣。

復次，所求因以慧為首者，更徵諸「深密」分別瑜伽品十八門而益明白。初依住門言，以法假安立（十二部經模仿法爾道理，假施設以資人），及不捨阿耨多羅三藐三菩提為依為住。三能求門，謂由聞思起身心輕安（於所聞法了然明白，輕安自生），如是獲得止觀。九依法依人門，謂隨法行隨信行，從他聞法憶念所從聞法。會而觀之，義具見矣。於此而談，定是修事，必從聞思得來。故學定，一要師，二要教。然教為勝，一以師難尋，教具在故，二以隨法根利，隨信根鈍故。

復次，更陳十障十治（如表七），並略發之（《大論》三摩呬多地、「舍利弗毗曇」、「俱舍」、「成實」皆有光明想法）。

法相第二

法相有四：名、數、體、相，凡學一法，凡作一事，先須了別其名，次須略了容積區別多少，次須了其性質，資須了其作業，四者備而法相得矣。「雜集」云：初地無量三昧，除佛菩薩，餘尚不知其名，況復能入？「婆沙」六十二云：佛涅槃入不動明等至，舍利弗佛入師子奮迅三昧，目犍連入香象嚬呻三昧，阿難入旋風等至；舍利弗等所入定，除舍利弗等餘不能知；佛所入定，餘聲聞入舍利弗等不能知。據大小乘教欲習定學須講名數，不可以其名數而遂忽之也。

表七

十障十治

- 貪命 —— 死想
- 定散 —— 滅想
- 味定 —— 離欲想
- 定患
  - 強沉思
  - 馳見聞
  - 好起諍
  - 驚滅怖空
  - 掉
  - 潛利養
  - 身心疲
  - 睡蔽心
  - 身粗重
  - 疑業果
  - 太劣退
  - —— 光明想
    - 十一種定患，一光明想即可治之。修此想者須知唯識託質自變影像相分而緣之義，或外託日月之光為質，或內託教典法義為質。
- 戲論 —— 一切世間不可樂想
- 段食 —— 厭食想
- 身見 —— 苦無我想
- 懶惰 —— 無常苦想
- 身行 —— 無常想
- 母邑 —— 不淨想

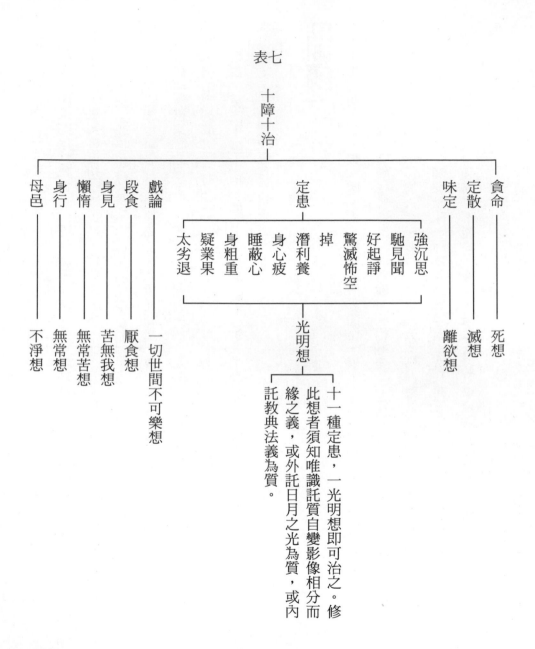

先審名。

名有總別，第一總名。定名等引，亦名等持，又名等至，名靜慮，名心一境性，名止，名現法樂住（如表八）。

表八

新譯梵文	舊譯梵文	新譯義	差別
三摩呬多（大論分品）	三摩提	等引（一平等能引，二能引平等，三平等所引發）	心通有無，位唯在定，就功德言就總概言。
三摩地	三昧	等持（「大論」：前後同影，平等任持）	心唯其有，位唯在定。
三摩鉢定	三摩跋提	等至（平等至極）	心通有無，位唯在定，就體性言，就勝盛言。
馱衍那	禪　那 持阿那	靜慮（「大論」：繫心內緣，不外流散）	義同等持，唯局色界。
質多翳迦阿羯羅多	——	心一境性（定不定地，繫心於定）	位通定散，心唯其有。
奢摩他	——	止（「大論」：寂靜安止）	——
——	——	現法樂住	——

從基師義，七名一法是為總名，名之為定。然有分別，等持等至四句料簡，大小不同（如表九）。

表九

•大乘如「大論」十三有四句	「大論」又四句
等持非等至　是三三昧，非勝處遍處滅盡。	善知名句文差別，非入諸行狀相。
等至非等持　是勝處遍處滅盡，非三三昧。	隨一能入諸行狀相，而不知文句差別。
俱非俱句可知	同
•小乘如「婆沙」一百六十三有四句	「婆沙」又二義差別，等持一物為體，等至五蘊為體；等持一剎那間，等至相續。
等持非等至，不定心相應等持。	
等至非等持，二無心定。	
俱非俱句可知。	

第二別名，如空無相無願之類，繁多不舉，但括其數，詳在數中。次審數。

小乘有定數，大乘初地即有無量三昧即不能舉數。凡諸經論所舉者，猶是略舉總數為言也（如表十）。

表十

・大乘三位數

攝論唯識、佛地經論—四三昧

華　嚴—百三三昧（散見者菩薩十，六地十，七地十一，十地十一，菩薩正受十等）

般　若—百八三昧

大　論—三摩呬多地五十八三昧，聲聞地二十三三昧

・小乘三昧數

身子毗曇—二百六十三三昧

法蘊足論—十六三昧

解脫道論—九十八三昧

俱舍論—十六三昧

成實論—十二三昧

婆　沙—十九十六三昧

且明七法—

- 未中四本—各百六十四—共九百八十四
- 空處——五十二
- 識處——三十六
- 無所有處——二十四
- （空處、識處、無所有處）—共一百一十二

（共九百八十四、共一百一十二）—合一千又九十六

次審體。

一切定以九次第為體。超出三界此其路故，欲界有定無定猶未決故，然言九次第定則無欲界定故，其勝處遍處等定則屬四空故，體又有總別，總以別境心所念定慧為體，別則大立十，小立十一（如表十一）。

表十一

	・「大論」十	・「婆沙」、「雜心」、「俱舍」十一
初禪	尋	尋
	伺	伺
	喜樂	喜
		樂
	定	定
二禪	內淨	內淨
三禪	念	念
	捨	捨
	正智	正智
	樂	樂
四禪	不苦不樂	不苦不樂

前已明剋實支數，茲更陳綺互配合支數（如表十二）。

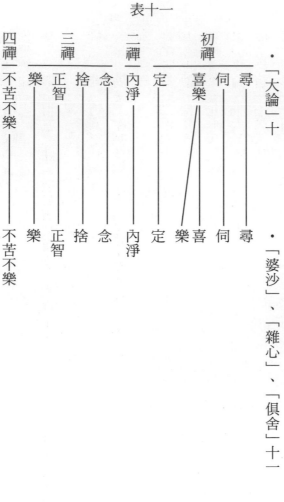

表十二

・「大論」六十八支

四禪三十六
- 根本十八（初二等五，後二齊四）
- 近分十六（同根本）

四空三十二
- 根本十六
- 近分十六

・身子對法四十支

四禪三十六中四（觀喜樂心）　四空不立支分

・上座部十一支

・正量部十一支

初定五　二定三（除尋伺）　三定二（樂定）　四定一（一心）

・「大集經」十七支

・「本業經」三十八支

四禪十八（同大論）

四空五支（想念止觀一心）

據「成實」言，則欲界亦有定，即所謂如電三昧，以一剎那五停心依心一境性為體者是也（「舍利弗毗曇」亦有此說）。欲界身亦可入色無色界定，蓋身觸雖繫於欲界，而所緣影像相分則色無色界也。

後審行相。

行相入觀行第三中講，可考行相之書有四十五種，應善理之而匯其通。

觀行第三

先述三圓滿。蓋事必待緣，緣具而事始順成也。

一、**處所圓滿**。言夫地，則以息諸紛擾，離諸憒鬧為急，故應處阿練若林間空室嚴穴。而修不淨觀者，更宜棲處塚間，以便攝取屍骸壞脹朽惡之狀。若不得其處，則繪畫其相，懸於坐臥之處，俾自識得託以為質，變現影像相分以為所緣，使所作成辦也。言夫事，則以取求悉給，罣礙都無為要。故須無怖，無毒，無匱，無牽而又有善知識調護扶掖於其間也。

二、**威儀圓滿**。行則分散行，經行，大眾；住則分直立，翹足立等。坐則須坐具緜軟，衣服輕鬆，腎囊須空，穀道勿遏（道家行氣，腎囊穀道中間而過，「倫記」基師謂無道可通。「舍利弗毗曇」氣入即散，出則一尺以外即散，故修定者，須保護尺地，目視亦以尺地為限，不拘開閉），眼視一尺以內，手放臍輪之間，全跏（右上左下）、半跏（左上右下）各隨其便（按密宗剛日或修金剛界則右壓左，柔日或修胎藏界則左壓右）。而尤當注意者，口則閉七留三，鼻則正對於臍，坐之前後頸部腰部均數數揉之，揉七八反，剛合其度乘勢勿移，良以禪病之生往往由此也。臥則右脅而臥，以學師子王反眈欲故。

三、**遠離圓滿**。內則屏絕一切惡見，外則杜絕一切惡友，由此正行無阻，正覺隨生也。

次述七作意。定即作意，蓋必策心警心念念相續乃能得定故，作意實引發定之根本也。作意有七：

（一）了相作意，於對治方便之能所二相，仗聞思力明瞭無疑故。

（二）勝解作意，起粗細觀，由觀至禪，欣淨妙離厭苦粗障，此為六行伏惑，修以是為初步故。

（三）遠離作意，遠離上品惑故。

（四）攝樂作意，得靜少斷中惑故。

（五）觀察作意，審察煩惱斷未，靜妙得未，進修對治故。

（六）加行作意，欲界一切煩惱不行故。

（七）果作意，證初靜慮根本故。

能觀七作意為瑜伽師，凡修瑜伽者皆稱瑜伽師，攝初修、已習、已度三位。於修習善法欲至抉擇分未起修前四作意者（自凡至資糧滿，已觸未觸，心一境性），名初修業位於；前六作意（四加行），名已習行位；於證人正性離生之果作意（二見道），名已度行位；七作意配三位，則見瑜伽行人深淺差別。若配眾多法相為四十作意，則彼彼法門，深淺差別，咸得其概（如表十三）。

表十三

- 一緣法——初一
- 二緣義——後六
  - 以七配教義

- 三身
- 四受
- 五心
- 六法
  - 攝七——以七配四念住

- 七勝解——解勝真乃起——觀；了、勝、果
- 八真實——或斷真乃現——了、勝、果；遠、攝、加
  - 以七配假實

- 九有學——七
- 十無學——淨了果
- 十一非學非無學
  - 以上配三學

- 十二遍知——了、勝、觀
- 十三正斷——遠攝加
- 十四已斷——果
  - 以上配知斷

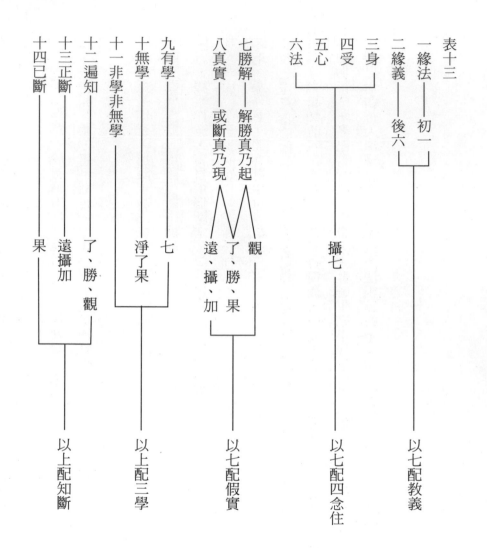

- 十五有分別——影像相分——觀
- 十六無分別——影相相分——除觀餘六
- 十七事邊際——七
- 十八所作成辦——果

以上配所緣

- 十九思擇——由止而觀——七
- 二十寂靜——由觀而止——七
- 廿一一分——單止單觀——前六
- 廿二具分——止觀雙運——果（蓋中得解）
- 廿三無間——正住定
- 廿四殷重——遠得通
  - （廿三、廿四）——七（結中得解）

以上配修證離染

- 廿五隨順——加行道——了、勝
- 廿六對治——無間道、解脫道——遠、加、果、攝
- 廿七順淨——勝進道——攝
- 廿八順觀——勝進道——觀

以七配四道

- 廿九力勵——七不攝
- 三十有間、卅一有功——了、勝、遠、攝
- 卅二自然——加、果

以七配四位

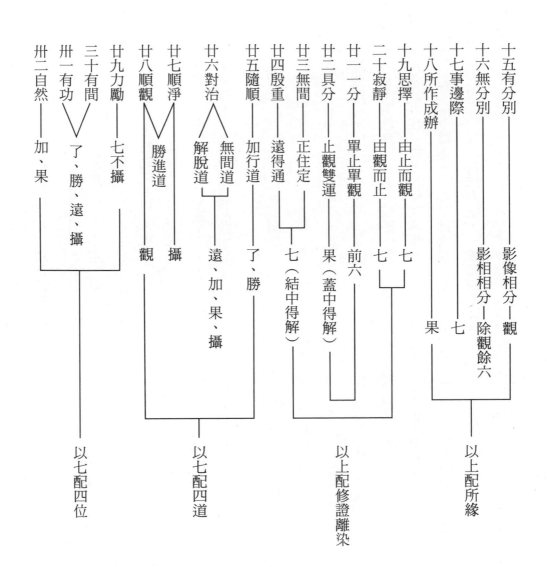

卅三思擇——慧——了
卅四內攝——定——勝
卅五淨障——害漏種——遠、攝、加
卅六依淨行——離粗身——果
——以七配慧定離障自在

卅七他立——聲聞從他悟
卅八內取——獨覺菩薩自悟
——七
卅九廣大——菩薩無住涅槃——七不攝（非自利）
四十遍行——佛一切智菩薩諸善巧——佛果菩薩七
——以七配三乘因果

若以四十作意之例，更推而配於一切法，則直可貫通三藏。故心學行相，作意而已。止事在九心，而所用作意乃在所配四位；觀事在四慧，而所用作意乃在所配四所緣，當次第說之：

次述上九心。（一）內住，令心住內不使向外馳逸也。（二）等住，挫心令微細也（上二為力勵運轉）。（三）安住，安置內境也。（四）近住，近於念住不令馳外也。（五）調順，挫心令不流散也。（六）寂靜，無五蓋也。（七）最極寂靜，視前更進也（以上為有間運轉）。（八）專注（以上為無間運轉）。（九）等持（以上為無功用運轉）。初學習，止但能使心不外馳，挫令微細，七作意行望塵莫及，唯是力勵運轉而已。牛若嚼青，紐轉其鼻，除餘無法。然此力勵，又非都無方便，一味逞強所能辦得，當知有六種力能成九心。一聽聞力，二思惟力，三憶念力，四正知力，五精進力，六串習力。惟此六力，一二為力勵運轉所攝，三四

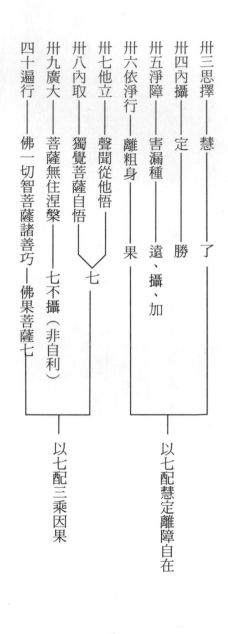

為有間運轉所攝，五為無間運轉所攝，六為無功用運轉所攝。是則欲習奢摩他者，始於力勵，力勵之始，仍不外乎多聞薰習如理作意已也。

次述觀四慧，而及於三門六事。其就觀位淺深而言，則有三門。三門者，一隨相行，於教授未思惟也。二隨尋行，於教授推察也。三隨伺行，於教授審觀也。若就能觀正務而言，則有四慧。四慧者，一正思擇，於淨行、善巧、淨惑三所緣，思擇盡所有性也，二最極思擇，即於三所緣思擇如所有性也，三周遍尋思，取彼相狀也，四周遍伺察，審諦於求也。亦就所觀而言則有六事。六事者（五停心皆有六事）：一觀義（語必有義），二觀事（內外二事），三觀相（自共二相），四觀品（黑白功過），五觀時（事在三世），六觀理（觀待、證成、作用、法爾四道理），本其四慧運行乎六事，修觀業用於焉庶幾。

上來薈萃群言，於觀行之義略已周盡，然僅明大綱未及詳釋，樂尋繹其義者，應循斯目更求之也。

護持第四

修定過患曰魔與病，魔有四魔八魔之稱，病則為數無量，略言之有七十二治禪病法。四魔者，蘊魔、煩惱魔、死魔、天魔也。八魔者，一、出離善法，退善耽欲也，二、密護根門，樂趣相好也，三、於食知量，樂趣美味也，四、悎寤瑜伽，妙趣睡眠也，五、妙女妙事，多作眾處也，六、疑三寶四諦也，七、怖畏人至也，八、心樂利譽慳慉也，祛彼魔病，禪乃無妨，所事護持為數非簡，容俟他日，委細條陳也。說大意竟。

韓孟鈞記

《內學》第一輯一九二四年內院第六次研究會講演記錄

法義

談法界

法界與法身

問「華嚴」「一切諸佛身，唯是一法身」半偈不明，疑是譯者之誤筆，誠然誠然，藏中此種處甚多，明唯識者當能一一了然，故吾院訓釋教研究文字，最初在唯識宗也。欲詳半偈，當詳一法界，今釋之。出纏為法身，佛身者，即法身也，故方諸佛身皆謂法身，淨業圓滿，等同不異，據不異言，謂一法身，非塵塵諸佛共一法身也。無法非空，豈猶有刊定一法為一法身哉。法在人為法身，法在法為法界，故名一法身，亦可名一法界也。諸佛各一法界，此之所謂諸佛非一佛也。諸佛同一法界，此之所謂法界不異，淨業如一也。法界無量無邊，周遍圓滿，必無不淨，故時須三阿僧祇，有情須皆作得度因緣，然後成佛，謂為法身，一切有情皆一法界中法故也。何謂一切有情皆吾一法界中法耶，託質變相皆吾相分，一也，互為增上，二也，皆遍一切，光光相網，三也，故一切有情皆吾法界中法也。諸佛唯一法身，譬如同業眾生感報娑婆，皆網於一處謂為一世界，其實皆無量無邊有情之無量無邊世界也。

民國三十一年二月二十二日覆梅擷芸先生書

一法界

一法界義相宗台賢都少發揮，今略談數義，一法界法身別，二如來藏與法身之性得修得別，三生因為正智緣起緣因為真如緣而非起別，三義既明，足免法相淆亂之虞矣。

法界者，法謂一切有為無為之聖法，一切聖法生長依因名界，則界即依止義，一切法實性一切如來自體名界，則界即體性義，清淨無生滅，猶如虛空，具足功德，即涅槃即真如，如來出世若不出世，此性常住諸佛有情平等共有，即法住即法性，佛地經以虛空一喻解諸十難，至詳且盡也。法身者，體義聚義總說為身，體依義與清淨法界之界同，聚義則身所獨，即此身聚五法為性，兼攝四智心品不僅與清淨法界同，二轉依果皆此攝故，金光明說如如如如智故，是則以聚義談身，三身無別總名法身，若以體依義談身，則身有分別，自性身名法身，受用身變化身不名法身，自性身者，莊嚴由依義心義業業說諸佛三身平等無別，佛地則說各有同異，雖法身共有無別而就能證因仍有差別，攝論自性法身依業同莊嚴，而無量現覺則同佛地，金光明經以多復次詮法身總義，至詳且盡也。法界法身一切眾生平等共有者，性有也，非修得也，修得則唯佛有，下續詳之。

如來藏者，聖教染淨所由立，而聖修所由出也。《勝鬘經》，自性清淨如來藏，而客塵煩惱所染，此染之所由立也。七法剎那不住不種眾苦不得厭苦樂求涅槃，如來藏無前際不起不滅法種諸苦得厭苦樂求涅槃，此淨之所由立也。在纏為如來藏出纏為法身若於無量煩惱藏所纏如來藏不疑惑者於出無量煩惱藏法身亦無疑惑，此則聖修所由出也。非壞法故名為苦滅，無始無作無起無盡離盡，常住自性清淨，離一切煩惱藏，此則性有，生佛不異，而其分位則有差別，法身為煩惱所纏生滅流轉名眾生界，厭苦捨欲於十波羅蜜八萬四千法門而求菩提說名菩薩，永除續惱垢清淨住法性一切法自在說名如來應正等覺，此則修有生佛不同。然修之云者，無漏種子最初本有蘊如來藏中，次則如來藏中種子發生現行則見道生如來家，又次正修於如來藏除染分證法身，終則修滿，金剛道後異熟盡空，如來藏中無垢充塞，遂坐道場究竟修得，流轉凡夫又烏能有，如佛身之於佛性，一切眾生有佛性而非佛身者，佛性為煩惱所障，而不能眼見佛性也。法身之於如來藏，一切眾生有如來藏而非法身者，如來藏為煩惱所纏，而不能修淨於如來藏也。是故學者，不恃性得而重修得也，阿賴耶即如來藏，發揮捨染義說阿賴耶，發揮取淨義說如來藏也。

菩提所生得，涅槃所顯得，「生」是「用能」義，種子發生，現行皆用能邊事；「顯」是「常住不動」義，如燈顯物，非如功能漸漸生起事。性則終古是性，用則終古是用，既說緣起便非常住而又說常住生起，便自語相違，是故說「緣起」者是「正智」邊事，非「真如」邊事，〈空性品說〉，化、空二法，皆以空空，故空不能辨別誰空誰化者，雖則均在空，空中不容分別，而法法凝入，亦不容淆亂也。然見道必須二障全伏，相應涅槃，然後菩提種起發為現行者何耶，獨頭菩提力能羸弱，不堪自起，須得涅槃強力助之而起。亦如所云慧由定生，定為慧助故也。涅槃雖非緣起生因，而是緣因。是故說緣起者，起則證智邊正因事，而緣亦「真如」邊助因事也。此義是靈泰義，奘師解「正智緣如」，挾帶體相為緣，是謂以能帶和，靈泰則說相亦能帶，譬如病夫無力自起，強者挾其兩腋而起之，譬如竿袋不能自起，仗腰間帶帶而起之，病夫竿袋為智，強者腰間為如，如能助智而起也。諦審此義，是增上義，作意如理，因即採之解決一切。乃直判之曰，真如止可為智助緣，不可遂說真如緣起也，自如來藏中本有無漏種子發為見道現行皆生起邊事，故可昌言正智緣起也。「起信論」所以種種墮過者，過在不立正智以對無明也，故直揭之曰，正智不可不立也，五法也，二轉依也，聖教如是也。又直揭之曰，正智對無明不可不立也，《大般若經》說，若於如是無所有法不能了達說為無明，《密嚴經》說，法與理相應明瞭能觀見說為正智。是故所知障無明也，發菩提心去二障正智也，而不立此，轉輙墮過，職是由歟。染淨依於藏識，迷悟依於真如，染淨自是有漏種子無漏種子也，如來藏之淨種阿賴耶之染種皆名藏識也，染出於無明淨由於正智也，無明為迷止智為悟，以迷悟而成種，而其所以迷悟者，則依於法界，仗法界力助之而起，是故因緣須仗增上也。是故學者須由多聞薰習而起，發心有四因、四緣、四力，而皆不遺增上也，是故無明止智為對治事也。此義易明而人皆蔽，讀台賢書粗得智如不二，即說真如緣起，而不能辯其非是生因，固定唯識，執死智如不一，但見說一法界種種義，即斥為真如緣起，邪說到來，而不能辯其非無緣因，是皆徐六擔版漢，不可與之談佛法，且終身墮五里霧中而不求廓清之道，誠可哀也。

三身義，窺基說如「十地金光明」、「楞伽」、「金剛」、「般若」、「涅槃」、「勝鬘」、「解深密」、「法華」、「無垢稱」等經，「瑜伽」「攝大乘」二般若對法佛地「唯識」、「寶性」、「莊嚴」等論，「法華」、「無垢稱」等疏，廣辯其相。然於《不增不減如來藏》等經，《法界無差別論》，《法苑義林章》，亦所當究。

民國三十一年四月二十三日覆梅擷芸先生書

法界與眾生一體

眾生一體義不明，儱侗者不得精微諦當，談圓頓義終屬支離，嚴界者不得廣大自然，行大事行終非親切，有鑑於此徑情發問，是真度眾生者，是真探法界者，故應作答也。

所云「眾生一體」者，諸佛以法界為自性身，則體者法界也，談實體於眾生。而無邊法界皆同一味，是為眾生一體。若是，應談「法界眾生義」，此有四義，一者「法界繫眾生界義」是一體義，二者「眾生界屬法界義」是一體義，三者「一體義是增上義」，四者「一體義是畢竟空義」，四義悉明，一體義晰，亶其然乎。

云何「法界繫眾生界是一體義」耶。「勝鬘」說如來藏是法界藏，一切眾生皆有如來藏，眾生如來藏於法界中有是三法，一依本際相應法界體，說眾生有自性清淨心，二依本際煩惱所纏法界體，說眾生客塵所染自性清淨心，三依未來際一切法根本一切法備具平等法界體，說眾生即法界異名，是故眾生界是法界。「涅槃」說一切眾生皆有佛性，佛性者諸佛皆以此為性即如來體性也，體性是法界，而在眾生身中，是故說眾生界是法界。「涅槃」又說佛是有情成，凡是有情皆可作佛，一切眾生皆是有情，是故眾生界是法界。「瑜伽」說無餘涅槃，其無損惱寂滅中所有功德無量無數難可了智，凡言功德皆不離一切眾生，是故眾生界是法界。「唯識」說大牟尼名法，法身之牟尼必大，大於作功德度眾生，是故眾生界是法界。均是法界眾生，云何不為一體。此其義不明，必捨眾生而求法界，但計法界清淨契尼夜摩，何卹焦敗是嫌沉湎永溺，如是非法生而解脫身，非大寂滅而寂靜寂滅，無上法王永無希望。無上法王者，一切眾生界所積而成也，法界無邊，眾生界即無邊，一切法界清靜周圓，一切眾生皆得滅度，然後大業咸熙證等正覺，是故優鉢曇華時一出現，三阿僧祇倉卒難成也，鑑於此義，是故行菩薩行念念法界而念念眾生。

云何「眾生界屬法界是一體義」耶。「般若」以實際為刊量，經言非度有情於實際，乃度實際於實際，是故菩薩觀滿法界眾生，實為觀滿眾生法界也，是故說法界是眾生界。經云「眾生眾生者，即非眾生，是名眾生」，無著五例釋段段文，釋即非眾生句為安立第　義，第一義者清淨法界是也，是故說法界是眾生界。經又言「胎卵化等滅度，實無一眾生得滅度者」，眾生本無，實唯一法界是也，是故說法界是眾生界。眾生均是法界，云何不為一體？此其義不明，一者必謂眾生實有實度眾生，是則生實度實，云何畢竟空義，唯畢竟空是佛境界，非畢竟空云何為佛弟子，經言「若菩薩有眾生想者即非菩薩」，說非菩薩則外魔也。般若以無所得為方便而求一切智智，又云學法界於一切法學一切法於法界，若修學菩薩最初不明無所得佛境，而惘惘然行一切法菩薩行，則功德愈弘大有所得者亦必與俱弘大，又安所望於歸其有極。二者必謂眾生與法界為二，是則眾生非法界中物，彼摩訶衍以他為自者終不得解而疑為根，無根之修雖信不了，雖堅強不息其後遇緣必仍退墮於聲聞小乘。又寂滅寂靜之法界如此，希奇騰赫之功德如彼，既不相融矣，則華嚴之舉足下足當願眾生，般若之舉足下足求本性空，均無剎那互相容忍，何以聖教動稱不二法門。若知唯一法界，凡所修行非度一切眾生乃圓滿於一法界，斯則一切無礙，冰釋渙然。

云何「一體義是增上義」耶。「瑜伽」說阿賴耶相，謂賴耶亦是有情互起根本，一切有情相望互為增上緣故，所以者何，無有有情與餘有情互相見等時不生苦樂等更相受用，由此道理當知有情互為增上緣，「唯識」因緣不涉外境，而「瑜伽」增上相網如一，眾生所以一體也。眾生一體於法界中何獨非然，是故「華嚴」界帝網重重，於一毛孔中容十方世界，將此都世界並碎為微塵，亦一一塵中又具無邊界，世界無增減眾生無增減，夫然後廣大不可思議，則增上義之所致也。此其義不明，一者方廣道人，說圓頓象墮一合相，無所條理無所解析，莽莽濛濛，幾何不類毗伽羅仙所談冥論。二者因噎廢食，以執因緣卻忘增上，但聞一體惶懼不安，豈知以一體義法乃廣大，以一體義眾乃親，以法曰廣智乃曰增，以眾曰親悲乃曰熾，念念一體悲智所繫，此之所謂摩訶衍非幾近於聲聞乘，唯識析義雖甚微精，而瑜伽行修卻獨廣大，行大士行者當一談增上義於瑜伽歟。

云何「一體義是畢竟空義」耶。諸佛是空，法界是空，一切法是空，一切眾生是空，空是實相，實相是刊量，故得畢竟空相應，去菩提不遠。來書所云「楞伽」觀眾生如壁畫，「維摩」觀眾生如五大六陰，而不說眾生一體，云何起悲者，此正是說眾生畢竟實相，此正是說眾生以法界畢竟空為一體，此正是說無緣大悲之所由起，菩薩以實相為刊量，無念無依不在實相中，眾生是吾一體，一體空而不空，以是悲起，眾生同一法界，法界空而不空，以是悲起，《思益梵天經》云，一切法無我人眾生壽者而眾生以為有菩薩於此而起大悲，一切法無體無住無執藏主宰事物我所而眾生以為有菩薩於此而起大悲，一切法無生無滅無垢離三毒無去來無造作戲論而眾生以為有菩薩於此而起大悲，一切法空無相無願緣生靜寂而眾生以為不然菩薩於此而起大悲。菩薩悲起而行修，諸佛悲起而立教，若眾生自知畢竟空，菩薩不必行修，佛固不必建立至教也。是悲切於一體，悲切於一體之人不自知其實相空也。此其義不明，則所起之悲皆不外世間相，皆有緣之悲。骨肉之痛，痛徹心脾，悲也而非大悲也，觀一切眾生百一十苦而起悲，大悲也而非究竟大悲也，不免有情緣與法緣也。夫有情與法緣皆非二空畢竟空義，君子不以為極至，「華嚴」善財入彌勒樓閣，羨豔無邊功德，彌勒彈指使其出定，示為夢境，「華嚴」敘述功德不可思議，而皆謂為夢現，別畢竟空，無緣之悲之所生故也，斯乃所謂極至也，發智觀空，空應智徹，然後悲竟，是故根本大悲生於智，而增上大智生於悲。四義如此，是則眾生一體是法界義，是畢竟空義，佛境在是，佛境菩薩行在是。

摘自民國三十一年五月十九日覆梅擷芸先生書

辨方便與僧制

不畏聖言，天下無是非，當前之糾謬不能，遂亦無希望於後日，而教之危險何可勝言？漸既非比丘，亦未從政，又不與聞近時法事，然數十年讀書，是非則昭然明白，本其所知陳於當世，俾有不克匡正於現在者，必將有救於未來！世尊之遺囑云何？淪胥之悲願云何？此固可已於一言乎？故前於僧人藉佛教會名義請預國選事，嘗據出家根本僧制以斥之，乃有謂是考據家言耳！有謂是不知方便之言耳！又謂是偏於小乘不適潮流之言耳！而佛教報章競載諸文於其篇首不以為異，以是知是非將淆亂於天下，乃不能已於言。夫聖言遺囑，但為供考據家資料。斯言也，吾不欲辨。若夫居革命時代而不知方便，不適潮流，其顛倒是非動人聽聞者，非善巧絕倫乎？惟其善巧，斯又非辨之不可者也。

初辨明方便，凡四：

一、**團體創制之為便也。**究竟為方便（「華嚴」、「般若」皆有此義）。佛之知見為方便，一切智智為方便（「法華」有此義）。方便者，佛法之極詣，非證果人不足以言此，是故用方便於團體者，惟佛乃能。釋迦牟尼於一燈明國以菩薩為僧，而於娑婆此土，觀眾生根器下劣無堪任能，於是大行方便，於此娑婆國土唯以聲聞為僧（《大智度論》），以是佛法住持乃住持於聲聞也（《瑜伽師地論》）。佛法住持於聲聞，是團體方便，佛為已施娑婆世界，烏容於方便之餘更用方便耶？今，僧人請預國選，非個人權宜之舉，乃團體變制之為；夫全體變制此何如事，初不聞咨於四眾，訪於有知。討論研求至再至三，先事長時審擇所處，但忽爾報載勸人熱烈參加，忽爾報載政府已准所請，迨至大義相繩，乃曰是行方便。嗚呼！方便云乎哉？古德以個人方便益以團體，今人乃以團體方便益以個人，是之謂以劫奪之手段行變制之妄為，方便云乎哉？

二、利物利人之為方便也。中國內地僧尼約略總在百萬之數，其能知大法，辨悲智，堪住持，稱比丘不愧者，誠寡若晨星；其大多數皆遊手好閒，晨夕坐食，誠國家一大蠹蟲，但有無窮之害，而無一毫之利者。此如不整理，不嚴揀，誠為革命時之一大遺憾。說者如具方便之心，應思此百萬之眾如何俾以利國利民，不應但參加國選即以為利國利民也。

漸以為應於百萬眾中精細嚴察，朝取一人拔其尤，暮取一人拔其尤，如是精嚴至多不過數百人。夫以數百人較四萬萬民眾，不啻九牛之一毛；以是從國家乞捨，如奘師乞太宗捨基師之例，以為專作住持大教之用，以為教團真正比丘真實宏教之用，以其清淨慈悲超然無諍為諸大夫國人所矜式，國家萬無沮尼之理，蓋所捨之民少，而所得利國之益大故耳。其餘遊民，則俾復公民之位，因以作其真正公民之事，若士、若農、若工、若商，日出而作，日入而息，則國家歲省百萬眾之耗食，歲收百萬眾之力作，夫然後乃得謂之為方便也！今置此不圖，乃輕率徒眾參加國選，謂方便，方便云乎哉？在國家未受公民之實仍為棄民，在教團驟受公民之名翻礙規法，進既不能補於國，退復不能安於團，疚心盲目，未之思耳！狼狽一至於此，方便云乎哉？

三、各族現身之為方便也。佛法之住持聲聞者，其事云何耶？被袈裟，住蘭若，不婚宦，不與俗事而住持也，如是謂之比丘；白衣廛閈，婚宦務俗，如是謂之公民。各以其類，不可混淆，淆則非驢非馬，不可顯類。故比丘變相，以無其類而佛教以亡。夫佛化群類，現群類身，觀音三十二應，亦各以其類而現其身，彌勒住睹史天，即亦現其天身；菩薩十王大業，初地現轉輪聖王身；乃至十地現摩醯首羅身，皆不以本身，皆同所化之身，此固善權方便，不欲眾生發生疑竇故也。

說者果具方便真心，以其高等以視團眾，則應勸其捨比丘身現公民身以救世行化也；以其卑等以視團眾，則應覈其不足作比丘身，但可還其公民身以各從其類之實也。乃說者以袈裟比丘之身，出而為白衣公民之身，一身跨兩頭以為方便，方便云乎哉？夫公民為在家人，比丘已捨家而出家；今復為公民，是又捨出家而反俗為在家人也。藉曰不然，則又是騎牆蝙蝠，混沌窮奇，世無其類，立足何依？善巧之謂方便，拙笨至是，方便云乎哉？

四、引外入內之為方便也。出家菩薩行四攝法，法有同事一條，非方便之證歟？然四攝之所謂攝者，由世間之外攝之入佛教之內也；比丘參加國選，由出世之內捨之入世間之外也，四攝之同行，正導之不入而誘掖之，誘掖之不入而鉤牽之，鉤牽之不入而同化之；必目的之是達，一切手段之不擇，是何誠摯！是何善巧！是何悲智！故曰方便行也。比丘參加國選，問何目的之是達？而唯手段之不擇，誠摯、善巧、悲智之謂何？應於此判曰：「引外入內是方便行，捨內趨外是慕羶行。」今說者於比丘參加國選之慕羶行，乃竟誤為方便行，方便云乎哉？曲當其情耶？除卻不以規矩無一合語，方便云乎哉？

次辨明僧制，凡四：

一、出家者應行頭陀、居蘭若也。聲聞弟子少欲少事，此無論矣！即以出家菩薩而言，應學應行，亦詳見龍樹、無著、寂天諸家同據之「寶積郁伽長者會」。此經云：「出家菩薩應作是念，我今應住於四聖種，樂行頭陀。」又云：「出家菩薩見十利故，終不捨於阿練兒處（如阿蘭若）。」可知頭陀、蘭若，固出家者所應行也。

出家何事？學佛而已。自學未成，安能度眾（此義詳龍樹《十住婆沙》卷一）？故如救頭然，專精三學，一念而不可懈，行戒在頭陀，則龍樹之言也（《十住婆沙》卷十四）；修定先蘭若，則寂天之說也（《集菩薩學論》卷十三、十四）。出家菩薩為利他故，固可廣受施襯，亦可聽法化生伽藍入眾，然根本之行，不能廢頭陀蘭若。勤行自度，即為度他，超凡入聖，造端於是，龍樹大士不厭反覆，說為出家不共之行，其意深長，可思也（見《十住婆沙》）。

我佛在世，遊行宏化，不遑寧處，乞食露宿，時見經文；竹園祇洹之精舍，集眾說法地，非常住也。後世僧制日壞，養尊處優，習於喧雜，故一聞頭陀、蘭若輒目為遺世絕俗，至舉迦葉頭陀第一之說相難，一若此非餘人所得行者，何見之陋也！今出家者，皆貌為菩薩受梵網戒矣！常應二時頭陀冬夏坐禪，非梵網明文耶？豈並此可忘之耶？

二、出家者不應參預世事，又不應為名利親近國王宰官也。出家菩薩之異於在家者，以其無有攝受父母親屬，營農商，估事王業等種種艱辛遽務憂苦也（見「瑜伽」卷四十七）。出家菩薩必免此攝受俗事者，出入聚落則見聞聲色，諸根難攝，發起三毒，六度心薄；又與白衣從事，則利養垢染，發起煩惱，弱者不能以思力制心，或死或惱，或捨戒還俗也（《十住婆沙》卷六）。是故佛於《大涅槃經》中最後說戒：比丘不應畜財、奴役、種植、市易、談說俗事，又不應親近國王大臣，此等經律所制，皆是如來所說（經卷七）。又說息世譏嫌戒：不作販賣田宅種植，不畜財物，不觀軍陣，不作王家使命，乃至菩薩堅持是戒與重戒等（經卷十一）。又說聲聞弟子如修集在家世俗之事，又以稱譽親近國王王子，受使鄰國通致信命，如是之人皆魔眷屬非佛弟子（經卷二十六）。由是可見出家不與世事，不親國王宰官，聲聞固不必論，即出家菩薩亦懸為厲禁。誠以出家務俗必招譏嫌，既妨修道之專精，復失俗眾之信奉，此非自度度他之道，亦非住持大法之要也。

佛囑護法有國王宰官，但必國王宰官之自來親附，非以僧徒趨奉為合法也。贊寧有言：「末代垢重，情移奉身，罕聞為教而親近國王大臣者（《僧史略》卷中）。自昔已然，於今為烈，彼奔走權貴自許國師之流，心地齷齪甚矣！豈可以為教親近解之乎？且稽之佛傳，佛在世時，教化國王宰官絕少親赴，說法或不廢王法正論，亦所以引俗入道，而與干政有別。如為禹舍大臣說跋祇國七事難勝，同時以此喻誡弟子有種種增長出家七法，不預世事、應居蘭若皆在其數（見《長阿含》卷二），說者乃引七事為出家參預俗務之證，可謂適得其反也。

佛法東流，側重王護，歷代君王乃得以專制淫威，種種矯作，多不可為法。有如羅什之依涼秦，一再毀戒，蓮華泥污，銜憾終身（《高僧傳》卷二）；乃至玄奘，便殿周旋，內宮就譯，亦違本懷（「奘傳」卷九表請入少林寺翻譯可見一斑），至於譯場限制，難盡譯家之能事，尤難勝論。今者國體已更，教法自主，乃不惜曲解史實以求引僧入俗，大謬矣！

三、出家者不應服官，不應與考也。出家沙門宏道利物，敝屣王侯，故能抗禮萬乘，高尚其事。六代而還，沙門不禮王者，論議不絕，此非吝於一拜，乃所以重佛法、護僧制，根本壁壘未可棄也。不居其實，即不受其名，故世俗爵秩，亦未應施之方外。然南北朝因設僧官，弊端漸啟，帝王專制必鄙視僧徒，如卿相而後已。降至宋代，譯場諸僧，頫首稱臣，一無異辭，而僧格掃地以盡。然此猶止於虛秩也，乃若慧琳因宋文之幸，竊參機要，賄賂相繼，孔顗歎為黑衣宰相，冠履倒置（《南史》卷七十八），此正深惡其不倫也。今之說者，乃欲舉此為僧徒楷模，可謂辱盡佛法矣！

贊寧撰《僧史略》，摭取史實以資談助，不必盡為典據。然其言曰：「朝廷行爵，釋子競官，官階匆盡，貪愛無滿，胡不養其妻子跪拜君親，有識者於此無取焉。」（《僧史略》卷下），此誠快論也。一念之貪，非盡驅僧徒返俗不止，亦非返俗不能盡其官興也。說者知引贊寧之書，而不知贊寧之意，豈非大惑哉？至於國家考試制度，乃為干祿從公技術人員而設，僧徒不赴考，宜也。必以舊日考試度僧相附會，彼亦秕政不足為訓。出家受戒，廣律本有專章，簡別嚴淨，而皆由僧團自主其事，不可以假手俗吏也。今之僧徒淆雜浮濫，究其病源即在不依律實行，故至為逋逃藪為卑田院，不可收拾豈有關於考試哉？又豈足為參預俗事之藉口哉？

四、出家參政大違戒律，亦有礙世法也。出家離俗，自有其根本律儀，今三壇誓受，十方證明者，猶古之法，即所行持亦必期古之人，不得藉口時代潮流，而自喪其信守。「梵網」有言：「正見經律皆應受持」，則如前舉，「寶積」、「涅槃」諸經者，豈復有絲毫可以參政之餘地？必一切不顧，戒可毀，經可焚，俗事不可不為，是不但自喪其僧格，抑亦無人格之尤也。何待他人剝奪之哉？

且即就參選事論，國法以公民平等而不簡僧徒，與佛法放棄俗利而專志道業，兩不相強，本無所礙也。今之熱中者，不僅欲參選，且必欲獲選，故僧徒例同普通公民，本屬區域選舉之類，一二黠者乃不惜利用佛教會，欲附會於職業團體。然國選名額早經規定，職業團體亦已列舉，無所謂佛教會員也，僧徒必欲於其間分一杯羹，勢非枉法不止，此所謂大礙世法也。至於蒙藏僧徒，所奉之教乃顯密雜參非盡出之釋迦教，史實學理皆有可考，日本、暹羅之佛徒，以在家形式而干政，亦非此所論。但此數地教非常軌，有待我先進糾謬繩愆導之正路，非可盲從顛倒所事也。說者藉口，又何足取哉？

一九三六年，《內學雜著》上支那內學院，一九四二年

孔佛

有體，有用，有依體之用，有用滿之體。宇宙萬有，群眾思慮，莫不依於一心。心必有其體，而後可心。狀體之相貌，強而名之曰寂，非寂而誰足以當之？心必有其用，而後能心，狀用之相貌，強而名之曰智，非智而誰有以能之？智非尋常分別之慧也，必有以見寂而常與寂相應也。宇宙萬有無非幻化，群眾思慮莫非習成，於斯時也，幻有廓然，習思不起，一切皆空，身涉其境，謂之見寂，見寂而不住，百為萬事，以致其巧便之能，謂之為智，此智與寂須臾不離也。若須臾離，則邪見偏見，執斷執常，狂瞽異端，是非蠭起；須臾不離，則凡所為，叢脞而條理井然，權變而適當其可，大小內外時措之宜，無不自得。

寂靜而有為，有為而寂靜，斯謂之為應體之用。是用也，與體相依，而致力圖功乃在於用，是故正名，謂之為行。寂則有全體大寂，智則有一切智智，全體大寂盡人所有，聖亦不得而增，愚亦不得而減，障而不顯之謂凡，障淨全顯之謂聖；一切智智則非盡人有，所謂常人但有其種，種須發生，先充其量，然後乃有。寂以智生而顯，智以障去而生，障以修積而淨，淨一分障，生一分智，顯一分寂。淨纖悉細障，生一切智智，顯全體大寂，寂固無為也，不生也，仗智之有為智之發生以為顯也。此寂與智，亦須與不離也。若須與離，則灰心滅智，沉空趣寂，但了一身，焉知大道，須臾不離，則觀一切無所有，而不捨離一切眾生，必使宇宙齊放光明，然後真身證住清淨，斯謂之為用滿之體。是體也，以用而顯，而目注心營乃在於體，是故正名謂之為果。知行果之解義者，可以談孔佛矣！

孔道，依體之用也，行也。天行健之謂性，君子法天自強不息之謂道，天命不已，天之所以為天，文德之純，文之所以為文。子在川上曰：「逝者如斯夫，不舍晝夜。」健也，不息也，不已也，純也，不舍也，皆所以為行也。然君子素位而行，思不出位，位也者，中庸也。寂然不動之謂中，感而遂通天下之故謂之庸，知能大小費顯隱微不可得而限之，隨舉一隅畢張全體，行然後可以素位，知如此之為中庸然後可以入德；入德之初，誠也，及其成功至誠也，無非誠也。誠固物之終始也，必極於鬼神不測，無聲無臭，是之謂見寂之智，是之謂應體之用。

佛法，依體之用而用滿之體也，行而果也。二轉依之謂佛，空其所知之障，轉所依為智，曰菩提；空其煩惱之障，轉所依為寂，曰涅槃。有本來自性清淨涅槃，具諸功德無生無滅湛若虛空，所謂全體大寂也，名之曰法身；有無餘涅槃，煩惱既盡，依滅無餘，由此而證得全體大寂也，名之解脫；有無住涅槃，無餘無為，為令眾生皆入無餘，則必有為，而於無為依而不住，所謂依寂之智也，名之曰般若。由般若而解脫，由解脫而法身，頓證之時，三德不分，故談果者皆舉無餘涅槃也。所謂有因有因因，有果有果果，菩提為果，涅槃為果果是也。證大涅槃，則法界清淨，法界一真，常我樂淨安隱而住也。何謂常我樂淨耶？金剛不壞之謂常，得八自在離繫超然不屬於他之謂我，非受非覺上妙無倫寂滅之謂樂，無障無染一味平等之謂淨，有如是不可思議之鄉，是故結願在是，趣向在是，歸止究竟在是也。頓空其分別所生之二障，窺見真如，謂為見道；漸空其無始以來之二障，真如多分顯現，謂為修道；二障全空，真如出纏，頓證佛果，圓滿轉依，謂為究竟道。故曰依體之用而用滿之體也，故曰行而果也。

上來所說孔佛如此，知孔道之為行者說生生，生生，行也，非流轉於有漏，奔放於習染也；知佛法之為果者說無生，無生，果也，非薰歇燼滅光沉響絕之無也，淆孔於佛，壞無生義；淆佛於孔，壞生生義。知生生而無生是依寂之智，則知行之相貌有如此也；知無生而無不生是智顯之寂，則知果之相貌有如此也。佛與孔之所判者，判之於至不至滿不滿也，其為當理適義一也。

一九三六年，《孔學雜著》支那內學院，一九四二年

講演

佛法非宗教非哲學

今日承貴會邀請，來此與諸位講演佛法。此是鄙人最願意事，但是鄙人沒有學問，今日只將我對於佛法一點意思說出，與大家共同研究而已。

今日講演題目是「佛法非宗教非哲學，而為今時所必需」，內中意義向後再說，先將佛法名詞解釋一過。

何謂佛？何謂法？何謂佛法？按：佛家有所謂三寶者，一、佛寶，二、法寶，三、僧寶。佛寶指人，法寶指事，僧者眾多弟子義。寶者，有用、有益之義，言此三者能利益有情，故稱為寶。已得無上正等菩提的人，是稱為佛。法，則範圍最廣，凡一切真假事理，有為、無為，都包括在內。但包含既如此其廣，豈不有散亂無章之弊耶？不然，此法是指瑜伽所得的。瑜伽者，相應義，以其於事、於理，如如相應，不增不減，恰到好處，故稱為法。此法為正覺者之所證，此法為求覺者之所依，所以稱為佛法。

宗教、哲學二字原係西洋名詞，譯過中國來，勉強比附在佛法上面。但彼二者，意義既各殊，範圍又極隘，如何能包含得此最廣大的佛法？正名定辭，所以宗教、哲學二名都用不著，佛法就是佛法，佛法就稱佛法。

次言義。云何說佛法非宗教耶？答：世界所有宗教，其內容必具四個條件，而佛法都與之相反，故說佛法非宗教。何者為四？第一，凡宗教皆崇仰一神或多數神及其開創彼教之教主，此之神與教主號為神聖不可侵犯，而有無上威權，能主宰賞罰一切人物，人但當依賴他，而佛法則否。昔者佛入涅槃時，以四依教弟子。所謂四依者，一者「依法不依人」，二者「依義不依語」，三者「依了義經，不依不了義經」，四者「依智不依識」。所謂「依法不依人」者，即是但當依持正法，苟於法不合，則雖是佛亦在所不從。禪宗祖師於「天上地下，唯我獨尊」語，而云：「我若見時，一棒打死與狗子喫。」心、佛、眾生三無差別，即心即佛，非心非佛。前之諸佛，但為吾之導師、善友，絕無所謂權威賞罰之可言。是故宗教則不免屈抑人之個性，增長人之惰性，而在佛法中絕無有此。至於神、我、梵天，種種謬談，則更早已破斥之，為人所共悉，此即不贅。

第二，凡一種宗教必有其所守之聖經，此之聖經，但當信從，不許討論，一以自固其教義，一以把持人之信心，而在佛法則又異此。曾言「依義不依語」，「依了義經，不依不了義經」，即是其證。今且先解此二句名詞。實有其事曰義，但有言說曰語，無義之語是為虛語，故不依之。「了」有二解，一、明瞭為了，二、了盡為了。不了義經者，權語、略語；了義經者，實語、盡語。不必凡是佛說皆可執為究竟語，是故盲從者非是，善簡擇而從其勝者，佛所讚歎也，其容人思想之自由如此。但於此有人問曰：「佛法既不同於宗教，云何復有聖言量？」答：所謂聖言量者，非如綸音詔旨更不容人討論，蓋是已經證論，眾所公認、共許之語耳。譬如幾何中之定義公理，直角必為九十度，過之為鈍角，不及為銳角，兩邊等、兩角必等之類，事具如是，更又何必討論耶？此而不信，則數理沒從證明。又聖言量者，即因明中之因喻，因明定法，是用其先已成立共許之因喻，比而成其未成將立之宗。此而不信，則因明之學亦無從講起。要之因明者，固純以科學證實之方法，以立理破邪，其精實遠非今之論理學所及，固不必懼其迷信也。

三者，凡一宗教家必有其必守之信條與必守之戒約，信條戒約即其立教之根本，此而若犯，其教乃不成，其在佛法則又異此。佛法者，有其究竟唯一之目的，而他皆此之方便。所謂究竟目的者，大菩提是。何謂菩提？度諸眾生，共登正覺是也。正覺者，智慧也。智慧者，人人固有，但由二障，隱而不顯：一、煩惱障，二、所知障此二障者不寂淨，皆是擾攘昏蒙之相，故欲求智慧者先必定其心，猶水澄清乃能照物耳。而欲水之定，必先止其鼓蕩此水者，故欲心之定，必先有於戒；戒者，禁其外擾、防其內奸，以期此心之不亂耳。然則定以慧為目的，戒以定為目的；定者慧之方便，戒又方便之方便耳。是故持戒者，菩提心為根本，而大乘菩薩利物濟生，則雖十重律儀，權行不犯，退菩提心則犯；此其規模廣闊，心量宏遠，固不同拘拘於繩墨尺寸之中，以自苦為極者也。夫大乘固然，即在小乘，而亦有不出家、不薙髮、不披袈裟而成阿羅漢者（見《俱舍論》）。佛法之根本有在，方便門多，率可知矣。

四者，凡宗教家類必有其宗教式之信仰。宗教式之信仰為何？純粹感情的服從，而不容一毫理性之批評者是也；佛法異此無上聖智要由自證得來，是故依自力而不純仗他力，依人說話，三世佛冤，盲從迷信，是乃不可度者。《瑜伽師地論》四力發心，自力、因力難退，他力、方便力易退，是也。然或謂曰：「汝言佛法既不重信仰，何乃修持次第資糧位中首列十信，五十一心所、十一善中亦首列信數？」答之曰：信有二種，一者愚人之盲從，一者智人之樂欲；前者是所鄙棄，後者是所尊崇。信有無上菩提，信有已得菩提之人，信自己與他人皆能得此菩提，此信圓滿，金剛不動，由斯因緣始入十信；此而不信，永劫沉淪。又諸善心所，信為其首者，由信起欲，由欲精進，故能被甲加行，永無退轉，是乃丈夫勇往奮進之精神，吾人登峯造極之初基，與夫委己以依人者異也。

如上所言，一者崇卑而不平，一者平等無二致；一者思想極其錮陋，一者理性極其自由；一者拘苦而昧原，一者宏闊而證真；一者屈懦以從人，一者勇往以從己；二者之辨，皎若白黑，而烏可以區區之宗教與佛法相提並論哉？

所謂佛法非哲學者，按：哲學之內容大約有三，而佛法一一與之相反，故佛法非哲學。何者為三？

第一，哲學家唯一之要求在求真理。所謂真理者，執定必有一個什麼東西為一切事物之究竟本質，及一切事物之所從來者是也。原來哲學家心思比尋常聰明，要求比尋常刻切。尋常的人，見了某物某事便執定以為某物某事，一例糊塗下去。譬如宗教家說有上帝，這些庸人便承認以為有上帝；牧師教人崇拜耶穌，這些人便崇拜耶穌；一味盲從，更不思索，千百年來只是糊塗下去。自有哲學家以來，便不其然，你說有上帝，他便要問問：「上帝是個什麼東西？眼可以看得見麼？耳可以聽得到麼？如謂世界人類都是上帝造的，上帝又是誰造的？上帝如果不待誰個造他，世界又何必要上帝造他？」所以自從有了哲學，一切人便不肯一味糊塗了。哲學家在破除迷信一方面，本來是很對的，是可崇拜的，但是他一方面能夠破除迷信，他果真能不迷信麼？他能破人謬執，他果能不謬執麼？他天天求真理，他果能求得到真理麼？翻開一部西洋哲學史，中間大名鼎鼎的哲學家，如像破除有人格的上帝過後，便迷信一個無人格的上帝；破除獨神論過後，便迷執一種汎神論；不信唯物的便主張唯心，不信住心的便主張唯事。笛卡兒善於懷疑，於是便破壞世界一切事實，都以為非真理，但隨即迷信一個我，以為：「我既能懷疑一切非真，我便是真。」到了現在的羅素，便說：「他那個我能懷疑，我固是真，還靠不住。」羅素既能破一切唯物、唯心非真理，然而隨又執定一切現象是真，仔細想來，他那種現象是真，與笛卡兒的我是真，有何分別呢？總而言之，西方一切哲學家對於世間一切事物，你猜過來，我猜過去，紛紜擾攘，相非相謗，皆是執定實有一理，甲以為理在此，乙以為理在彼，別人誠都可破，自己卻不能有個不可破的學說服人，破一立一，不過增加人許多不正確的見解而已。

問者曰：「如你說，世間既無真理，到底還有什麼？如謂一切都無，則彼虛無主義，無世界，無人類，豈非是唯一獨尊的學說嗎？」答曰：虛無主義剋實亦只是一種妄見，如說：「真理者一樣，但名辭不同耳。」並且當知，此種見解為害更大，彼輩計一切都無，趨向斷滅，主張破壞與自殺，使人橫生邪見，思慮顛倒，行為悖亂，危於世界，蓋難盡言。諸君又當知，此種異說非但在現在的時候方用，從前印度亦復如是，所謂斷滅外道，所謂惡取空者皆是也。今復質問彼曰：「如謂一切皆假，此假又何所從來？如謂一切都無，云何復有斷滅？且既一切無矣，何以你又起如是見，立如是論？又何以要懷疑？又何以要破壞？」此種自語相違，自行矛盾，是為誕妄之極，但其立說膚淺，也可不必多辯了。

問者曰：「你謂哲學家的真理無有，又說真理不可求，而又不許人計空計滅，然則你們到底說什麼？作什麼呢？」答曰：佛法但是破執，一無所執便是佛也，故佛之說法，不說真理而說真如。真如者，如其法之量，不增不減，不作擬論揣摩之謂。法如是，說亦如是，體則如其體，用則如其用，絕不以一真理範圍一切事物，亦不以眾多事物奔赴於一真理，所謂在凡不減，在聖不增，當體即是，但須證得，凡物皆然，瞬息不離者也。夫當體即是，何待外求？如彼所計之真理，本來無有，但屬虛妄，則又何可求耶？有則不必求，無則不可求，故云不求真理也。問曰：「如你所說，既云真如即吾本體，不待外求，云何又為吾人所不知？且既當體即真，物物不二矣，云何又有此虛妄耶？」答曰：茲先設一喻，諸君夜靜三更時，寢於床榻，忽生一夢，倏見山河、草木、宮室、樓台，更有人物，或親或怨，汝時感情激發喜怒愛惡，或泣、或歌、或欣、或懼，及至醒時，了無一物。當汝夢中山河人物時，汝能知其假否？當汝夢中喜怒悲懼時，汝能知汝妄否？然雖假、雖妄，而實不離心，如離汝心，汝又安能有夢？然又不可謂汝夢即是真實，如謂汝夢即真，醒時何以又知其顛倒不實？諸法真如，亦復如是。未至真覺，終在夢中，既在夢中，虛妄顛倒，昏蔽纏心，云何得識真如本性？然雖不識真如本性，而此世間種種，山河、大地、人禽、動植，一切喜怒哀懼，一切心行語言，要皆不離真如本性。此雖不離真如本性，而又非即真實，及成佛果，大覺菩提，始知當時顛倒，有如昨夢。然雖大覺，契證真如，此覺此如，亦非從外而得，非從無忽有，仍亦即汝當日自體。是故既不可以不識而撥無，又不可以執假以為實也。真如自性，如是如是。

問曰：「真如既如所言，吾人又如何證得耶？」答曰：此間有一句格言，聞者應深信受，即所謂「不用求真，但須息妄」是也。夫本體既恆不失，自可不必徒勞，獨妄為真障，是以當前不識，彼障既除，真體自現。譬之人處夢中，亦能思慮察覺，然任汝若何推尋，終始總是夢中伎倆，任汝推尋有獲，所得仍惟是夢；及一旦醒時，而昔之虛妄，不求知自有知，今之真實，不求覺而自覺。故吾人真欲了知真實，惟當息此虛妄，跳出此虛妄之範圍耳。

雖然，所謂息妄者，非一朝一夕所能成功，吾人歷劫以來，種種顛倒煩惱種子柢固根深，豈能一期拔盡？園師藝園尚須時節，農人播穀且歷春秋，況欲跳此生死範圍，證得菩提碩果，而可不歷劫修持？但求速效，烏以濟也；故必境、行、果三明瞭無蔽，由聞而思，由思而修，三大僧祇始登究竟。若不明此，徒以少數功德，片刻時光，見彼無成，退然思返，且謂無效，墮人信心，此乃愚癡謬妄，可悲可痛者也！

復次，所謂息妄，亦非如伐木拔草，斬斫芟夷，應知依他起性，有相是空，空自不必除，有則不可除，但權衡審度，應識其機，用捨黜陟，唯辨其性，善者既伸，惡自無由，如秤兩頭，低昂時等。此中妙用，未可悉言，真發心人應自探討。

然又當知，夫妄亦何過？妄本無過，過生於執，譬如吾人開目則妄見山河人物、珠玉珍奇，此乃自識相分，妄而非實，不離自體。然眼識變現，任運起滅，都無執著，不生好惡，則雖此幻妄，抑又何害？唯彼俱時意識，尋思執著，認為實有，而曰：「此實山河也，此實人物，此實珠玉珍奇也。」又從而推究之曰：「此實有山河種種者，必有其從來之真理也。」持之而有故，言之而成理，執之而益深，遂為天下之害根。所謂「生於其心，害於其政，發於其政，害於其事」者是也。蓋由執生愛，由愛生取，與愛相違，復生於瞋；由此好惡逞情，爭訟斯起，相殺相婬，相盜相欺，惡業輪迴終古不已。夫果何過？過生於執耳。苟能不執，物物聽他本來，起滅任其幻化都無好惡，取捨不生，身、語、意業悉歸烏有，云何異熟招感而起生死輪迴？迷苦永消，登彼大覺。是故執破為佛，破執為法，非別有佛，非別有法。

二者哲學之所探討即知識問題。所謂知識之起源、知識之效力、知識本質，認識論中種種主張，皆不出計度分別。佛法不然；前四依中說依智不依識，所謂識者，即吾人虛妄分別是也。所謂智者，智有二種，一者根本智，二者後得智。根本智者，親緣真如，和合一味，平等平等，都無分別是也。後得智者，證真如已，復變依他，與識相應而緣俗諦以度群生是也。此後得智既緣一切，是故真妄、虛實、五法、三自性、八識、二無我、世間、出世間，盡無不知，盡無不了，由斯建立法相學，由斯建立唯識學，由斯建立一切方便學。彼所謂認識論者，從彼之意俱可了達。如是設問知識之來源何如乎？則可答曰：有阿賴耶識含藏一切名言種子

（具受薰持種之性而非是種，但是持種）無始傳來，種（種子）現（現行）薰習，八七六五展轉變現，能了能別，所謂知識由斯而起。彼不達此阿賴耶者，或謂知識出於先天，而先天為是什麼？不了其體，何以示人？又或謂出於經驗者，經驗何以存而不失？又復何以無端發此經驗？此疑不解，何以取信。其為批評論者，則又不過調停兩是，捨百步之走而取五十步之走而已。然彼二既是徒虛，更何長短可說。今既了達賴耶，一者：識有自種，為生識因緣，故不同於經驗論但執法塵。二者：諸識現行，復薰成種，復由此種，能生後識，故不同於先天論但執一常。種生於現，現生於種，八識因依，執持含藏，理實事真，不復同彼調停兩可論但有言說。吾敢斷言之曰：「若必談知識之本源，唯有佛法為能知也。」

所謂知識之效力如何耶？在彼未達唯識者，則或以為吾人知識無所不了，是謂獨斷論；其或以吾人之知識了無足恃，一無所能者，是為懷疑論；其或以為吾人之知識實有範圍，越此範圍則在所不悉，是謂積極論。今唯識家言，俱異於彼。一者，眾生之識各局其量，詳彼哲學家知識之範圍體性，不出唯識家所謂之率爾尋求決定之六識也。六識局於法塵，八識七識之緣得著者，六識尚緣不著，況乎與淨識相應之四智之緣得著者，而謂六識能緣得著耶？恆河沙數世界外一滴之雨，咸知頭數，而謂六識能知耶？故不同於獨斷論。二者，凡屬有情皆具八識五十一心所，此心、心所由見、相、自證、證自證，四分成就。見緣相分，自證緣見，內二互緣，皆親所緣，皆現量得。雖或見分緣相有比有非，而自證緣彼亦屬現量；自證為見果，證自證為自證果，自證復為證自證果而皆現量（柏格森直覺非現量，但是率爾尋求之獨頭意識），是故無無窮過。是以無染無淨，無比無非，一入自證，悉成真實。七識執我雖為非量，然若疏緣我影，任緣第八而不執八為我，以我為八，亦復無過（六識遍計同行）。過生於執，非生於緣，是故一切真實、一切決定以是理故不同於懷疑論。彼積極論者，但為調停兩可，而此於彼一切俱非，是故不同於彼積極論。

所謂識之本質為何耶？彼未了達唯識者，或謂知識本質唯吾觀念，或謂知識本質存於實在之物體，或謂非心非物但現象耳；了達唯識義者，始知凡識四分合成。一者見，謂能識，二者相，謂所識；三者自證，此見、相二分皆依自證而起，此自證分是稱自體，此體若無，便無相見亦無量果；四者證自證，此證自證分復為自證分之量果，而復以彼以為量果俱如前說。如謂無相則無所緣，既無所緣即不成識，非於龜毛而生識故，是故不同於觀念論；如謂無見則無能緣，亦不成識，非彼虛空亦能了故，是故不同於實在論；如無自證即無相見，相見俱無即不成識，非無蝸頭起二角故，假依實有，現象依自體有，是故不同於彼現象論。從上說來，所謂知識問題，在彼則謬妄重重，乖舛莫定，在此則如實正智，金剛不搖。如何佛法同彼哲學？今之哲學，非特不知知識之來源效力本質而已，即曰彼知，亦只是知散亂意識之一部分耳！識量之廣大，彼俱不知也。

問：「人有此知識，止知有此知識可耳，更求識量之廣大有何必要耶？」答：即此知識不能孤起，相繫相成不能獨立，故有求識量廣大之必要。知識之本體名自性，自性之起必有所依，此依名根，自性依根而起矣！起必有所及，此及名塵。一識之起必有其伴，此伴名心所。

自性、所依、所及、所伴四者合而識起之事得矣！然此識起亦非徒然而起，起必有所為，此所為名作業。必有此五事而後知識之事始畢，此事雖畢，經數十年後復能記憶之，則必有攝藏此事者為之攝藏，此攝藏名八識。知識自性名六識，與知識同起之眼、耳、鼻、舌、身識名五識。五識有依根，六識亦有依根，名七識。此其識量之廣如是，而俱與知識有密切關係，知識不能離是而獨立也。是故獨隘一知識，而求知識之來源、效力、本質絕不能得其真相也。是故哲學者，無結果之學也！（上來說理稍近專門，如欲求精詳，當研唯識。）

三者，哲學家之所探討為對於宇宙之說明。在昔則有唯心、唯物、一元、二元論，後復有原子、電子論，在今科學進步，相對論出，始知宇宙非實物，不但昔者玄學唯心論、一元論無存在之理由，即物質實在論亦復難以成立。今之科學之所要求者唯方程式耳，世界之所實有者惟一項一項的事情，非一件一件的物質也！羅素之徒承風起，由是分析物、分析心，物析而心，心析而物，但有現象不見本體。夫既無本體，現象復何由而生？且既執現象實有，亦是離識有境，此種論說，以較西方舊日，誠見高明。以彼西方學說，舊無根柢，而科學勃興於二三百年間，能有此成功，亦良足欽佩。然佛法之言猶異夫此，茲以唯識之義略微解釋於後。唯識家但說唯識不言宇宙，心即識也，色亦識也。譬如於眼能見於色，是為眼識，非色非離眼識，實有以離識不起故，相分不離自證，亦猶見分不離自證，是故色非實有，但有眼識。聲香味觸法亦復如是，一切色法但為識之相分。山河大地亦有本質，而此本質即為八識相分。故曰三界唯心，萬法唯識，故宇宙離識非是實有。

復次，又當知此識亦即是妄，都無自性，何者，仗因託緣方得起故。譬如眼識生時，非自然生待因緣合，其數為九：一者根，二者境，三者作意，四者空，五者明，六者分別依六識，七者染淨依七識，八者根本依八識，九者識自種子。如是耳識生時，因緣必八，鼻舌身識因緣需七，六識需五，七識需五，八識需四，既有所仗託和合而起，故非實有但如幻耳。既無主宰亦非自然，是為依他起性。

復次，又應當知此因緣有亦不常。何者？以其頓生頓滅剎那不停故。蓋識之生，眾緣既合，種起現行，現行起時，復薰成種，才生即滅，現謝滅已，種復生現，現又薰種，種又生現，如是剎那剎那相續前後，於現生時山河大地歷歷在目，生已即滅，又復寂然。是故吾人一日半日中，已不知歷盡許多新天地矣！或曰：「既云頓生頓滅，何以吾人目視山河，但見其生，未見其滅，但見其有，不見其無？」曰：此無可疑，譬如電影，以彼電力迅速，遂乃見彼影像確然，前後始終宛若為一，而不知彼數分鐘之間，頓滅頓生，舊去新來，已易百千底片矣！宇宙幻妄，頓滅頓生，亦復如是。

復次，此雖幻有而即是識，識雖起滅無恆，而種子功能永無消滅，但有隱顯之殊，絕無生滅之事，既無有始亦無有終，是故不同彼現象論者，謂無心有事從無忽有；又不同彼斷滅論者，有已忽滅，雖則頓起頓滅，而實不生不滅。

復次，當知一人八識各有相見，是故山河大地有情各變，而非多情共一山河大地，以俗語表之，即人各一宇宙是也。雖同居共處，而亙始亙終彼此不能相離，彼不能越出彼之宇宙而攙雜此之宇宙，此亦不能越出此之宇宙攙雜彼之宇宙，是故對語一室而天地各殊，共寢一榻而枕衾各異，此中妙理更復難言。或曰：「既云彼此之天地各殊，何以復能共處一室而不相礙，又有情所變既異，云何復能共證一物耶？」答：此亦設一喻，譬如燈光，於一室中燃彼多燈，一一燈光都非相礙，一一燈光都能照室。有情變相亦復如是，業力既同，處所無異，所變相似，不相障礙，如眾燈明各遍似一，光光相網胡為礙？業力既同，處所既一，故所緣雖別，亦互證而知，雖互證知而實各證所知，非共證一知也。何者？以業力異者，雖同一處所證別故。如無病人與有病者共嘗一味，甘苦各別，由此故知境非實有，唯有心耳。

復次，既知心外無境，大地山河與吾為一，由此當悟吾人之身非復局於七尺之軀，吾人之心量廣闊如同法界，遍於虛空，自從虛妄分別遍計固執，遂乃把握七尺臭皮以為自我，自此之外別為他物。愛憎劫奪橫起狂興，歷劫沉淪永無超拔，棄捨瀛渤認取浮漚，是故佛告文殊：「善男子！一切眾生從無始來，種種顛倒猶如迷人四方易處，妄認四大為自身相，六塵緣影為自心相，譬彼病目見空中華及第二月。善男子！空實無華病者妄執，吾等眾生無始來長處夢中，沉痾莫治，今當發無上菩提之心，息此一切虛妄，復吾本性，識取自身，是為丈夫唯一大事。」

總而言之，彼諸哲學家所見所知於地不過此世界，於時不過數十年間，不求多聞，故隘其量，故局其慧。若夫佛法則異乎此，彼諸佛菩薩自發起無上菩提心、廣大心、無邊心以來，其時則以一阿僧祇劫明決此事，二劫見之，三劫修滿而證之，然後隨身現化普度有情，以彼真知覺諸後起，其說為三世諸佛所共證而莫或異；其地則自一世界至無量無邊世界而不可離，捨此不信，徒自暴絕，以螢火之光當日月之明，高下之辨不待言矣！

問者曰：「如汝所云，類為常情所難了，亦為世理所未經，汝斥宗教為迷信，汝言得亦非迷信耶？」曰：佛法之與宗教其異既如上言，此即不辨，至佛法亦有難信難解者，雖然，稍安無躁，世間難信難解之事理亦眾也，然勿謂其難信而遽斥其迷焉。譬如物質實在，此亦常人之恆情也，然在羅素等則謂無有物質只有事情，吾人遽可以常理而斥彼迷信乎？又如萬有引力之定律，二百年來人所不敢否認者也，自愛因斯坦相對論出，而彼萬有引力之定律乃失其尊嚴，吾人遽可以舊日之見而斥愛因斯坦之迷信耶？抑又如任何三角形，三角之和必等於二直角，此亦自希臘以來人所公認之定理也，然近日新幾何出，復云三角之和有大於二直角者，亦有小於二直角者，吾人又安可以常情而斥其為迷信耶？以一指翻動太平洋全體，人必曰此妄人也，此妄語也。然事有誠然，如將入此一指於太平洋中，其近指之水必排動其鄰近之容積而後能納之，此鄰近又必排其鄰近，則雖謂太平洋全體翻動亦可也。牽一髮而全身動，故必知三阿僧祇劫然後知此一剎那也，故必知無量無邊世界而後知此一世界也。是故人智原有高下之不齊，而斷不可用常情以度高明之所知，彼科學家、哲學家與吾人同處夢中者耳，智慮不齊，尚不可以常情測，佛與眾生一覺一夢，則又烏可以夢中人之知解而妄測大覺者之真證耶？如真欲斥佛法之迷妄者亦非不可，但必先讀其書，先達其旨，而後始可從事。苟於彼之書，尚未曾讀或尚未能讀，而動以逸出常情相非難，且將見笑於科學家矣！於佛法奚損毫髮耶？（以上佛法與宗教哲學之異既盡。）

王恩洋筆記

恩洋按：上來所談妙味重重，俱達問題深處，洋六月自北大來謁吾師，朝夕侍側，渥聞勝義，玄音一演，蒙妄頓消。始知昔日所治哲學，種種迷執，有同說夢，安身立命別有在也，晨鐘木鐸更焉求之，由是踴躍愛莫忍去，今以記錄之便，備以平日所聞具列如上，以餉好學。嗟乎同志，盍其歸哉！

《支那內學院雜刊》第一輯，《佛學旬刊》一九二三年九月

以俗說真佛之佛法談

將談斯旨，須先聲明者二事。一、凡學各有其學之相貌，如一般人有一般人之面貌，瘦者、肥者、白者、黑者，不一而足，今欲認識其人，則止認明其人之為白、為黑、為肥、為瘦而已，萬不可執責其人，爾奈何肥白，或奈何瘦黑。研學亦然，是故聽演講人，但須持客觀態度，不必輕肆擊抨。二、凡學各有其獨到之精神，既曰獨到，則不能以不獨到之語言名詞傳達而得其真相。故至無以迻譯時，講演人勢不能不略用幾許術語，免汩其真。是亦不可執責，爾奈何不作通俗之談，使一般人易曉耶！凡此二點，惟共諒之。

說此題之因緣

民國十二年，余曾在貴校講演佛法非宗教哲學之問題，頗引起許多時賢討論。其對此問題，有謂佛法是宗教但較高者，有謂佛法是哲學之一種者，有謂佛法是宗教、哲學兩兼有者。於是有佛法之宇宙觀，有佛法之人生觀，有佛法哲學紛紜著作，甚可研索。然仔細按覆，都覺得只是以觀世法的眼光來觀佛法，非是以觀佛法的眼光來觀佛法也；又是以世法的範圍來範圍佛法，以世法的邏輯來邏輯佛法也。此於世法雖甚的當，而於佛法則都失其廬山真面目，真面目且隔萬萬重，而即肆其批評判斷，故無論其是與不是，好與不好，而所說的都不是說此佛法一回事斷斷然也。是則皆為門外漢議論，無關得失而已。夫事有常，而必有非常者，於是有常之受範圍邏輯，而必有非常之不受範圍不能邏輯者，蓋世間所立之範圍、所建之邏輯，不能賅攝所有至理之盡絕故也。佛法在不受世法範圍、世法所不能邏輯之列，今之人每欲置諸世法範圍邏輯之列者，此所以今日談此題也。

此題之要旨

此題有二要旨。一，佛是證得獨境，佛法乃揭破獨境以餉眾生者。何謂獨境？此非指另外一境眾人皆無，惟佛為有以為獨也，此是指佛與眾生同有之境，眾人迷目不見，佛明眼見之，歷歷明瞭之所謂獨也。蓋此惟佛歷歷明瞭之獨境，非天上地下一切世境所能比擬；眾生所視天上地下之境，如帶色之鏡，所視隨色而變，如負病之目，所見隨病而變也。真有此歷歷明瞭之獨境而眾不睹，則其鏡其病為之障耳！惟淨目所視斯為真實，此所謂佛證得之獨境也。既云獨境，則凡可得而談之境，皆非其境也，其不可得而談者，乃其境也。蓋佛是欲談其所不可得而談之境，以餉眾生者也。

二，學佛是學作佛，目的在成佛，故所事重重在行在證，不特解了斯理而止。專心致志，伺駒伏鼠，惟在作佛，而豈有所利用於其間哉？亦豈為任何問題，只待以解決而已哉？真學作佛者，耳之所聆，目之所熒，心之所營，惟在所以作佛之真諦。剎那剎那，毫末毫末，唯真諦是求，遺貌取神，如九方皋相馬，嘗得諸牝牡驪黃之外，絕不以凡人所認一切之相以為其相。蓋執凡相皆假，學重破相而趣其真。由聞而思，由思而修，要皆借以作佛為究竟之筌蹄而已。初非為聞、為思、為修也。方便立言之相，若稍執著，便成大過。譬如以石擊狗，復以擊獅，其所以擊引狗獅者是人不是石，狗則但知咬石而不知咬人，獅則咬人而不咬石矣！

云何俗？云何真？云何不實說俗而必須說真？云何以俗說真？

云何俗？俗如世人所說之宇宙萬有，人生感覺者皆是此宇宙萬有人生感覺，有謂是物物湊合而主張唯物者，有謂是心心聚集而主張唯心者，有謂是一元，有謂是二元者，有謂是一椿一椿方程式者。主張唯物者，謂心有所不到之處，主張唯心者，謂物無自動之機，聚訟紛紜，迄無結論。然自佛眼觀之，皆如盲者摸象，或得其尾，謂象如帚；或得其耳，謂象如箕，都非全象，即非真見也。

佛法之認夫所謂宇宙萬有人生感覺者，乃一種能力所變現之相。但此能力，是絕對不可比方之能力，一，不痲木；二，有分別；三，能自動；四，無罣礙；五，無限量之能力也。原子分子合成之物，如几案瓦礫等類，雖能成器而痲木不仁，種種接觸而無感覺，宇宙萬有、人生感覺決非痲木不仁之所能成也。磁石引針，藥物隱形，雖有感覺而無分別，氣味冥合，非了了分明，宇宙萬有、人生感覺決非冥無分辨之所能成也。攝影機器歷歷分明，雖能辨別，而不能自動花蕊傳種，其為動也，風動之也，宇宙萬有、人生感覺絕非不能自動之所能成也。勇士之力雖能自動，而不能排山移海，勢敵力均，抵抗則礙，宇宙萬有，人生感覺決非動多障礙之所能成也。日輪地輪轉運無阻，然有限量，日輪不能轉地輪，地輪不能轉日輪，宇宙萬有、人生感覺絕非有限方隅之所能成也。

夫此絕對不可比方之能力，加不見其入，減不見其出，視之不見，嗅之不覺，聽之不聞，如月光籠罩一切，平等平等，無染淨差別可言，被其照者一切皆嵌空玲瓏，如大地回春，山河草木無大無細，一切皆生意盎然，平等平等而亦毫無染淨差別。然有其種種染淨差別者，非光與春有差別也，乃光所攝之一切、春所生之草木有差別也。此絕對不可比方之能力，亦復如是，能力無差別，能力所變現之宇宙萬有、人生感覺則有差別也。夫此無別而變有差別之能力，本無可以名之，強而名之曰識，此則佛法之所謂俗也。

云何真？真有二，曰自性之真，曰修證之真。自性之真何耶？此自性之真，無論有佛有教不加毫釐，無佛無教亦不損微末，賢智無所增，畜類亦無所減，淨而善非與之謀合，染而惡亦非與之乖離；凡物大本，字之曰性，指其大本之真而言，曰自性之真也。

凡物表面觀之，粗略觀之，止見其相而已，澈裡觀之，精細觀之，猶難見其性也。如見一物，色白而圓，名曰茶碗，此不得其真也。外皮之磁白，內質之泥團非白也，規尺交點，所得似圓，其實螺線而已；此所謂碗者，其做碗之胚形已不圓也。又如有眼、有耳、有手、有足，名之曰人，此不得其真也，但血肉皮骨筋髓之集合而已。是則所謂人生觀者，但色、受、想、行、識而已，人且無有，更何論人生觀？所謂宇宙觀者，但地、水、火、風、空而已，宇宙且無有，更何論宇宙觀？凡此種種，所謂止得其相也。然所云色、受、想、行、識與夫地、水、火、風、空者，亦但是其相，亦止較粗表者為澈底、為精細，而非澈底的澈底，精細的精細之所云性也。夫此澈底澈底、精細精細之性，自非超出世界範圍以求之，終不可得也。

修證之真何耶？就相之方面言，有認相而不錯者，有錯認其相而不知者，若能知其錯認，就其錯認者而改正之，改而又改，達到不錯認而止，然後可談證彼菩提而得彼涅槃之性，證彼菩提而得彼涅槃之性者，乃所謂修證之真也。

何謂不錯不相耶？謂夫宇宙如幻，人生如化是也。夫認為宇宙為幻，人生為化，必其已得或已悟其為至真至實之獨境，而後始能以此宇宙為幻，以此人生為化也。何也？真物不容有二，已得其一真，則其一必假故也。若不實見獨境，則現前所見止是此宇宙，止是此人生，雖百千其理，萬億其說，而終不肯信從其為幻為化也。是故初學人不可盲從迷信，而亦不可不聞佛說，因遂隨順而研究之，與世比量而探索之，求其所說之無過者而信從之，行之既久，必能悟菩提涅槃之性境，而信其所謂如幻如化不錯之相境也。

云何不實說俗而必說真？此有二義，一，有無不同；二，假實不同。真之為有實不待言矣，俗則具有所謂認錯、不認錯兩種，就其所認錯者按而求之，無此物也；就其所不錯者按而求之，雖有其物而虛假不實也。夫無其物而以為有，妄也，而其物而虛而假，則亦妄也，總而言之，惟性不妄也。若相則無論其為無、為有，而皆妄也，無中生有之妄，妄也；如幻如化之妄，亦妄也。妄固不可說也，非佛所棲之境也。說俗是說妄也，是故不實說俗也，不實說俗所以必說真也。

如謂凡相非妄，則請細細而談，如下所陳，一一有解決答覆然後可。夫世人非嘗謂宇宙人生乎？今吾有大疑問，為何一定要此宇宙？古往今來，遷流不息，豈非無事生風，無理取鬧？為何一定要此地球天空？為何一定要此飛潛、動植、人物、山河？豈非紛擾無名？憑空結撰？若夫學問家種種研究宇宙如何構造、人物如何產生、宇宙是何物事、人生是何問題，尚是解決肯定必須此宇宙人物後之第二個問題。而此必須宇宙人物而解決而肯定之問題，無論誰哲學家，恐終古還不出正當答覆也，夫還不出正當答覆之物，謂非是妄而何？又研究學家所仗以衡量一切者，非因果律乎？就佛法談俗事上因果律之最大者而言，無過十二緣生、無明緣行、行緣識等。此一切等等起於無明，遞於諸果之因為無明也。然無明之因何起耶？曰起於不如理作意。不如理作意之因又何起耶？曰起於遍計所執。遍計所執之因又何起耶？推之至於無窮，而無能止之一日。如牛乳因水草，水草因雨露，誰復因誰，以至於無窮也。

是故說此因果問題犯三種過，說因無究竟者，犯無窮過；說因有究竟者，犯斷滅過、犯不平等過。無窮過如上所說是已，斷滅過及不平等過者，譬如宗教家說上帝，科學家說言物性，笛卡兒之重真我；謂上帝造萬物，問誰造上帝，則云惟上帝自爾造萬物，更無待造上帝。無待造上帝，上帝則無因，無因則斷滅，是謂犯斷滅過；萬物為上帝造，上帝不為誰造，則不平等，是為犯不平等過。物性生物理而無誰生物性，真我證真理而無誰證真我，其斷滅不平等亦復如是。所謂因無究竟者犯過，因有究竟者亦犯過也，而亦皆是被生而追究不出其生生也，安得不謂之妄耶？又一切俗相，無非以對待而有，以對待而生，此有故彼有，無能自有；此生故彼生，無能自生，如有生方有滅，有滅方有生；有明方有暗，有暗方有明；有色方有空，有空方有色。善惡、動靜、得失、一多、從違、憂樂，一切一切，無量無量，莫不皆然，無有不然。夫物無能自生，無能自有，又安得不謂之妄耶？妄固非佛境也，志在使人作佛，是故不談俗也。

云何以俗說真？此佛不得已之苦衷，亦佛善巧方便之說法也。佛一心一意欲說其獨境為眾生享受，而又不可得而說，乃萬不獲已，而設此善巧方便之法以說之，所說者俗而所指者真，此之謂以俗說真也。蓋凡言說，必依事物而發出，若無事物可依，則此言說無從發出，是故持堂堂之陣，正正之旗，萬萬不能成事也。然事有聲東而擊西，物有旁敲而正動，理有關係而連帶；說此必有其彼在，說遮必有其真在，說假必有其實在，是則說俗必有其真在。以舉一反三之法，不作正比例而作反比例，以出之使智者自悟而得之也。若彼愚者苦執現成，萬萬不能得也，則雖佛亦無如之何也。

佛四十九年未嘗說一句實話，蓋凡所說，皆據此而說彼也；佛四十九年又未嘗不說一句實話，蓋雖據此，而語語說彼，彼之為真為實故也。佛一生說法，不外四句，亦稱四嗢柁南，曰諸行無常、有漏皆苦、諸法無我、涅槃寂靜是也。前三句是俗，後一句是真，真則常樂我淨，而此常樂我淨在此世間事上說之，則為四倒。凡外道神我之常遍，自在天唯我獨尊之我，現法涅槃之樂，比比皆是也。此世間事上，委實是無常苦、無我煩惱不淨也。佛四十九年皆說無常、說苦、說無我者，但說此世間之幻化，而於彼出世間之真實，欲使人因此自悟而得之也。並非實說無常、實說苦、實說無我、實說煩惱不淨也。佛四十九年最後臨終，忽反其一生所說，而說涅槃常樂我淨者，亦非反其前說也。前說如畫龍，後說如點睛也。蓋前說無常苦、無我煩惱不淨者，即是以旁敲側擊之法，而說後此之常樂我淨也；後說之常樂我淨者，即是標出其一生所說，無常苦、無我煩惱不淨者之所為之所主旨也。然涅槃一部，亦但是作四十九年方便說法之解釋耳，亦仍是以俗說真也。

真正之涅槃，真正之常樂我淨，不可得而說也，要待自行而知自證而得也。夫自行而知涅槃，自證而得常樂我淨，與彼長夜淪迷，終不出此無常、苦、無我、煩惱不淨之世間相提比較，其為值得在此在彼，人皆有知必能自抉擇也。涅槃此云真解脫，解脫此間一切纏紛而已。若云消極若云死滅，若云黑漆一團，皆不認得其人之黑白肥瘦，而即判其媸妍者流也。

結論

真不可說，俗可說。但說俗假俗錯，則真實回自顯，有假必有真故，非實說俗故。

張熖、孫至誠仝記

《海潮音》第十三卷第六期，一九三二年六月

談內學研究

今談內學研究，先內學，後研究。

內學之謂內，有三義：

一、無漏為內，有漏為外也。《雜集論》云：「墮於三界為漏。其有漏法即流轉法，與還滅法截然二事；猶水與火，猶黑與白，以其種子即成二類也。」昔人於此每每講錯，以為真如本淨也，煩惱染之則流轉，煩惱遠離則還滅，二者相替如輪轉焉，而不知其實不相謀也。

因此而談，儒家所云人欲淨盡天理純全，措語亦有病。孟子亦云：「養心莫善於寡欲」，宋儒註云：「寡者非絕，於此知其夾雜不純也。」此在佛家謂之雜染，一分染亦是染法。染則須絕，非徒寡之，故儒家所云寡欲，表面似有理，實則雜理，欲二者成黑白業，仍屬雜染，不究竟也。儒家又云：「大人者不失其赤子之心者也，」此赤子之心即雜染，而以為天理，故理終屬不淨，亦猶驢乳終不可為醍醐矣！儒家而外，如現行耶教講愛亦屬偏頗，不能及物，故殺生非所禁戒，此皆成其為有漏與外而已。從無漏種發生，即不如是，故云：「有無漏可判內外，」其理應於《大論》真實品中詳求。四真實中，煩惱障淨智所行與所知障淨智所行，皆以純淨得名真實，內學即應認清此真實。又此雖就現行立說，所從來者乃在種子；此無漏種子之義，雖自後人發明，然其道理建立不可傾動。

二、現證為內，推度為外也。如今人言哲學、研究真理而不得結論，以其出於推度；人各不同，遂無定論也。若出諸現證，則盡人如一，無有異說。如見物然，同見者分說同，出於想像則不同也。以是先佛、今佛、當佛皆言四諦，大小、空有、顯密乃至諸宗疏釋亦莫不說四諦，以其現證同而立說同也。又如諸佛以苦空、無常、無我為教，乃至涅槃言常亦為無常之註腳，此又現證同而立說同也。由此即得結論與哲學有異。

余常云：「內學為結論後之研究，外學則研究而不得結論者也。」此為內外學根本不同之點，由此內外方法亦不同。哲學每用比方，以定例為比量，即有範圍限制。如以三百六十度測周圓，二直角測三角內和，皆屬一定限制，不論圓角之形、大小如何，皆不出此限制，哲學家用心思推測，無論各人推測如何，而均在不得結果之一範圍內；人心所限制然也。內學則不如是：期在現證，無用比度，如說四諦，即是現證，即是結論；研求結論，乃有種種解析方法。又如不能理會苦而說苦由無常，復由種種分析以明無常，此皆為教導上不得已之辦法，故內學所重在親證也。然學者初無現證，又將如何？此唯有借現證為用之一法——所謂聖教量也。有聖教量，乃可不憑一己猜想；若不信此，亦終不得現證。世間哲學家即不肯冒險置信聖言，以為迷信，處處須自思一過，遂終墮於推度矣！此又內外分途之一點也。

三、究竟為內，不究竟為外也。經云：「止有一乘法，無二亦無三。」故佛說法無不究竟者，惟此就起點含有全體而言。雖始有未竟，而至終則究竟，如不了義經，得其解釋終歸了義也。《無量義經》云：「四十九年皆說法華，其間雖實說三乘法，意則均在法華也。」故云：「教則為一，乘則有三。乘以被機有三，實亦各究竟也。」由此，內學者應生心動念，皆挾一全法界而來，大悲由此起，大智從此生。即如大乘唯識說阿賴耶，亦以其挾全法界而得究竟也。此種全體大用上講求是為內學，反此皆屬外學。

次言內學研究，即知所研究者，為無漏現證究竟之學而起研究也，此可分人、法兩者言之。法是所學，人是能學，各有四端。

法有四者：一研究之必要，二研究之範圍，三研究之所務，四研究之方法。今一言研究之必要，先以理對學論之。

其一，理是法爾，學是模填。法爾八萬四千法門，言議不及，禪家每用但字調，以為但得即是，然此意仍可商，今謂法爾未得，先事模填，如畫作模填采也。學問即模填之事，可以由得法爾，故屬方便，非真實。

其二，理是現在，學是過未。以學過念即非，落第二著。即云參究，亦落次念，成為過去，惟由此方便得到現在。

其三，理是現量，學是比量，學為方便，則屬借用現量信解道理。能處處作此觀，開眼生心皆此道理，則可以發生現量。此義見真實品，故學雖比量，而是現量方便。

其四，理是無為，學是觀察。此乃本其所有而精細審量，亦得證會無為。

其五，理是不動，學是建立。理皆法爾常住，有佛、無佛不稍動移，學由人興，故出建立，但由學可證理。

其六，理是真如，學是正智。

其七，理是無分別，學是有分別。

其八，理是離心意識，學是猛用六識。此皆如前分別可知。

次以教對學言之。教待機感，而有權實半滿漸頓，又有詳略異門。由學研理，教仍是一，以是各端研學有必要也。

二、研究之範圍。但研究教，即概括宗在內。宗是總持，非差別非分析而亦不能違背三藏，實亦是教，今即總談教而不別開。

教分西方、東方。西方教先有三藏，經律則為阿難等在王舍城所結集，以十二分教攝大小乘攝論議。又有律，為耶舍等在吠舍離之結集；又有論，為帝須等在華氏城之結集。自此以後，有大小、空有、顯密等別，而其學悉薈萃於那爛陀寺，蓋自佛滅以後，講學範圍之寬，無能逾此地者，西方佛學亦以此為終。

東方佛學，如關中之空，慈恩之有，匡廬之淨，曹溪之禪，南山之律等，皆本諸西土。此中禪宗雖雜有我國思想，然理與空宗相合之處，仍出西方也。

今茲研究範圍，應全概括諸教，範圍不寬則易衰歇，昔日空有諸家，其前車也。但佛教範圍雖大，內容仍是一貫，仍有條理充實。今之研究亦將由分而合，以期成一整體之佛教。言余素顯，乃在建立支那之那爛陀矣！

三、研究之所務。此宜擇要而談，又分兩端：

其一，要典。依余見解，必由唯識入門，故應誦習之籍，初為一本十支論，次為掌珍四論，次為俱舍、成實毗曇，次為四舍，次為四律五論。餘有密典，重在事相，必明理相而後可習。

其二，要事。讀要典竟，應作以下各事。

（一）經論異譯比較，舊譯不必盡誤，仍有所本，仍有其學問。如《楞伽經》，由會譯比較，乃見舊時魏譯最好。又有翻譯經，久不得定本者，則須參互考訂以定之。此為吾人應作之事，凡不能翻譯者，尤宜肆力於此。

（二）藏梵未譯研求，此有賴於翻譯。

（三）密典純雜考證，又咒印彙考，由此乃能習密宗。

（四）律典各部比較，由此可見各派異同，又可改正舊行各律之不合佛利者。

四、研究之方法。此宜知四入、四忌。

四入者：

（一）猛入。此如數百卷書之一氣連讀，又如任何種類之取裁，不分晝夜之思，又如空宗之般舟三昧，教中蓋有如此猛晉之事，未可忽視也。

（二）徐入。此謂融貫、浸潤、結胎、伺鼠、湊拍、節取，而後有生發。

（三）巧入。此有反證借徑等法，三藏十二部皆反覆申請之言，而能入之法不一。如佛法本甚莊嚴，宗門之悟道乃向青樓浪語中得之。

（四）平入。此謂循習而純熟。

四忌者：

（一）忌望文生義。

（二）忌裂古刻新。

（三）忌彎強會違（此為泥古不化）。

（四）忌模糊尊偽（如華嚴學者之尊「起信論」）。

次言研究人有四者：一、研究之因力，二、研究之可能，三、研究之緣助，四、研究之興趣。

一、研究之因力。平常但言求離生死，因猶不真。今謂另有二語曰：「親證法爾，大往大來。」證法爾即發菩提心，所謂菩提心為因也；大往來即大悲，所謂大悲為根本也。因須通盤打算，而後有力。因謂依，是人依我，非我依人；因又謂自，仗自不仗人。所謂法爾，即自也；萬法皆由法爾緣起，故有力能生。儒家亦有如此理者，如象山云：「六經皆我註腳。」佛學亦然，從親證法爾下手，則十二分教皆我註腳。毗盧遮那頂上行，禪宗境界亦不過爾爾。

大往大來由於信得因果。因果須合三世觀之，業有生受、現受、後受，不能拘拘一生以談因果；信此，則得大往大來。此雖老生常談，然今之學者不於此致意也。學者如以信因果心為根本，聞薰亦可依恃，不定須念佛等，此非反對彼等法門，但於此見出因力不退之理，《大論》有云：「自因力不退，可以為因他力加持力皆退，但可為緣。」故求不退，應薰因力大往大來，時間則三無數大劫，空間則大千沙界無量眾生，以他為自而思及眾生，此特擴而張之，即是因力，前所云挾法界以俱來也。此是大悲為本，是真佛學。

二、研究之可能。此謂六度，乃為自憑藉者也。

（一）布施。無我歸命為布施，不留一毫私用，將此身心奉塵剎乃有力量，孟子所云：「能盡其才者也」，佛希望人皆盡其才，皆以出世法為目標而歸命。

（二）持戒。此就可能為言，制之一處，事無不辦。戒如馬捋，馬受捋則力強而行速；學亦以戒為方便，而後有可能。吾人經驗中，亦有此證明，如作事不廢時光，日計不足月計有餘；但亂念極耗歲月，去亂念即是戒，此不可作陳腐語看。

（三）忍辱。諦察法忍之為忍辱，諦察則有味。《易》云：「苦節不可貞，其道窮也。」有味乃不窮，乃有生發，觸處洞然，而後能耐。又道理一種涵萬，必細察乃省，前云四入之徐入，與此相應。

（四）精進。此是能力根本，佛力充足，全在精進，如世親治小乘，則由有部而經部，而俱舍，繼而捨小入大，則又先法相，而後唯識，健行不息，此最能精進者也。精進為因，般若為果，般若為相為體，精進為可能為功用。又般若為總相，精進為條理，故佛智骨髓在此，空宗貫六度以般若，相宗貫六度以精進，即是意矣。

（五）禪定。畢生定向無他志，是為定。

（六）智慧。此應注射於無師智、自然智。此雖非當下可得，然應隨順趣向乃至臨入。讀書多聞，尤須於此致意。

三、研究之緣助。有三：

（一）指導門徑。欲學之省時省力，不可無師，不可我慢，然今人時習甚重，每每趨向無師。另有顓固者流，如天台家解說梵網四十二經，曲為說法一戒，以為不可為在家人說，在家無師範故，此則限制師道於極小範圍，心地何等狹隘。後來太賢即引「纓絡」夫婦可以互授之說而駁之。「纓絡經」雖待考，然此駁固是。依《大論》所說，比丘可在在家人邊學，故維摩為文殊說法。如天台家言，此：又謂之何？可知其說或出於我慢耳。凡指導學者門徑者，不限出家或在家。師義亦有三類圓滿師、分證師、接續師，不知接續師，即不能擔任，即是輕法犯戒，極宜慎之。

（二）問辨釋疑。此乃朋友之事，因其能委婉曲折而盡之。

（三）多籍參考。或乃求師友於古人，或聞時論於異域。

四、研究之興趣。研究須合眾，離群索居則無生趣。故研究此學，（一）須朝夕之過從，（二）須風物之怡快以暢天機，（三）須有暮鼓晨鐘之深省。具三事而後興趣勃勃也。

大師於民國十四年九月第十二次會，又出研究應作事五條，與此所說後先相涉，因附錄於次，以便參考。

附錄　說今後研究應作事五條

一、研究大乘龍樹無著學，須先治所系經，而會通其法義。

龍樹學所系經	無著學所系經
華嚴（漸備）	十地淨行等（莊嚴攝論所引）
寶積（彌勒問密跡力士）	菩薩藏會普明會（大論引）
大集（無盡意般舟）	無盡意
維摩詰	同
華手	（未見引）
涅槃（法雲大雲為涅槃部大方等無想經）	（天親論）
般若波羅蜜	同
無量義	同
法華	（天親論）
六波羅蜜	同
本起因緣	（未見引）
斷一切眾生疑	（未見引）
天問（即思益）	（天親論）

阿彌陀佛……………………………（倫記引又無量壽論）

首稜嚴…………………………………（未見引）

師子吼…………………………………（大論引）

此外有楞伽、深密、佛地、金光明、文殊問（天親論）、大乘同性、如來藏、無上依等。

二、研究小乘俱舍、成實學，今所急者有二事：（一）以順正理作仲俱舍（經部義已有治者，不錄），（二）除身義毗曇外，以除毗曇釋成實。

三、研究阿含，須注意長中增一及餘零冊之治（雜含已有治者，不錄）。

四、研究大小乘律學，應治三事：（一）大乘經論中談律散文，撮聚一處名為大乘律聚；（二）小乘律先治善見律《毗婆沙論》，繼將勵宣素三家書比較，立三家異義表，見中國律宗之精華；（三）小乘有部律最完備，應先治十誦、薩婆多毗尼二論，繼將義淨譯毗奈耶撮摘其要，名為淨譯標目，亦名有部作持標目。

五、研究真言學，應治二事：（一）以雜密次第法門為事相證據，用勘純密，而清其混亂法，（二）以龍樹無著教義為理相證據，用勘密籍，而簡其相似法。

今日之佛法研究

解釋此題可分數層：

一、佛法（此即研究之境）。

二、佛法研究（此即研究者之行）。

三、今日之佛法研究（此即研究者隨分之果）。

第一云佛法者，其詳可列一表如次：

- 佛法
  - 不可言說
  - 方便言說
    - 事（諸佛語言 九事所攝）
      - 所學事
        - 蘊、處、緣起、界、諦、食（境）
        - 菩提分（行）
        - 佛弟子（果）
      - 能學人
        - 八眾

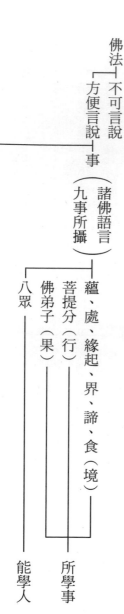

義
- 小乘
  - 蘊假、界處實
  - 蘊實、界處假
  - 蘊處、實界假
  - 三法皆實
- 大乘——三法皆假
  - 空宗—涅槃—寂靜
  - 相宗—知見—圓明
  - 結論
    - 寂靜而圓明
    - 圓明而寂靜

依表解釋，若說佛法實有勝法可學，此即魔說而非佛說。佛法乃日常應用恰到好處之事，亦猶人生眠食起居，不足希奇。無論佛出世若不出世，法性安住，法住法界，法爾如是。佛有所說，但老實人說本分事而已，論其實在固不可言說也。

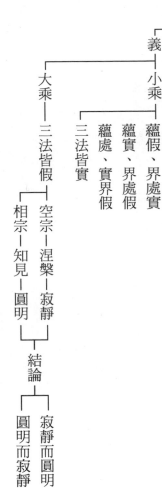

然凡愚未能遽語於此也。凡外造三惡趣因，墮於有見；小乘偏執我空墮於斷見；二皆增損，皆非老實，更不是說本分事。佛以大悲心憫凡愚之迷惘，從旁面反面而為說之，惟恐忌諱不說正面。所謂從反面說之者，有如空宗說一切俱非而顯法性。從旁面說之者，有如有宗以二空所顯而說真如。凡此皆方便之說也。

余二十年來談空談有談小談大，時苦不能貫通，然今依教法乃得文字上之一貫，悟佛說方便之法門。一貫之說無他，事義之分別而已。大小空有所依之事皆同，所謂諸佛語言九事所攝，又謂乘則有三教則唯一也（九事詳如表列）。然三乘於同依之事，說義即有不同。小乘解釋三法有假有實，乃隨少分所見以談，未能圓滿。大乘證見既周，乃說三法皆假。其中復具空有兩輪，不可傾動。不知空而言有，此乃空前法相，所謂毫髮不可有者。既知空而言有，此乃空後法相，所謂毫髮不可無有者。二輪相成，不可缺一。

然復分二宗言之者，如云遍計一切非是，又云依圓一切皆是，此之是非一時不能並舉，並舉適成自違，以是各就一端言說遂成兩面也。空宗說無餘涅槃一切皆空，寂靜不起，此指體言。若正說也，即錯同外道，故但從遮而顯。相宗說涅槃同時之菩提知見，相貌圓明，無一毫之欠缺，此就用言，故從善巧方便而說也，二宗之不相蒙如此。

由空有二宗以談佛法結論，則寂靜而圓明，圓明而寂靜二語而已。合圓明、寂靜為一片，而後言寂靜不失於枯槁，言圓明又不失於浮囂，禪家所謂日在上方諸品淨者，彷彿似之。然此皆言說事，學佛究竟猶不可拘此言說也。

第二云佛法研究者，因寂靜圓明之境，非世間眾生所知，必無漏人乃見得到。此境既非世智所知，即不可以世智相求，於是研究上有兩種困難：

一、苦無出世現量。

二、苦世智不足範圍。

正面無路，乃不得不假借。

一、假聖言量為比量。此雖非現量，而是現量等流，可以因藉。此為假借他人。

二、信有無漏本種，久遠為期，以是發心，最應注意。此為假借他日。

準是研究，有二要語應知：

一切佛法研究，皆是結論後之研究，非研究而得結論。

舉例釋之。如以佛說諸行無常為結論，而研究得其因於生滅。又以有漏者苦為結論，而研究得其因於無常。又以諸法無我為結論，而研究得其因於苦。如是展轉相比，道理盡出，即是研究。否則但知言苦，不詳因緣，他人何不可無因而言樂？故學佛者全須用心思惟，徑路絕而風雲通，佛學有之。然不先有結論，專憑世智思量，則亦漫無歸宿而已矣。

於是又得一研究之重要方法曰：

多聞，聞持，其聞積集（比較會通），薰生無漏。

是數語也，亦可易辭言之曰：

多聞薰習（他力），如理作意（自力）。

第三云今日之佛法研究者，其事有二：

一、須明遞嬗之理。

（一）佛在世時說法隨機。此在當時未即記載，但於大小空有，義理皆具。後來菩薩詳細發揮，總不外其範圍。若並此一層亦不置信，則魔外並起，無從分割。

（二）佛滅度後，二十部小乘興諍，此皆切實可資研究。今人對於大眾立義，每有望塵莫及之歎，而小乘思想接近，亦可藉以引導也。

（三）龍樹破小。此為大小轉移之一關鍵，所云一切皆空者，空其可空，乃最得我佛之意。

（四）無著詳大。此繼龍樹之說而圓滿之，故二家缺一不可。

（五）唐人薈萃。此於無著以來各家學說皆得會通。然其後絕響及千餘載，今繼唐人，須大家擔當。

二、須知正期之事。

（一）整理舊存。此有二事：簡別真偽，一也；考訂散亂，二也。真偽之簡別在不輕置信，在讀書細心，終於無漏引生知其相應與否。至為此初基者，則多聞也。多聞乃膽大，乃心細，乃眼明，而有判別。又舊存之書多有散亂，必考較異譯論其短長，為之勘定，而後可讀。

（二）發展新資。此亦有二事：借助梵藏文，一也；廣採時賢論，二。梵藏文中要籍未翻者極夥，如能參閱其書，多所依據，立論乃確。時賢議論不必盡當，惟讀書有由反面而見正面者。如法相要義散漫難尋，吾昔年讀《掌珍論》中駁相應論師數行，而得相宗大概；又如因大乘非佛說而得研究途徑，證明大乘實有演繹佛說而成之義；皆其例也。

本題解釋且盡於此，其中精微，他日當自為文以發之。

佛法為今時所必需

云：何謂佛法為今日所必需耶？答：此問題先需聲明幾句話，便是一切有情，但有覺迷兩途，出迷還覺，捨佛法別無二道，是故欲出迷途必由佛法。佛法者非今日始需，又非特中國人始需，又非特人類始需。佛告須菩提：「諸菩薩摩訶薩應如是降伏其心，所有一切眾生之類，若卵生、若胎生、若濕生、若化生，若有色、若無色、若有想、若無想、若非有想非無想我皆令入無餘涅槃而滅度之。」遍極大千沙界，窮極過現未來，一切一切，無量無邊，皆佛法之所當覆，皆菩薩之所當度者。而於時間則分現在，於空間則分中國，於眾生則分人類；而曰人類當學佛法，中國人必需佛法，現在當宏佛法，若是捨棄菩薩大願，是為謗佛法非宏佛法也。然而謂佛法為今日所必需者，謂夫時危勢急於今為極，迫不及待，不可稍緩之謂耳！

縱觀千古橫察大地，今日非紛亂危急之秋乎？強凌弱，眾暴寡，武力專橫，金錢驕縱，殺人動以千萬計，滅國動以數十計，陰慘橫裂禍亂極矣！雖然，此猶非所最痛，亦非所最危，所謂最痛最危者，則人心失其所信，竟無安身立命之方，異說肆其紛披，竟無蕩蕩平平之路。莊生有云：「哀莫大於心死，」而身死次之，心既失其所信而無可適從，於是言語莫知所出，手足不知所措，行為不知所向，潦倒終古酲痗一生，如是而生生曷如死。且夫人心不能無所用，不信於正則信於邪，人身不能無所動，不動於道則動於暴，如是則盜竊姦詭何惡不作矣！然則，今日世界之亂特其果耳，今日人心之亂乃其因也。蓋彼西歐自希臘羅馬之末，國勢危惴，學說陵夷，於是北方蠻族劫其主權，復有猶太耶教劫其思想，千餘年間，是稱黑暗時代，然人心不能久蔽而不顯，思想不能久屈而不伸，爰有哲學家破上帝造物之說，除迷信，研形而上學，而一元二元之論，唯心唯物之談，紛紜雜出。

嗣有科學家研物質學，創造極多，而利用厚生日用飲食之事於茲大備，二者之間，科學盛行。持實驗主義者，既不迷信宗教亦不空談玄學，以為人生不可一日離者，衣食住也，要當利用天然以益人事，本科學之方法謀人類之幸福耳。夫利用厚生亦何可少，人類一日未離世間，一切有情皆依食住，是故科學家言甚盛行也。雖然，人心不能無思，所思不能以此衣食住為限，人心必有所欲，所欲不必唯在物質之中，而欲人之盡棄哲學妙理而不談，而不思，而不欲。此大不可能之事也。又況唯是主張人生，於生從何來，歿從何去，一切不問，但以數十年來寒暑之安樂為滿足，其或有鄙棄此數十年來之寒暑為不足，而更思其永久者，則又將奈何？又況科學進步，物質實在之論，既已不真，蓋彼愛因斯坦輩之所要求者，唯一方程式耳！羅素輩目中所見之物非物也，所見之人非人也，一件一件的事情由論理學而組織之耳！由此以談，則所謂人者何？一方程式耳！物質者何？現象之結合耳！如是一切虛幻，除虛幻更無有實，是人生之價值既已完全取消，又何必勞勞終日，苦心焦思，以事創造，以事進取耶！

是故今之哲學家言，科學家言，大勢所趨，必歸於懷疑論。然於此際有異軍起，一切哲學、理智及科學方法、論理學概念廢而不用，以為此皆不足以求真，皆不足創造，而別有主張，號為直覺；謂此直覺但事內省，便可以得一切真，見一切實，便可以創造進步，使生命綿延於無窮，則所謂柏格森者是也。平心論之，人類之行為豈果出於理智？一舉一動而必問其所以然，而必推其結果，則天地雖大，實無所措其手足矣！是故為行為之動力者純屬感情，則欲事創造生活良以直覺為當。雖羅素主張理性，而於行為則認衝動為本，故欲生命之綿延，柏氏主張誠非無見。又科學之組織，純以概念觀念為具，以方程為準，概念也，方程式也，皆名言也，皆假說也。名言所得，唯是名言；假說所得，唯是假說，欲求本體，親證真實，愈趨愈遠，是故柏氏之反對科學，亦非無故。雖然，彼所主張之直覺，遂至當乎？遂無弊乎？當知吾人同在夢中，於此夢中，一切之意志感情知識均不可恃，則彼直覺亦胡可恃，蓋雜染種子，紛措混淆，隨緣執我，所得常為非量故也。直覺之說非至當也，而彼主張理性、主張科學者，又即以修正此情感衝動之錯誤為其理由。故羅素反對柏格森曰：「文明人都由理智，野蠻人反之，人類都用理智，動物反之，如尚談直覺，則請回到山林中可也。」以吾觀之，使今人準柏氏之道而行之，棄科學規律而不用，盲參瞎證，取捨任情，其不流入武斷派者鮮也！是故今日哲學界之大勢，一面為羅素之現象論，一面為柏氏之直覺論，由前之勢必走入懷疑，由後之道必走入獨斷。平心而論，羅氏、柏氏果非昔日之懷疑派獨斷派乎？不過科學進步，其所憑藉以懷疑獨斷者根據既厚，以視昔之懷疑獨斷者為有進步焉耳！然在昔懷疑獨斷風行一世之日，又豈非持之有故，言之成理，而莫可奪者？後之視今，亦猶今之視昔，二者之辨，相差何能以寸也。

抑又以理推之，今後之哲學當何如耶？吾意繼羅、柏而起者，必有風行一世之虛無破壞斷滅派，何者？西方哲學於相反兩家學說之後，必有一調和派出現，而二氏之學，果有調和之餘地乎？以吾觀之，於善的一面都無調和之餘地，於壞的方面，則融洽乃至易也。何者？由羅氏之推論，歸於一切皆虛，然懷疑至極，終難捨我，要知我執至深，隨情即發，縱理論若何深刻，此我終不能化，羅氏既於哲理，一面破壞所謂人之實在也，然而仍復主張改造，主張進化，我既虛偽，改造奚為？故知其非真能忘我也。由我見之存，則柏氏直覺之說即可乘機而入。其必曰：「一切皆假，唯我是實，但憑直覺，無為不可。」以羅氏之理論，加入柏氏之方法，自茲而後，由懷疑而武斷，由武斷復懷疑，於外物則一切皆非，於自我則一切皆是；又復加以科學發達以來，工業進步，一面殺人之具既精，一面貧富之差日遠，由茲怨毒潛伏，苦多樂少，抑鬱憤慨之氣，充塞人心，社會人群既無可聊生，從而主張破壞，主張斷戚，機勢既順，奔蟄朝東，是故吾謂二氏之後，必有風行一時之虛無破壞斷滅派出世也。

諸君！諸君！此時非遠，現已預見其倪，邪思而橫議，橫議而狂行，破壞家庭，破壞國家，破壞社會，破壞世界，獸性橫流，天性將絕，馴至父子無親，兄弟相仇，夫婦則獸合而禽離，朋友則利交而貨賣，當斯時也，不但諸佛正法窒礙不行，即堯舜周孔所持之世法亦滅亡淨盡，人間地獄，天地鐵圍，危乎悲哉！吾人又當思之，宗教果無死灰復燃之日乎？吾意當彼文離滅裂之際，人心危脆，必有天魔者出，左手持經，右手持劍，如穆罕默德之徒，芟夷斬伐，聚殲無辜，又必有若秦始皇坑焚之舉，今古文獻，蕩滅無餘，以行其崇奉一尊之信仰。何者？狂醉之思想，非宗教固不足以一之，紛亂之社會，非武力固不足以平之，而脆薄弱喪之人心，又至易以暴力宗教懾服之也。若是則全球盡為宗教暴力所壓服，而人類黑暗之時代復至矣！羅素在北平末次講演告我國人曰：「中國人切莫要單靠西方文明，依樣模仿的移植過來，諸君要知西方文明到現在已經走入末路了，近幾十年來引入戰爭一天甚似一天，到得將來也許被他那文明所引出的戰爭將他那文明摧滅了。」此語之發，非無故也。吾人今日而不急起直追，破人類一切疑，解人類一切惑，除宗教上一切迷信，而與人類以正信，闢哲學上一切妄見，而與人類以正見，使人心有依，而塞未來之患，是即吾人之罪，遺子孫以無窮之大禍矣！諸君諸君，心其忍乎？

方今時勢之急，既有若此，然而求諸近代學說能有挽此狂瀾預防大禍者，縱眼四顧，除佛法曾無有二，蓋佛法者真能除宗教上一切迷信，而與人以正信者也。佛法真能除哲學上一切邪見，而與人以正見者也。何以故？宗教家之信仰唯依乎人，佛法則唯依於法，宗教以上帝為萬能，佛法則以自心為萬能，宗教以宇宙由上帝所造，佛法則三界唯心萬法唯識，山河大地與我一體，自識變現非有主宰，宗教於彼教主視為至高無上，而佛法則種姓親因唯屬自我，諸佛菩薩譬如良友但為增上，又當知即心即佛，即心即法，心佛眾生平等無二，從此則依賴之心去而勇猛之志堅矣！抑又當知，彼諸宗教唯以天堂為極樂，以自了為究竟，實亦不能究竟，而佛法者發大菩提心，發大悲心，自未得度而先度他，三大僧祇皆為度眾，是故菩薩不捨眾生不出世間，寧自入地獄而不願眾生無間受苦。然則，佛法與宗教之異非特真妄有殊，抑亦公私廣狹博大卑陋永異矣！

復言佛法與哲學異。哲學家所言之真理乃屬虛妄，佛法言真如乃純親證，哲學家求真理不得便撥無真實，佛法則當體即是更不待外求；哲學之言認識但知六識，佛法則八識五十一心所無不洞了；哲學家唯由六識計度，佛法則以正智親知；哲學家不走絕端則模糊兩是，佛法則如如相應真實不虛；哲學家於宇宙則隔之為二，佛法則與我為一；哲學家則迷離而不知其所以然，佛法則親親切切起滅轉變一唯由我。以是之故，哲學家不走入懷疑而一切迷妄，則走入武斷而一切固執，佛法則真真實實，是是非非，有則說有，依他幻有圓成實有故，無則說無，遍計俱空。由是一切諸法，非有非無，亦有亦無，實有實無，不增不減，不迷不執，遠離二邊，契會中道。由上之故，一切哲學唯是說夢，於人事既無所關，於眾生且極危險，懷疑武斷易入邪見故，入邪見者執斷執常，計有計無。計無之禍其害尤烈，何以故？一切虛幻都無所有，善既無功，惡亦無報，更何為而修習功德，更何為而濟度眾生？由彼之言，必至任情取奪，異見橫生，破壞一切世間出世間善法故。而在佛法則異乎此，所謂依他如幻，以因緣生故，如幻有相，相復有體即真如故；所謂一切唯識，但遮外境而不遮識；當知一切有情皆有八識、五十一心所，無始以來與我光光相綱，俱遍法界，必發大悲大願之心，與之同出苦海，不似計滅者，竟至忘情背恩入險薄故。又當知依他起性，如幻起滅，而真如體如如不動，不增不減，無生滅故，現識雖復時起時滅，而八識持種永無壞故。由斯過去、現在、未來恆河沙劫永非無有，以是因緣常勤修學，自利利他，善惡果報，毫髮不爽故。故哲學為危險之論，佛法為真實之談，取捨從違理斯準矣！

諸君應知吾言佛法非宗教非哲學，非於佛法有所私，非於彼二有所惡也。當知一切宗教家、哲學家皆吾兄弟，彼有信仰之誠是吾所敬，彼有求真之心尤吾所愛，惟彼不得其道，不知其方，是用痛心欲其歸正。又應當知佛法陵夷，於今為極，諸信佛法者流，不同二乘之顓愚，則同外道之橫議，坦坦大道荊棘叢生，自近日西化東來，仍復依稀比附，或以擬彼宗教而類我佛於耶穌，或以擬彼哲學而類三藏於外道，婢膝奴顏苟且圖活，此非所以宏佛法，是乃所以謗三寶也。諸君應知天地在吾掌握，吾豈肯受教之束縛，萬法具吾一心，吾豈甘隨哲學而昏迷，一切有情，但有覺迷兩途，世間那有宗教哲學二物，當知我佛以三十二種大悲而出於世，三十二種大悲者，即悲眾生起一切執生一切見耳。一切見中差別有五，一、我、我所見，二、斷常見，三、邪見，四、見取，五、戒禁取。見取者何？謂於諸見及所依蘊？執為最勝一切鬥諍所依為業。戒禁取者何？謂於隨順諸見戒禁及所依蘊，能得清淨無利勤苦所依為業。所謂哲學，即是見取一切鬥諍之所由興故，所謂宗教，即戒禁取一切無利勤苦所由起故，是二取者，佛法之所當闢，而何復比附依違之也。

或復難曰：「佛法誠高矣！廣矣！雖然，當今之世有強權而無公理，使人皆學佛，則國不亡種不滅乎？又況乎佛法以出世為歸，以厭世為始，一切都是消極主義，於人類之生存世道之混亂有何關乎？」

答曰：凡此之難，如前所言俱可解答。彼輩之惑，蓋一則以宗教例佛法，一則以二乘目大乘故耳。今復總答此問，一者，當知佛法根本乃菩提大願；二者，當知佛法方便多門不拘形式；三者，當知學佛要歷長劫，菩提大願者，求正覺而不求寂滅故，眾生不成佛我誓不成佛故，由此大願以為根本，曰定，曰戒皆其方便。所謂方便多門不拘形式者，佛度眾生其徒有四，曰比丘、比丘尼、優婆塞、優婆夷，在家出家俱無礙故。佛有三乘，曰人天乘、曰小乘（中分二：聲聞、獨覺）、曰大乘，種姓不定應機說法故。佛法制戒有大乘律有小乘律，大乘持戒菩提以為根本，是以經權互用，利物濟生，犯而不犯故。所謂學佛要歷長劫者，佛由一切智智成，一切智智由大悲起，大悲由不捨眾生起，自未得度而先度人者菩薩發心，眾生成佛菩薩成佛，菩薩以他為自故，他度為自度。故以是因緣菩薩不厭生死不住涅槃，歷劫修行俱在世間，化度愈宏種姓斯生，馴而不已即成正覺，而三身化度窮未來際，是故佛不出世，佛不厭世，佛法非消極，佛法非退屈，治世禦侮、濟亂持危，亦菩薩之所有事也。總之，佛法之始唯在正信，唯在正見，唯在正行，佛法之終唯在正覺，然則根本決定金剛不搖，外此則隨時方便，豈執一也。然則種種危懼皆屬妄情，一切狐疑非達佛旨。

如上所明，於佛法要義略示端倪，如欲求精詳，當鑽研經論。諸君！諸君！今何世乎？眾生迷妄，大亂迫前，我不拔度，而誰拔度？又復當知我佛大悲說法良苦，諸大菩薩慘淡經營，我國先哲隋唐諸彥，傳譯纂記垂統綦勞，宋明以來，大道微矣，奘師窺師之學，唯識法相之義，若浮若沉幾同絕響，是則聖賢精神擲諸虛牝，大道橐籥漫無迪人，譬諸一家，其父析薪，其子弗克負荷，既內疚於神明，徒虛生於宇宙，誰有智者，而不奮然以正法之宏揚為己任，以眾生之危苦而疚心，先業中興，慧輪重耀，勃乎興起，是在丈夫。

恩洋按：此文吾師在南京高師哲學研究會之講演錄也。師以局於時間，未盡其意，詞亦未畢其半，恩洋復以平日所受，備而錄焉，以供同志研討。自「云何佛法為今日所必需耶」以下，則洋謬以己意續成之者，前後文詞未及修正，知不雅馴，閱者但求其意可耳。

一九二二年四月廣州壬癸坊即廬印行

序略

黃建事略

唯識學展於安慧，空有二空學紐於安慧，此土不正學影響極大而久，亦無不涉於安慧。陳那菩薩、無性菩薩者，唯識中最勝大匠也。諸德論著，玄奘、義淨。不及備譯乎前；後人精唯識學，能梵文，苦不得兼具。寶不易遇，遇不知貴，貴不能顯，遂使學者千數百年枯槁沉沉，潤澤發明，一無足憑。黃樹因者，得梵夾《三十唯識頌》安慧釋、《莊嚴經論》安慧釋、《論軌》德慧註、陳那《集量論本》，及釋、及疏，陳那著作《攝論三種釋》、《莊嚴經論》無性釋。幸甚哉！天日睹矣。樹因能忍第一，鎮日研一字，窮年竟一事，循習委蛇無厭苦，以故善唯識，能梵文，闢幽徑，抉伏藏無難也。

樹因年十八，畢業南洋中學，姚柏年引之聽起信玄文講，學佛趣向定。十九從予遊，其母懼兒厭世也，禁之，樹因乃能旋轉母意。腦痛聵不克用，乃朝夕習拳技，白晝中夜趺坐，日讀《瑜伽師地論》數行，倣完白山人書數字，要期於畢世。其往學拳技師也必以夜，道距十里，風雪甚不閒。技師鬻業茶肆，必為之堆檢几案，乃能施技，樹因不為苦。如是者垂四年，神於是旺也，體於是壯也。年二十二，從德人雷興學梵文於山東。年二十四，從俄人剛和泰學梵文、藏文於北京。今年二十八，業成，將歸金陵支那內學院，次第譯梵荚。且窮數年學，作遊印藏資糧，以竟玄奘未竟之業，乃齎志飲恨，一切烏有。悲夫！樹因不婚，不肉食，居古廟，飯粗糲且不克時應，忍之數年，以蕆厥事，難哉！予友桂伯華不婚，不肉食，學日本金胎兩界，忍苦十餘年，垂沒而恨，恨不致力西藏也。若使尚在，慟也何如！先師付囑十餘年來，得超敏縝密之呂秋一可以整理，得篤實寬裕之黃樹因可以推廣，吾其庶幾乎？噫！樹因死矣！樹因名建，廣東順德人，家金陵。懺華，其兄；典華、興華其弟也。於五月□□日（編者按：此處逸字。）歿於北京臥佛寺，懺華歸其櫬。將於□月□日追悼於□□□。舉以告我同人，歐陽漸為之略敘行事。

《內學》第一輯

九江桂伯華行述

四肢之於安佚也，性也，有命焉？君子不謂性也；聖人之於天道也，命也，有性焉？君子不謂命也。無一廛之居、一瓶之粟，父母兄弟親戚所資以事蓄者不下十餘人，乃不以奪其志、廢其學，意之所至，無富貴貧賤威武患難夷狄，名傾海內外，欲然不自足，晚近中有是人乎？其諸九江桂念祖伯華是歟！九江名士蔡澤賓說之，妻以女，有絕句云：好古能文稚齒纔，規行矩步亦奇哉；半生潦倒吾甘受，博得東來快婿才。未婚而女死，伯華感知遇，終身不娶，蓋其節操在弱冠時已然矣！

伯華身世經涉及其所學凡三變：初、父丹巖先生病盲，使伯華教學鄉里，博升斗粟，伯華惡其僻陋在野，將以墮其志也，雖父命而不可，全眷移南昌，藉書院膏火存活。初以豫章甄得二名，賣一名買米，繼則經訓屢列前茅，而晨昏菽水乃不匱；然以藝不工不止，或嘗過時違限，文不得達閱者所，因亦甚矣！晝粗糲，夜攻苦達旦，無燭，苦蚊，以蚊香映讀，苦亦極矣！而其學以是時丕變。

學宗顧亭林，解經主今文家言，詩崇杜蘇，凡註疏詩集無不全部錄讀。生平不草一字，造次執筆皆工整，教人有法度，以點書入門而一馭以開合法；篇開而章，章開而句，句開而字，必使開無可開而止，然後合字為句，合句為章，合章為篇，而筋髓畢露。金谿知縣杜燐光聘為書院山長，諸生未通文法者，數月斐然能文。弟桂元度、妹桂圓成皆能文。元度舉於鄉，伯華亦丁酉副舉。以甲午受刺激甚也，戊戌從康梁變政，主筆滬萃報館。梁任公離湘，時務學堂舉以代，未行而難作。六君子死，緝康黨急，伯華匿於鄉，歲暮病瘧，中夜孤燈依床褥，得《金剛經》一冊，晨夕讀，恍然於人生虛幻。疾瘉，趣金陵，依楊仁山大師學佛，蓋其學至是又一大變。

伯華為人口吃，顧雄於談，語語從肺腑出，娓娓動人；教人則孜孜不倦，知無不言，言無不盡，唯恐人不知，設多方便。科舉時談佛大忌也，而伯華昌言之，先輩同輩交相斥為怪物不稍動。予時屈以王陽明義，不爭辯，但納予「起信」、「楞嚴」曰：「姑置床頭作引睡書讀何如？」予不覺為之牽轉也。昔以求學全眷移南昌，今則以學佛全眷住金陵；昔以文學遍導弟妹，今則以佛學遍化家人，父母兄弟姊妹無不素食持名，大閱經論。圓成適李正剛氏，如迦葉金色女故事，夫婦而賓客也；正剛之父母不悅，乃為之納妾；迎圓成以歸。赤貧之士安得金錢幹此，乃乘鄉試隙為人捉刀，賺資以集事。此固不可常，事蓄之日長，乃兄若弟留學日本，藉官費以存活，則又舉其全眷住東洋，與《民報》諸革命家友善，相感以佛化。迎月霞法師東渡說「楞伽」，聽講有章太炎、蘇曼殊、孫少侯、劉甲叔夫婦、蒯若木夫婦若而人，伯華乃喟然歎曰：「自我辜負講經人，今日則辜負聽經人矣！」若再開講須自登座，蓋伯華分疏經論淹通條貫，誠不饜尋常講經法師所談，將安心著述盡貢所學以餉世。元度不能為兄所為，走歸故國，冰炭填膺，鬱悒侘傺，發狂死。伯華哀之，以為方便不足療治其疾於生前，神通不能了澈其趣於死後，日夜疏剔文字奚益？乃盡棄所學，從事真言，日夜持咒觀想，蓋至是而伯華之學三變矣！

久之，母死，臨終垂念桂氏後，伯華哀之，將謀所謂娶妻生子者，以俯蓄艱難不果。伯華留東十餘年，住樓下三鋪席，飲食居處讀書會客胥於是在，久之病濕偏枯潰爛，以喪其命，時民國四年三月五日也。死之日，予命陳銘樞東渡視疾，夜至，伯華喜為一飯，娓娓而談，垂達旦。次日，鄰家火起，銘樞背負伯華行，安置別旅館，甫定，觀故所居一切灰燼。著述無復存。伯華無所動，強起易新衣，安然以歿。先自輓句云：「無限慚惶，試迴思囊日壯心，祇餘一慟；有何建白，惟收拾此番殘局，準備重來。」圓成以其喪及母喪歸國，葬九江，為立桂氏後，圓成以是侘傺二十年，至今不癒。

《師子吼》月刊第一卷第一期

熊子真唯識概論序

菩提心為因，大悲為根本，方便為究竟。菩提心何耶？無始本有，是稱無漏，純白而不漓，周遍而無餘，極隱而至微，聖者自證，而不可以意言分別。知必以是為因者，兩敵不並立，種瓜不得豆，差之毫釐，長夜淪迷。儒有以惻隱之心、赤子之心為道者，釋有以真如為緣起者，宗教之神我，科學之物質，哲學之真理，皆不知無漏種。雖無酥醍而堪嚼咀，轉繭無出期，夫寧不悲？

菩提心者，大悲之等流也。人執煩惱，始終了自，所知法執，三界唯心。有一眾生未成佛，終不於此取涅槃，悲之所至，智之所至，略談法量八萬四千。又復是悲，大用所依，緣起是資，本乎自然，行乎其所不得不然。若使無悲，是無法界；若使無悲，是無功德；滅種焦芽，沉沉曷極？無悲而學，是為何世曲學，若使為己，是為斷滅學，君子由之而無結蒂。

大悲者 ，清淨之等流也。觀眾生百一十苦而起大悲，苦且不知，觀於何起？觀眾生昧三十二法而起三十二悲，法且不知，觀於何起？苦諦法諦，聖言是諦，由戒而定，由定而慧，本然悲生，無緣清淨，碧漢空輪，萬方一鑑，若使有緣，還非本然。世間法救世，悲起於有情，緣有人我國界強弱等故；宗教家救世，悲起於法，緣有神我種種法等故。

聖言三學，善巧方便，教之至勝，曰方便為究竟。本有無漏，雖於聖證，而有臨入，有隨順，有趨向，是為善巧，聖法淨流，雖非因緣而是增上，聞而薰習，是稱趨向；由聞而思，薰久而強，是稱隨順；漏種披靡，脫穎開萼，是稱臨入。鑽燧而火生，鼓枻而舟行，胡忽乎是而師其心？披廓翳窔，非剎那事；懼避迷他，不圖迷自，一蹴求心，忽墮魔陰，魔陰之言，復成何言？子真研唯識，應北大講。悲者事也，概論成而請敘，敘予三事，以見吾志。

歐陽東泅甃哀紀碑

東，宜黃歐陽漸之子也。年三歲，以目視日而不眴，入里社廟，視土偶人崢嶸而不愓，薄暮居空院，承塵走鼠落其鼻，大聲誦咒。山中無可學，拾芋栗而已。其姊梁，年十七歿江南，東乃於是歲辭家而至寧。是時陳真如愛護之甚至，展轉寧滬間，入學校者數年，學未得也，習染甚，體為之羸。東大恐，中夜憤悔，痛哭不可仰。熊子真挾與北學，幽燕水深土厚，不半年而體強，得友詹大權、王平叔、韓佯生諸君子，慨然有通中西學，超古先哲人之志。乃習德文，入滬同濟大學，為奮發權輿，誰知浴泳而溺以死哉？溺處，先有德人拉佩克者，同濟物理教員，於九年五月十八日溺，而東又於十二年九月十八日溺也。東年十九，英挺有大志。同一時，許一嗚死於寧；先一月，黃樹因死於燕，皆能於玄學有發明。是歲也，倭人大難，橫死無慮數十萬人，吾如之何弗悲？徒碑以悲之無益，吾乃為東發願，為一切眾生發願。

願一切眾生，如舍利弗，智慧第一。若在重纏，登高臨深，曠野險巇，乘急戒急。或稍離縛，威儀庠序。除不得已，超現神通，都無遊戲。

願一切眾生，永無溺事，人如魚游，水如空氣，鳧浮龍潛，過涉厲揭，耨池香梅，康逵坦地。

願一切眾生，匪徒無溺，罡威海嘯，山烈地坼，霎時惶惑，虛空逼塞，雉經刀藥，王難蟲食，一切夭橫，永茲除祓。魔不得便，人不得隙。

願一切眾生，匪徒不夭橫。首丘賢善，終其天年，預知時至，脫然須臾，如比丘入三禪。

願一切眾生，心溺超度，淨六根三毒。情纏靈汨，虎耽獸欲，鬼謀神蠹，滔滔洶洶，稽天沉陸，莫大心死，由矜身續，心海波平，溺事焉觸。

願一切眾生，無冤無債。亦恩者平，非讎者快，三業清淨，祥光溢乎大宇，胡夷胡隘。

願一切眾生，有恨皆消，無癥不釋。滄桑精衛，胡倀胡厲，夢響影焰，飄何根蒂，蒼莽乘白雲，帝鄉且憩。

願一切眾生，各安各居。烈火寒冰，誕育蠕孳，水府幽宮，友虯侶支，便大莊嚴。利樂熙熙，悲願以有為。

願一切眾生，普皆發願，仗佛光力。及願光力，無間幽獄，痛苦齊息，同發大願，證等正覺。

願一切眾生，生生世世，飫聞佛法，得值知識。無死無生，證大菩提，入大涅槃，永永元吉。

吾為東，吾為一切眾生，供養百千萬億無量阿僧祇三寶直至成佛圓滿此願。唵唵唵唵唵唵唵唵唵唵唵唵唵唵唵唵唵唵唵

民國十二年十一月日撰並書

《內學》第一輯

書信

與張孟劬書

孟劬先生大鑒：

滇回晤培老，得公消息。邪世蕪穢橫流，而方羊健者，拔趙幟，立漢幟，斯文一線九鼎。病痢月餘，苶然疲役，欲有呈於我公而輒止，今後乃能執筆矣！唐蓂公獨贊興學，私捐內院二萬，代募一萬，此數當作基金，若用利息，仍不能一時興辦，且亦不敷所辦。培老於南，公於北，內院中堅，唯此而已。北賑竭蹶，不遑所及，然晤蔡孑民，何妨遊說，蔡亦係內院發起人也。少猷下月當可抵京，特聞。

即請

道安

弟漸頓首

八月二十五日

與太虛法師書

太虛法師大鑒：

奉讀《海潮音》十一期，討論欄內，載有釋顯蔭、蔣維喬、梅光義討論內學院函件，均於內學院簡章第一條「非養成出家自利之士」一句。有所誤會，而疑該院特簡出家人於學外，此非事實。

此簡章發出無幾時，乃有八年七月宗仰禪師、太炎先生，與漸三人函件，訂立附屬中學簡章內第十二條（凡出家人願入中學者，入學、上課、退學及其他各事，均與在家人一律，惟體操一科聽其自由，膳宿不在院內）及第十九條（中學部學生，每年應納學費八元，膳宿費三十五元，出家人惟納學費八元）云云，此豈簡出家人於學外耶？不但不簡出家人，並不簡出家為利他而自利之人，至趣寂聲聞，止以解脫為目的。法相宗雖五姓齊被，而唯識宗則不妨獨被大乘，此立宗之意也。若詞不達意，易啟人疑，則改為非養成趣寂自利之士，亦無不可。要之非簡出家人，乃簡出家之惟知自利者，則即仍之，似亦無礙，惟既啟疑竇，他日重印，當即改之也。

中學章程，是八年事，顯蔭大師及蔣梅二君函件，乃九年三、四月事，惜乎蔣、梅曾不一函及漸，今漸發出中學章程，免致一切糾葛耳！仍懇法師即將附寄函件，速登貴報，俾出家有志向學者，早得一日祛彼疑團，籌辦趨學，不勝德便。滇督唐蓂賡二萬元捐款，尚滯未至。中學一時不能舉辦。然大學特科（即致宗仰師函內稱為特別研究科者）。擬於民國十年，無論如何，必須圓舉，不當當有簡章寄呈。法師力量甚大，能為該院有所佽助。則不勝感激，代諸含識謦祝以俟也。即請

道安。

歐陽漸和南

《海潮音》第六卷第九期，一九二五年十一月

致釋宗仰書

宗仰大法師淨鑒：

頃接章太炎先生函，內附法師致彼之書，述支那內書院開辦中學，已有善友擔任三千金，如何辦法，須得簡章，轉覆前途云云，支那沙門有學有力者，法師第一，能無欽感？惟此計畫，具有詳情，請悉陳鑒。

學院規模，擬基金三十萬，開募建築五萬，適有人捐沙田六千畝，以十分之四為院產，又以其餘六分之三歸漸承辦，合算有四千餘畝，於基金三十萬，已得其半，然須繳價圍築，先墊數萬，方可著實。四月間與章熟商，借款三萬，先辦此事，至於開辦建築，則另行捐募。但五萬籌數，亦非容易，學院規模，原非頓舉，莫若先辦中學，費少易組，校成徵信，措募較便，此一策也。然組中學亦須六萬，又何能遽？莫若冒險辦去，先開一班，先籌一年經費，辦事員、教員半盡義務於內，諸發起人盡力續募於外，機大則組織根本，機小則照此接續，此三千辦中學之說之由來也。今既籌得三千，即可見諸實行。校址暫借民屋，教員、辦事員商請諸友，一切器具盡辦最要，正續藏及參考書由漸墊買，姑繳半價。凡事難在開發一舉，蓋冒險行此，實不得已，非三千即轂辦中學也。務請法師盡暴前途好善樂施自然種姓，或於根本，及於續辦，均可圖得，是在經營，不勝翹請。囑另草中學簡章。逕寄法師，望即鑒核。然有一商請者，此款早一月籌到，即可稱時開辦，今距開學例期，止十餘日，招生無應者，辦事員、教員亦難鳩集，置器租校更屬莫辦，擬遲至陰曆十二月開舉，前途三千，懇速繳到，以便從容辦去，必可節省多少也。

再此學開舉伊始，止以中學發表，不足慰人渴望。擬添辦一特別研究科，擇最高程度者試入，膳宿自便，學費不繳，一年畢業，不限人數，一切教科全行不用，止將法相宗一本十支之學，提舉其要。每一論開研，上一提要講堂，此堂由漸自擔任，餘於每星期中筆記問答一次。此舉若何？望即裁之。即請

禪安

歐陽漸和南

一九一九年舊曆七月十五日

與熊天翼書

天翼先生乘鑒：

此次漸回宜修墓、欣挹芝儀，而公於萬幾無曠之餘，竟能延世外畸人，暢談逾晷，無所不及，此好整以暇之精神，無有艱難而不弘濟，稽彼前人，惟曾滌生為能，故其處拮据叢脞，而卒能攸往咸宜也。

夫為治之道，其在於吏，須達上意，上之意在強禦，而亦在鰥寡，不侮鰥寡而民有力，必有民力事乃可濟。匪匪之凋弊百倍於前，而國需之民力亦百倍於前，相懸若此，而吏不能知上之意，其惟民力而昧強禦，巽懦腐化必敗無疑矣！而假急進而侮鰥寡，威福顢頇，獨不必敗乎？夫作威福而至啟民與俱亡，一味顢頇無所謂達尊賢仁而唯有我，吾儕書生，止知讀經史，以此而危亡者誠數數見也，國事之眉迫如此，節外生枝益此敗壞，豈不冤哉？如何而使吏能知上意耶？是事最要，惟在講學。君子學道則愛人，小人學道則易使也，此固然也。國際之情況如是，國勢之阽危如是，圖治之需要如是，民間之疾苦如是，民力之必需如是，又必詳審曲盡，使之了然無疑，而後身之使臂臂之使指，一事得一事之實。不然，法良意美，而適滋敗，何益哉？民可使由之，不可使知之，誤解不可也。知難行易，原欲使人之知而已矣！

至夫治之談於上者，則清明在躬志氣如神是也。如是能官人，能得民，能觀遠大，能審幾微，能忍艱巨，能大無畏，而無所不能，則亦無所不濟。夫所謂清明志氣者，心之虛靈而已也。必有以致之，體堅而神旺，平旦之氣足以滋生；師友而漸摩，鄙吝之消足以常拔。夫肩大任而無師友大危也，案牘簿書有司事也。公天資過人，不恥下問，蒭蕘芹曝，用敢直陳，如保赤子，心誠求之，雖不中不遠矣！中興申甫，非公而誰哉？

漸二十餘年不拜王侯，此次回里修墓，滿目瘡痍；當政盡少年，不知父老疾苦為何物。小民從公，殭凍呵手，疾鞭流血，累月經旬，猶未畢功；民訴無食，呵斥吞石，猶不能已，民激而打死一課長。縣長請勒兵滅墟鎮，幸主席斥訓未遂，猶日日拘人未已，乃不得不破格一見省主席，此會後致函也。

（編者按：此篇為歐陽先生篋中所存油印本）

與章行嚴書

行嚴先生無恙耶？嘗於報紙觀見行事翊翊有生氣，凋瘵之國若都如此，外侮內爭其不可以熄乎？武人利器殺一團，辯士政策殺一國，學說潛勢殺天下萬世，使人樂酖狂死而不悟，進化論是矣（門人景昌極評進化論生命及道德文頗切）。

甲午以還，奔走悽惶，無所托足，石埭楊居士講究竟學於寧，乃與桂伯華諸人相率以事之，不仕不菫，絕男女之欲，悉力精研者二十年，而後豁然淹貫。講學育才，將以移易乎天下萬世，此支那內學院之由來也。別調孤彈，宗教則屏為世學，世學又屏為宗教，舂糧且不能宿蓋垂青者寡矣！十二年秋，公曾與太炎、印泉、右任諸公，謀所以佽內院者於滬商人。而無效，公與印泉頗悶損，今者時機大至，公為天下教宗，乃作「支那內學院非宗教性質，是講學機關」之文，將用以釋群疑，呈請左右，必為宣傳。嗚呼！如先生者，可謂上不負國，下不負友者歟！天下誰不竭誠盡忠獻芹奉曝者，而況於漸乎？謹先陳支那內學院性質四條外，將一及乎教育之精神肝髓。

所稱支那內學院性質者何耶？

一、所學之目的：求得如鏡之智，照一切事物能究竟，即用為拯救拔群眾苦迷之器具，而天下皆脫苦解迷。

宗教有悲無智，科、哲學者有智無悲，佛法則悲智雙運。然其悲亦非宗教之悲，以宗教悲人不為善而生天堂，佛法則悲人不證不生不滅平等自由之理。又其智亦非科哲學之智，科學因果律展轉比量不能超量，物理推至原子電子而術窮；哲學之知識或謂出先天，然不明先天為何物？或謂由經驗，然何以突有經驗，更何以歷久長存，以故事物窮研，每難結果。佛法鏡習但是現量，一剎那間如物而量，不用比證，一剎那間現前明瞭，不藉先天，現成即是，不用經驗，以是佛法能得究竟。夫現量者，術語名無漏種發現，與常人日用行習思想邏輯之有漏種發現者截然兩物。是故佛法非宗教非科哲學，而別為一學也。

二、求學之方法：假聖言量為比量，多聞薰習，如理作意，以引生其他日之無漏，由聖言渾涵中推闡以極其致。詳前所略，釐前所雜，或疏失之糾修，或他義之資助，以期思想之大發達。

聖言量者，非宗教之教條，但有服從而無探討；實若因明之因喻，幾何之公理也。宗教有結論無研究，哲學者有研究無結論，佛法則於結論後而大加研究以極其趣，非待研究而希得其結論，是故佛法於宗教、哲學外而別為一學也。

三、現得之學理：（一）群眾三苦熾然而後學興，一切所學為他而學。（二）唯識法相學是兩種學，法相廣於唯識，非一慈恩宗所可概。（三）法性、法相是一種學，教止是談法相，龍樹、無著實無性相之分。（四）教以法義為通途，無大小乘之畛域。（五）教無進化之理，而有遞嬗之跡。（六）理非佛說盡，而必從法印而生。（七）世所棄幻相是真相，世所執實相是空相，道在空其所實而真其所幻。（八）一切法相體用因果，法爾如是。（九）法相不可亂，六根互用以耳為見者，耳中具眼種，耳帶之發現而實眼見。（十）三性是一物，無別實物，但是緣起，故明依他起用義而法界立。（十一）不立無漏種說心性自生自滅者，墮外道說。（十二）唯識學有今學古學之異。（十三）今古學同尊無著、世親之籍，而傳本各異。奘師承今學譯名潤文，但存今學傳本之精，以西藏異譯勘無著、世親原文，而古學傳本之精時見。（十四）古以無不屬識為唯，今以無不離識為唯。（十五）古唯受用緣起，今創自性緣起。（十六）能緣挾帶所緣而起，古學就所緣種邊曰真如緣起；今學就因緣種邊曰正智緣起。（十七）真如緣起說無漏則通，說一切不通。（十八）諸行剎那頓起頓滅。（十九）一切有情各自識變，各一宇宙。（二十）各變宇宙互不相礙，光光相網。

略述二十理，恐繁且止，而皆術語，不能詳析，他日內院學理書成，將以呈公，藉餉國人。此二十條中，一至六為總得之理，七至十為法相之理，十一至終為唯識之理，其古今傳本之異，法相亦然。

佛法之晦，一晦於望風下拜之佛徒，有精理而不研，妄自蹈於一般迷信之臼。二晦於迷信科哲之學者，有精理而不研，妄自屏之門牆之外。若能研法相學，則無所謂宗教之神祕；若能研唯識學，則無所謂宗教之迷信感情。其精深有據，足以破儱侗支離，其超活如量，足以藥方隅固執，用科哲學之因果理智以為治，而所趣不同，是故佛法於宗教科哲學外別為一學也。

四、現科學之科目：（一）唯識學，（二）法相學，（三）因明學，（四）印度哲學，（五）印度歷史學，（六）佛法律學，（七）佛法心學，（八）佛法美術學，（九）梵藏英日文學，（十）中國古文學。

心理學有與唯識意識中之一部分相似者，物理學有與唯識色法中一部分相似者，哲學有與唯識中多數部分相似者，然唯識學之因果緣依伴業所及，一物之起，實繁有緒，單純粗率，絕不能同。因明之三十二過十四類，以視近時邏輯學亦然。印度無史，依經此附全賴佛徒，世史一任其殘，斯科乃不稱學。大乘之律捨跡誅心，參其用意，足濟世間法律之窮，如何非學？化腐為新，轉凡成聖，全恃觀力，豈有神奇？萬變唯心，組成緒統，如何非學？美術者，適當其可之象徵也，思想高邁，構結逐神，此中雕塑畫像，獨非學乎？周秦邃籍，毫不問津，內典深文，烏容涉逕，風騷雅頌已不敵呵呀呢嗎之聲久矣！留此餼羊，忍云非學？

所稱教育神髓者何耶？從民之欲望，趨時之潮流，始事而兆亂者，不得辭其過；然烏頭以治風，水來而土掩，因應復因應，亦復何時已乎？夫事有似迂而實神者，端本澄源之謂，遊刃於虛之謂也。教育不以興國為的，而以民能充其所以為人之量為的；國可亡，天下不可亡，明不可失其所以為人耳！夫人也者，仁也，克己之謂仁，無我之謂仁。生心動念唯知有己，非人也；舉足下足環顧皆人，人也。為仁之方曰：「己欲立而立人。」己才有其欲，而立之見為事實者即在乎人，孔子之教育也。今天下何能之不有，而朝野上下賢否智愚，第一拳拳止知有己而不負責，豈獨武人？夫亦焉往而不滅亡者哉！事已無可奈何，以故不得不創菩薩以他為自之教育。無言之教，不行而至，華周杞梁之妻，善哭其夫而變國俗，陽明而後，誰其繼者？以故須復宋明講學精神之教育，搗虛以實，去囂以樸，專門之學愈簡愈精，一藝一材必充其量，苟能分門別類無學而不踐其實，而所謂虛憍夸誕之士氣能長存而不變者，未之有也，以故須趨重學術團體之教育。漸愚，止足知此，唯公裁之。

一九二五年八月十五日自南京支那內學院發，《內學雜著》下一九四二年

答梁漱溟書

漱溟居士：示敬悉。鞭辟近裡著已，得未曾有，溫恭允塞，古之學者。雖然，宋儒為已之解，欲得之於已耳，先當問欲得個什麼，然後研究見得、修得、證得。證得處處真得，見得有處真得，執得處處不得。得個什麼且未審定解來，山邊水邊有湊拍處，萬物靜觀無不自得，雖不無粗略相似之受用呈快目前，而片段不成，陰境不澈。即成即澈，猶非究竟之談；石火電光，才是自欺欺世。此夢方酣，不由打擾，初不圓覺，無有覺時，神魂愛矣，敢告斯言。

漸　正月九日

答陳真如書

前數日，冶公寄到弟覆十力書數紙，以為此不過尋常辯論之交，託便寄閱邀共欣賞已耳，非商量大事懇求真知灼見以圖歸根結蒂者，故例置答；今得親函，有惶恐求責使知實踐不濫議論之辭，並希得覆。是則非尋常辯論之作，而唯一大事之舉，又安得不答？

直心是道場，不直則道不見。弟覆十力書時，試檢其時是何心境？若有一毫求勝之心，豈唯應師友呵斥；若真是商量大事駁斥背教之談，則彼被駁者應如何感激涕零，恩同罔極？而翻事呵斥以塞人口，是何異周厲王殺人以弭謗？告子不動心，冥然罔覺，悍然不顧己耶？明辨以篤行，但有道理，雖佛亦許質難糾繩，講學而呵責辯論之人，吾未之前聞也；既已辯論而復求師友呵斥，吾亦未之前聞也。

玩十力之辭以推十力之意，蓋謂殺人須從咽喉上著刀，說食豈能即飽，固亦自具苦衷，而亦豈容抹殺。所可咎者，自既未得真甘露味飫人饑虛，而徒跡襲宗門掃蕩一切之陋習。宋儒鞭辟為己之僻執，遂乃孤明自許縱橫恣睢，好作一往之辭，墮入謗十二部經、謗般若波羅蜜而不自覺，其罪伊何，寧不省惕耶？真如據教駁斥固無不合，然亦只破得十力掃教而不嫻教之愆，並不知其立宗而不成宗之謬。又所談無所有不可得、無念為念諸端，則不知境界、不諳法門，儱侗顢頇離題太遠，誠可呵責，乃正襟令顏莊重發語大聲判告曰：十力、真如不知佛之宗趣唯一是無餘涅槃，不知佛之法門八萬四千，自發心以至正覺，節節境界，節節行持，節節殊異，而非以一法門概也。

無餘涅槃為根本涅槃，所謂涅槃無體、寂滅寂靜、畢竟空是也，所謂一真法界、一切所依是也，此畢竟空人人皆具而不能顯，謂之自性涅槃。胎卵濕生、情與無情乃至俱非我皆令入無餘涅槃而滅度之，我皆令入則盡未來際作諸功德以充其量，是故不入涅槃謂之無住涅槃，無住涅槃為勝進涅槃，為大涅槃，而其根本仍無餘涅槃也。無餘猶俗言質量，無住猶俗言數量也。小乘解脫雖不若大乘法身數量圓滿，然不能因數量不滿遂並略棄解脫質量亦不談也。顧何以勸示發心動言三藐三菩提耶？涅槃所顯得，菩提則所生得，生得一分菩提，即顯得一分涅槃，涅槃必待菩提而顯，故必發菩提以顯之，作用在菩提，歸趣仍在涅槃也。

《大涅槃經》云：「菩提為果，涅槃為果果是也。」涅槃待菩提顯，而大涅槃又必待大乘大般若顯，一乘大方便顯，發心在無上菩提，充量在一切智智是也。菩提之謂智，智是無分別；必得與涅槃相應乃能無分別，乃可謂之智。智亦是無漏，必正智緣如與涅槃相應時乃能無漏，乃可謂之智。智亦是般若。龍樹云：「菩提是般若之果，般若是菩提之因。」又云：「能觀實相慧謂為般若波羅蜜。」實相是涅槃，慧觀實相即與涅槃相應，乃稱般若，乃可謂之智，智亦是觀緣。《大涅槃經》云：「十二因緣為因觀緣，智為因因是也。」《密嚴經》云：「非不見真如而能了諸行皆如幻事等雖有而非真是也。」了真乃知幻，即與涅槃相應乃能觀緣，乃可謂之智。是中如幻義皆屬菩提，非詮涅槃。《大般若經》四百七十八卷〈空性品〉：「諸法乃至如來永斷習氣，與生滅二相合者，亦皆是化。」涅槃常空，不與生滅相合非化，然變化與空如是二法非合非散，此二俱以空空故空。不應分別是空是化。

據空化不應分別義，則知五百五十六卷涅槃如幻者，是就無二無別說涅槃如幻，以皆不可得不可說故也，並非如幻義既屬菩提又屬涅槃也。法義不可限，法相仍不可亂也。觀上菩提義、無分別義、無漏義、般若義、緣生義，皆必得涅槃相應義乃成立，是故佛之宗趣唯一，即無餘涅槃是也。

十力徒知佛門無住涅槃之數量，又錯讀孔書，遂乃附會支離，竊取雜糅孔佛之似，而僻執其一途。既恐怖無餘涅槃，而大本大源於以斷絕，無本之木如何生，無源之水如何長也？常樂我淨仍不離無餘涅槃，蓋不生不滅是常，大寂靜離鬧是樂，大牟尼名法是我，解脫是淨。十力乃云：「止是自己分上事，」究竟屬自己分上何等事耶？明德是無聲無臭，中是喜怒哀樂之未發，誠是體物之鬼神，易是無思無為寂然不動，此與無餘涅槃皆有關係。毛傳解天命即是天道，得經文天之所以為天，包並天之體用全義。宋儒乃有流行命令偏解，而十力泥之，又拘解繫辭生生之謂易之義，而不盡其妙，遂乃不知孔學根本於寂滅寂靜也，是則錯也。

真如駁十力而不能道出種種，故曰：「十力、真如皆不知佛門宗趣唯一是無餘涅槃者。」此也，宗趣唯一，法門無量。既曰無量，則各自有其境，無所有、不可得、無分別、無心皆般若所行地上菩薩境界，非地前境界也。毛道凡夫二取熾然，何論無所有不可得？一念無心入正性離生，初地菩薩尚入定無漏出定有漏，而云念念無心耶？《大密嚴經》得無分別便入密嚴宮，密嚴是大明妙智之殊稱。《大般若經》佛告善現：「汝以辨才應為菩薩摩訶薩眾宣示般若波羅蜜多，」六百卷般若皆為地上菩薩說法也。《智論》謂善現是大士示現於小位，又善現得無諍三昧樂說無相，樂說無相則所說詳盡佛獨加持，雖彌勒、天王、舍利弗等皆不得為教授教誡諸菩薩主，是之謂菩薩境界也。於此境界已足借徵無餘涅槃唯一宗趣而已。

唯一宗趣無餘涅槃，是則徹上徹下、徹始徹終，須臾不離無餘涅槃也。故般若為地上學，為根本智，相應涅槃矣！而三智所繫皆不離乎根本，隨順無漏，趣向無漏，臨入無漏，是亦無漏，是即所謂地前加行智，朝宗根本也。以無所得為方便而不捨離一切眾生，是即所謂地上根本智，固根本也。一切智智皆從般若而得生故，甚深般若復由一切智智而得有故，是即所謂地上最後後得智，得根本後以之用於世間而仍是根本行也。據是三智，有情成佛，凡有初中後三漸次。引生無漏為初漸次，由凡入地歷七方便，加行智境也；無相無功用住為中漸次，自初至八煩惱障盡，根本智境也；圓滿菩提為最後漸次，一切智智乃證極地，後得智境也。如是或談五行，或立五位，或開十三住，在何拉住即何境界，談何行法，不可誣也。故曰法門非一也，而皆以無餘涅槃為宗趣也。

吾輩皆毛道凡夫，當急求初漸次加行智境界法門，若侈談無所得或竊取有所得，非方廣道人即順世外道，於生死大事何曾涉著一毫？此可欺人或自欺耶？念念無心是無漏地上境界，凡夫有漏從何覓得？然無路可通而有方便，大智慧人苦心婆心貽我大寶，豈堪忽視？無漏則無心，有漏則有心，雖則有心而心之內境有自證分亦現量得，此之現量世間現量，但能建在率爾墮心上，稍一刹那則尋求決定染淨與六識俱矣！發生六識之根是四惑相應之末那，纏眠演繹無可出期，若自證分則有漏中至善，久久緣習忽無漏生，所謂徑路絕而風雲通也。此即隨順依處，依之立引發因，能引發無漏法也。諸修道人皆恃此心，而於宗門唯一取用，然此但說心用，而法門則仍有種種可談矣！

無所有不可得是無漏地上境界，凡夫有漏但是二取，然有方便可以趣入。其在無著「瑜伽」有四尋思得四如實智，依識有所得境無得生而所取破，即得煖頂位，依境無所得識無所得生而能取破，即得忍及世第一位。世第一位一刹那見道入地矣！其在龍樹「中觀」，初觀無常，馴習以後，繼以觀空所謂三十七菩提，至涅槃城三三昧入涅槃門是也。初熟柔順忍，後得無生法忍，得無生法忍而入地矣！其在一乘大涅槃，由聖行三學進梵行無量，復由梵行所修之捨為十八空，乃得天行入地六度矣！其在華嚴地前七方便異常明瞭，淨行修無我，梵行修無法無盡，藏行而入地矣！三十七菩提分者，大小共由之路，瑜伽以之修對治，中觀以之修無常，雖三十七而根於四念住，雖四念住而要於循身觀，修循身觀者初嫻數息以定其心，繼嫻不淨以入其境，數息、不淨，龍樹謂此二觀法中真甘露門也。若欲直探般若，則亦必由三慧作意入門，而助伴於十法行句，凡此地前方便法門，任擇一途，皆可入地，無容誇大鄙薄輕非。

宗趣唯一無餘涅槃，法門則有三智三漸次，非惟佛法則然，孔學亦何獨不然？但讀《中庸》二義明瞭。初段「天命之謂性」至「萬物育焉」，統明宗趣唯一，法門三次；二段「仲尼曰」至「唯聖者能之」，但明能中庸與不能；三段「君子之道」至「治國其如示諸掌乎」，分明宗趣唯一；四段「哀公問政」至「達天德者其執能知之」，分明法門三次；五段「衣錦尚絅」至「無聲無臭至矣」，復明宗趣唯一。

文段既晰，可以談義。一段，中庸是素隱之書，素其隱於不睹不聞，則與無餘涅槃相應。譬如獅子據得其窟，然後可以出而大吼，此之謂唯一宗趣。未發之中，天下大本如根本智，發皆中節，中和位育如後得智，此之謂法門三次，然天命之性已示宗趣，率性修道已詳法門矣！「一陰一陽之謂道，成之者性也。」一陰一陽則無思，無為與涅槃相應，天命即一陰一陽之天道也。自誠明謂之性，自明誠謂之教，非三漸次耶？

三段。夫婦知能費也，聖人不知能隱也，般若無知無能也；天地之大費也，人有所憾隱也，大小費也；莫載莫破隱也，鳶飛魚躍費也，戾天於淵隱也，忠恕違道不遠無入而不自得，費而隱也。鬼神離軀殼而應於無餘涅槃，得物之體而萬物無不育。學者如鬼神，初空其身，繼空其心、心所，即立於無餘涅槃地與鬼神同，體萬物而王天下豈奇異事耶？君子之道鬼神之為德，一本於無餘涅槃而已矣！

四段。不思而得，不勉而中，從容中道，誠也，聖人也，是即無所有不可得入地般若行也，則所謂根本智是也。其次致曲，可欲之謂善也。曲能有誠，有諸己之謂信也。誠則形，形則著，充實之謂美也。著則明，充實而有光輝之謂大也。明則動，動則變，變則化，唯天下至誠為能化，大而化之之謂聖也。何謂化？轉有漏心、心所成無漏四智，異物曰變化也，則入地成聖矣！則所謂加行智是也。唯天下至誠為能盡其性，乃至贊化育與天地參，先知如神，則聖而不可知之謂神也，則所謂後得智是也。此非三漸次而何？

五段。入德而天下平皆歸乎隱微乃至無聲無臭，則又鄭重歸結於無餘涅槃，唯一宗趣可以想矣！

熟讀《中庸》乃知孔佛一致，一致於無餘涅槃、三智、三漸次而已。自孟子外，宋明儒者誰足知孔？唯王陽明無善無惡心之體、知善知惡是良知得有漏心之自證分，而轉有漏為無漏，隨順趣向於無餘涅槃何曾夢得？三漸次之後得智更何足談？若其餘諸儒，一言寂滅寂靜即發生恐怖，恐怖不已發生禁忌，禁忌不已大肆謗毀，夫至謗毀而無漏途竭，輪轉三途豈有窮極？滅燈毒露慧命枯亡，痛寧已哉！至三漸次更不足論！明明二之中四之下也，神聖差等經數可按，而曰：非聖人之上又有一等神人，甘持世俗見解敢與經文相背也。陽明、堯、舜萬鎰孔子九千，與經文以予觀於夫子賢於堯舜遠矣相背，又何足與談十地差別十王大業。至極之果且盲不知，民亦何能得所歸宿？

宋明諸儒不熄，孔子之道不著，邪說誣民，充塞仁義豈食人肉而已哉？如一闡提剷無漏根，寧細事哉？敬告十力萬萬不可舉宋明儒者以設教也。應知孔子之道晦數千年，當繼孟子後大啟昌明也！吾非敢鄙儒，躬行實踐誰敢不敬，但不可以世間之賢阻至極之路也！嗟乎！悲哉！晞明死矣！曾聞何道得箇什麼？吾門諸子，其他且置，十力、真如皆行年五十，石火電光其與幾何？商量大事應如救火追亡，一切客氣悉皆屏棄。吾年七十，死亡更促，執筆答此，痛澈心脾，十力、真如，此豈求勝之書也哉！此豈求勝之書也哉！

十力原書云：「念恆持不失自己，三藏十二部都如此得著落，否則都是戲論也。善學者於此把定，不要侈談無所得與涅槃如幻。般若六百卷滿紙是無所得，學人實透般若，乃於無所得而無不真有得矣！真有得矣，必不漫言無所得也！涅槃只是常樂我淨，此是自己分上事，自明自見云云……」

《內學雜刊》入蜀之作五

再答陳真如書

得本月二十一日覆書，謂於我所答書循環奉誦繼以日夜，開示蒙昧受恩無涯。曩學內院粗知瑜伽，近讀般若乃知無上法味層出不窮，師所告誡完全接受。惟十力我見極深乃至與諸佛爭勝，師以至義對十力說均非對症，此書永遠寶存不復轉示十力云云。從善之勇，服膺之摯，心境之光明，誰與吾子！此何如事，為己為人，不應如吾真如哉！今人談義，既非為己立足於心身性命之場，亦非為人取譬於欲立欲達之地，初無樹志凌霄，繼乃名利恭敬，而又益之以幾卷古書，幾條道理，烏得不我見如山？奚能倏爾崩角？三十六種外道一與佛談即盡棄所學，無論矣！老名士董羅石，一見陽明盡棄詩瓢積緗表摯，豈復見於今日哉？十力究竟不算豪傑，雜毒已攻心矣！我亦奈之何哉？而亦烏足計哉？惟是此篇答書吾並非止為真如、十力發表要義，吾實為盡天下人發表忠言，蓋發表之意有激於自身而出者，有激於唐宋諸儒而出者。

激於自身而出者，漸幼孤庶出，母長年病，初習程朱，得鄉先生大譽，雖足樹立，而生死事不了；繼學陸王，雖較直截，而亦不了生死；母棄養，無奈何，吾友桂伯華導看起信、楞嚴，雖快然知生死由來，而豈知無餘涅槃之說哉？於是年四十矣！究極所歸，學唯識、瑜伽而不能入。女蘭，年十七，隨予學於寧，予入隴而死，痛澈於心脾，中夜哀號而無可奈何，遂幡然求學，通宵達旦，鑽研瑜伽，於是唯識、瑜伽渙然冰解，四方之士畢至，真如、十力亦於是結道義之交。於是年五十矣！又豈知無餘涅槃之說哉？

　無端而東兒死，生世十九年耳！聰明而不祿，誠悼痛之。許一鳴同時死，黃樹因同年死，於是習般若不能融貫。逾年而同懷姊死，又聶耦庚死，乃發憤治智論而般若嫻習，雖得畢竟空義，猶未敢執無餘涅槃以為宗趣也。進治涅槃，年已六十，作涅槃敘，苦不克就，乃避暑廬山，會散原至，留連數月，而涅槃敘竟，而後知無餘涅槃之至足重矣！蓋九一八大水氾濫，東夷猖獗之時也，都城未陷，予於寧院五題講會，蒙文通、湯錫予二君主持之，大提特提無餘涅槃唯一宗趣之義，會竟而七七事起，竟成寧院講學終結，豈細故哉？我皆令入無餘涅槃而滅度之，初以為對小乘之說，繼但存疑；數年後，夫乃決知。誰都能有漸之長年，誰非出家而畢生如漸唯此一事，誰於諸宗作窮研融會徵實以得南針，是故知無餘涅槃唯一宗趣不易易也，此所謂激於己而出者也。

　韓愈文人，烏足知道，更何論清淨寂滅？村嫗唯計飽食昏睡，談何清廟明堂？宋人說理，始太極圖，世俗根由且依稀髣髴，何論出世真詮，又何論涅槃寂滅？闢佛者極惡寂滅，仇而恨之，其非種者鋤而棄之；人謂大乘度人窮極六道，謗者則曰：「雖則普渡有情，而所渡仍是寂滅，故佛異端耳！」略談粗義都譏禪學，試問禪何害於爾，而惡之拒之如是？皆盲昧之流，非惡寂滅，實惡斷滅，以斷滅為寂滅而惡之也；非惡禪，惡清談廢事；以清談廢事為禪而惡之也。說風是風，盲從不究，世皆敗壞，殃及學林，馴至於今仍是張冠李戴。夫無餘涅槃為何如事，天下陷溺為何如危，此烏可已已耶？此所謂激於唐宋諸儒而出者也。

來書請益，無餘涅槃幸加垂示，應重答之，諦聽無忽！無餘涅槃者，寂滅之謂也。瑜伽說有二種寂滅，一者，寂靜寂滅。有涅槃說四寂靜：當來不生而苦寂靜，三毒永斷而煩惱寂靜，背惡習善而不損人寂靜，見聞覺知不憂不喜而捨寂靜。今無餘涅槃增說亦四：無算數言說而數教寂靜，無身而一切依寂靜，無身生苦而依依苦寂靜，不思未來苦生不生而依，依苦生疑慮寂靜。此以寂靜見寂滅者，依他惑盡之境界也。

二者，無損惱寂滅。經說比丘求寂滅名真安樂住，又言由實有無生無為無等生起，而有生有為有等生起有永出離，世尊依此密意說言甚深廣大無量無數是為寂滅；所具功德難了知故名為甚深；極廣博故名為廣大；無窮盡故名為無量；有非有不可說，即蘊離蘊不可說，以無二故不能以數說名為無數；以其一向無垢謂之為無損惱也。此以無損見寂滅者，圓成德備之境界也。《瑜伽論》言：「依他起上無遍計執便是圓成，」一是故依圓皆寂滅也。亦可謂依他惑盡，略如《攝論》說彼果斷，圓成德備；略如《攝論》說彼果智也。不可說無住非無餘智則異寂，而不明相應義也。

無始時來，恆河沙數諸佛世尊最崇最上曰無餘涅槃；釋迦說法四十九年最終歸趣亦大演涅槃。以是因緣，而後吾人飲甘露味於一切法海，若全襟驪珠在握，是故智者先務之急在《涅槃經》，豈不然歟？此經說三德，曰解脫德是體，曰法身德、般若德是相用也。其宗趣有三，曰涅槃是常，解脫體也；曰一切眾生皆有佛性；曰一乘《大涅槃經》見性成佛，法身般若相用也。是三德者，不即不離，不一不異，至微至妙，妙於相應。夫相應者，不可思議法爾如是境界也。

經言：「我今當伏一切眾生及以我子四部之眾悉皆安住祕密藏中，我亦復當安住是中入於涅槃。何等名為祕密之藏？猶如∴字三點，若並則不成伊，縱亦不成，別亦不得，解脫之法亦非涅槃，如來之身亦非涅槃，摩訶般若亦非涅槃，三法各異亦非涅槃，我今安住如是三法，為眾生故名入涅槃，如世伊字。」細味經言而相應至妙之義，一語具三玄，一玄具三要是也。舉一涅槃而即具三德，一語具三玄也。舉一解脫，法身以充其量，般若以顯其德；舉一法身，清淨無垢本於解脫，功德無邊資於般若；舉一般若，因之為無分別起於解脫，果之為一切種智成於法身，則所謂一玄具三要也，皆相應義也。並則一劃，縱則一貫，誰居左右，誰為始終，面目無序，君臣無位，淆混一團，法相亂三，是則即也、一也，有過也。別不具三，解脫則有小而無大，法身則詳增上而略本質，般若則明用而非詮體、非圓相也。異地而處，三法雖具不相連屬，非妙相也。是則離也、異也，亦有過也。伊之三點非並非縱，亦非別異，而仍三法，以法相談則治而不亂，以至理談則融治無間，相應之妙如是哉！

是故菩提涅槃曰二轉依，此二皆以畢竟空而空，則無二無別，相應義則然也；寂則凝然不動，智則萬化皆通，無礙自在，相應義則然也；佛各具法身而同一法界，亦相應義則然也。「起信論」開真如生滅二門而不立正智法，談者說同歸一法界，則止有一法界，其不明相應義而過現重重大都然也。無餘涅槃既大小殊，其為異門亦大小異，解脫則同，法身般若不同，所以異也。寂滅異門，小乘有八，斷與無欲滅諦，斷知及沙門果有餘無餘；大乘無量，略二十六，瑜伽說也；涅槃解脫一百餘門，法身有四常樂我淨。然一百餘門可攝於彼二十六門，彼二十六門可攝於此常樂我淨四門。常恆久住無變有法，攝於常也；舍宅洲渚救護歸依及與所趣安隱淡泊善事吉祥，攝於樂也，或攝於我也；無轉無垢難見甘露，無憂無沒，無熾無熱，無病無動，乃至涅槃永絕戲論，攝於淨也。

常樂我淨可攝於一，一之為歸，寂滅是也。諸行無常，寂滅為常也；生必滅故，寂滅為樂也。我得八自在，寂滅則我也；一法界清淨，寂滅則淨也。是則一百餘門與二十六常樂我淨盡之矣！常樂我淨，寂滅盡之矣！寂滅者，定境也。名大三昧深禪定窟，亦名無相三昧，無色聲香觸生住男女十相，無色而住去來進止，如是之義諸佛境界，非諸聲聞緣覺所知，此定境界猶如虛空不可壞滅，名涅槃界，亦名法界。如來出世若不出世，此性當住，又名法住性、法界性、法尼夜摩性。若有住此尼夜摩三摩地者，於諸有情心無顧戀證於涅槃，退轉諸佛法門，不得入於究竟之慧，是故菩薩捨而不證，近住而已，一切如來令從定起，超第八地乃至法雲；入佛內證作諸功德，如來變化所為事畢，然後住於真身隱而不現，此寂滅境。

佛對小乘說為無色，對大乘說色，無餘涅槃非斷滅境，一真法界清淨無垢而已。燈明滅盡，燈爐猶存；然木滅盡，灰質猶存；煩惱雖滅，法身常存，非胎藏生而微妙身，初地應寂能意生身，此之謂也。《維摩詰經》捨生死而樂法身，從如是無量清淨功德生如來身是也。定慧相資乃得生顯，慧從定生，不定無慧，定從慧顯，不慧無定，剎那相應不可說二，而寂滅則一也。寂滅就用就智就慧相應邊言，亦名密巖國，是內證聖智之所行，是大明妙智之殊稱。

《密嚴經》言：「此土最微妙，不假日月明，佛及諸菩薩，清淨光恆照。無有晝夜時，亦無老死患，殊勝密嚴宮，諸天所希慕。最上瑜伽者，地地而進修，其身常清淨，而生密嚴國。得解脫智慧，如來微妙身，三德相應義，此亦如是云。」又云：「極樂非胎生，光淨悉瑜伽，若比於密嚴，百分不及一。」上來所談寂滅諸義，於無餘涅槃已得其概，略說如是。若欲詳明，讀《大涅槃經》、《大密嚴經》。

《內學雜刊》入蜀之作六

答熊子真書

子真來函，三性之說將依圓析成一片說去，一方是恆常，一方是生滅，反求諸心，無論如何總覺其不可通，非敢有之異之私也，亦求其安於心而已云云。此依凡夫妄心而批評神聖立教，不得已之悲，而不能已之於言。

聖教既於般若談二諦，而復於瑜伽談三性，以建立其兩輪者何耶？是有二義，一、圓滿詳盡祛除險墮義，二、捨染趣淨，闡揚聖教，簡別魔外義。二諦簡無以顯有，三性更簡有中生滅妄之有，而顯有中涅槃真實之有。二諦之俗諦即三性之依他，既稱為諦，妄有非無，涅槃四諦品，不倒為諦，顛倒為四。據此則知俗而不諦，遍計無也，俗諦依他非即無也。談二諦而不談依他者何耶？二諦直捷明體，不暇詳用，但俗之俱非即真之頓顯，因此而知彼頓之為超悟境界也。然略依他之有，利根超悟無論矣！鈍不超悟必墮惡取空，或別有所墮，馴至於是一唯我執，上不知世尊，下不容論難，淪墮之險可勝言哉？談依他之有，則由用以顯體，體既藉顯，用亦得盡其能，所謂漸義，由節節相應而圓滿相應，更何所墮歟！

魔佛異，外內異，實染淨義異，教之所以為教者，染淨義也，捨染取淨義也。趣向生滅之謂染，趣向涅槃之謂淨；染之為流轉，淨之為還滅皆用中事，二諦直捷取體，一切皆淨，更不舉染，故略依他。三性則盡量詮用，必染淨雙談，故依他獨詳。然淨依他亦名圓成實，言與圓成實之為圓成實義各有異門，兩不相涉。成實之圓真如遍於一切也，依他之圓勝用周遍耳，成實之實諸法實性也，依他之實離倒非染耳！至於成之為義，成實則不生滅體常也，依他則捨染取淨，捨有漏之不究竟取無漏之究竟，如是之為成耳。

由趣向而臨入，由臨入而現證，現證之正智緣如時，無術分指若者是智若者是如，是故智如雖非是一，至此而不可分二，以不可分二故，而密意說常耳。是則依他之常趣向畢竟之常，仍說涅槃常，非說菩提常也。此有三義？一舉果談因義，舉畢竟之後果談畢竟之起因故。二、將能作所義，將能智之緣如作所如之融智故。三、概全說分義，此須喻明。喻如百步穿楊，楊喻涅槃常，步喻生滅無常，所發之矢經歷步步而注射直趨於楊，夫此注射直趨步步無常，卻步步不落於無常，且步步迫近於常，以所穿之畢竟是常，即可謂能穿之步步是常，此一段義應參《大般若經》二分空性品始明也。

是則淨分依他亦為圓成實者，菩提是也。境無識亦無，藤知如蛇知，生滅之染，教所捨也。諸佛如來勸一切眾生發菩提心，示由菩提用顯涅槃體，教所取也。是則三性談依他建立捨染取淨之教也。於此生疑，不探經論，唯憑妄心倉卒斷言，無有是處，非愚則妄。云何而不速即淪墮？雪山一偈，教之策源也；涅槃一經，教之竟委也。偈說諸行無常，是故流行不可說常；涅槃說佛性為我，是故不可說即流行即主宰。

佛如是，孔亦何獨不然？大學知止，知涅槃常之為止也。中庸改而止，改去汝生滅無常之止，而趨向汝涅槃常之止也。此亦教之趨向畢竟而捨染取淨之旨也。孔書處處無非示人於流行用，中而求其所依之體，月往則日來，日往則月來，欲人知感之無心耳！逝者如斯不舍晝夜，欲人知循循然之相應於寂耳！言有宗，事有君，易有太極，宗也，君也，是生兩儀，兩儀生四象，四象生八卦，八卦定吉凶，吉凶生大業。言也，事也。天命之謂性，命而必繫於天，亦猶依他之淨也。維天之命即上天之載也，於穆不已，即無聲無臭也。亦猶淨依他之相應於寂滅寂靜也。

與寂相應，不可說天命是生滅，畢竟空中天命仍在。不可說天命即寂滅，謂之為主宰者，指所應之寂也。其能應之寂，但如心所相應於心王亦稱為心，而密意說言謂為主宰也，豈即流行即主宰哉？不然，夫獨非以無常為常而不可通哉？五法三自性，八識二無我，釋迦一代設教，具有深意。五不可四，淆智如於一；三不可二，撥依他於無，智如淆一，如不獨尊；如不獨尊，趣歸無路，行果大亂，學何可為？依他既無，染於何託，無託何捨，無捨何取？一任流轉，而無還滅，教何所施，滅教禍世，無有窮極，可勝痛哉！

一九三七年四月二日，《內學雜著》下，支那內學院一九四二年

覆魏斯逸先生書

斯逸世叔，三十餘年得公賜書，無任愉快。顧賜在二月朔，而覆乃在五月下弦者，講學之說不容不慎也，且有須俟數文脫稿後意乃得達者，最要是《大密嚴經》敘文，乃漸晚年論定之學說。文成而清明節近，歸宜黃修先人墓，十有八年一親鄉里，傷心慘目亂後孑遺；知政少年不識疾苦為何物，兆鄉民打死課長之變，於是有〈致熊天翼書〉。回支那內學院，作〈夏聲說〉應粵友《夏聲》發刊詞，寄去而胡展堂死矣。然講學不可已，作〈孔佛〉，昨成而今覆書，是以若是遲遲也。

來書不識太玄能得昌黎涑水尊許與否？世叔直探孔子者也，玄何足云？但有堪千古者在，尊許與否又何足恤。誠學之士，與之談佛易契，與之談儒亦入也，耳食之儔，儒難與之徵信，佛亦資之稗販耳。經藏充汗佛之幸亦儒之幸，是說也識超宋明，千載希聲，小儒封錮烏足語是，而世叔尚矣！至謂漸以遯之無不利置正直而談因果，毋乃逕庭。

漸之學佛與他人異，我母艱苦世叔所知，病魔生死，儒既無術應我推求，歸根結蒂之終，下手入門之始，亦五里墮霧髣髴依稀。乃於我母謝去之一時，功名富貴、飲食男女一刀割斷廁足桑門，四方求師友聞道，轉展難償，甚矣其苦也！三十年讀書，求諸西方古人，乃沛然有以啟我。家不幸，女蘭十七從予學於金陵，予以刻經事入隴，歸則殀殁，中夜慟哭，既已無可奈何，發憤讀書，常達旦，於時瑜伽明，唯識學豁然。迺有滇遊，四方之士日至。子震元，英邁有志，十九入同濟大學，又游泳斃，發憤讀「般若」，讀「華嚴」，讀「涅槃」，次第洞然，馴而至於近年，融會貫通，初無疑義，乃有論定學說。一知半解，誠有以窺見而不謬者在也，返而讀孔子書，誠有與宋明諸君子墮封錮之說者異也，此則是漸學佛之明效大驗者彰彰在也。

元年客北平，與蒯若木、章太炎、李正剛、孫少侯及其他多人談，有舉佛義陋程朱義者，太炎曰：「誠是，然程朱是自義，今仍借義，須知古人智予而不可慢也。」予應之曰：「誠是，吾智不及程朱，吾福勝程朱，乃有佛義而可借也。」抑今思之，程朱何嘗無福，若使啟其封錮，豐其挹注，以聖人之書疏聖人之書，其不勝於諸賢凡之情世智說經萬萬歟！以宋明諸賢聰明研得，其不勝於下走劣陋研得萬萬歟！而不能然，徒失於封錮，可概也夫！此吾所以佩世叔之識高千古也，研得幾何，何以教我也。

今世唯物舉行，階級資產、萬力摧破，乃並昌言倒孔；孔子真髓至理，不昭白於天下，腐爛陳言苟且談之，其何以禦海潮罡颷之趨勢？念先疇之畎畝，又何以播厥百穀於天下歟？

一九三六年五月二十一日，《內學雜著》下，支那內學院一九四二年

覆陳伯嚴書

承詢漸身體學術，敢悉備陳為長者告。漸雖年未及老，而精力已衰。夜多溺多夢：食飽夢、盛怒夢、勞思夢、大聲讀書夢、作文夢、夢高險或幽深；已三年。醫皆不知症，細審察久久，是丹田冷，以手溫之，夢即止；節勞平氣，夢亦止；然不能斷病根。建侯示服天生磺，謂應助真陽服之效，入冬又將服高參，看是如何也。死亦尋常事耳！若天假以年，所願略輯，則心更帖然，任運而已，可必乎哉？

夫所謂願者，《大藏提要》、《晚年定論》二書而已。「提要」分兩段，前考據，後義王；考據段，書以真偽、譯善、版善，必求精審以餉學者，此一段事，千年以來已無作者矣！義理段，則文之脈絡，科判本以銷文，反因藥而加病，今須廢科判法，以文法敘次，敘次已應抉擇經義。談到經義，千年以來更蕪穢不治，第一、分部不確當，第二、各溺其所宗而誣概全局，第三、膚淺氾濫充棟汗牛，乃無一紙切當示要之論，今須革弊興利，成一不刊之典籍，斯誠非易易矣！前段以囑秋逸，後段漸勉為之。好在諸大部經論如「般若」、「華嚴」、「瑜伽」、「涅槃」等，數十年來已整理有緒，今所增益補治者，中部小部居多，完成或不大困也。

「提要」成，然後溫讀一過，會通融洽為「晚年論定」之作。此作以簡為主，如周子「通書」例，數十條而已。兩書成，束書不讀，修觀實相以俟死，大約五年可矣！雖則云然，能保人事無障礙耶？此學術之大概，唯長者教之。

一九三四年十月二十七日，《內學雜著》下，支那內學院一九四二年

覆歐陽浚明書

來函謂〈法相辭典敘〉惹起糾紛云云，甚矣！愛我之甚，敢不如教，上追無諍。顧此次敘末寄感，亦實是萬不得已之苦衷。在我輩皈依三寶，法將大混，教岌岌危，明見及此，烏能已已？何謂法混教危耶？文殊弘二諦，而彌勒別弘三性者，一以求真，一以去妄故也。求真在辨別偽無，知一切執無則知一法界有，故其工夫在悟入，般若之教如是也；去妄在抉根株，在傾勢用，必染種上中下轉弱，方淨種下中上轉強，故其工夫在對治，瑜伽之教如是也。對治者，如水對火，必皆有其物，若一虛一實，亦何對之足云。是故貪觀不淨，瞋觀慈悲，癡觀緣起，慢則析根，疑則數息，所謂初步五停心也。進則三十七菩提分至涅槃城，三三昧入涅槃門，此平等通行之對治也；四無量柔心，進而十度十地，而菩提得涅槃果果，此大乘無上之對治也。如稱兩頭低昂平等，如穀久儲，朽無生用，是為染去，豈一言染則謂之無？若虛妄分別無，則亦安用對治？對治不必用，止談悟入，則教之曲折繁重，豈非多事？如是則戒定慧三學可不重矣！

世尊涅槃垂淚殷囑，於戒特重，顧何為哉？與戒同囑是謂為教。又何為哉，大乘不食肉，比丘不開淫戒，而今有別別而可相違，其源皆由不知虛妄分別有，不知有之勢用剛強，非戒嚴、教嚴、三僧祇劫一息不苟對治發生不足為勝。不知虛妄分別有而以為無，一切犯戒可易引生，並視為不足危懼，幾何而不戒絕教滅，而末日時至耶？吾誠哀懼而不得已於言，若正法未闡，吾儕應急起直追，昌言正論，此責非復漸一人之責也！

附：〈瑜伽法相辭典敘〉

遍計施設性，相無其實而施設其相，名無其實而施設其名。染淨所推剎剎塵塵，於一毫端施設賅盡，自非如來黠慧殊智，孰能為此？阿含三科而已，般若加以道相，瑜伽則一切智智法界括囊。初地百法明門，遞次而千而萬，瑜伽則略錄而百，廣演無邊。又況名相未安，翻經多誤，攝論地論，斷港截流。奘師以九死餘生，探五分祕要，迴環師授蓋亦有年，是以一語之安堅如磐石，一義之出燦若星辰。生石點頭，什舌不爛，但憑祕證孰若顯文？漸以為彌勒未來而瑜伽先生至，直不啻網先佛因陀羅而生後佛芬陀利也。奘師悲力甘露披來，乃使迻譯將事用大匠規，研辨登峯遵大王路，又不啻睹史置篋戾車，而雜華馥淡泊路也。高曾基厚既勤室家，念我雲礽應施丹雘。囊編《瑜伽法數》，棄置未成，夙夜殊恧，二十五年秋朱君黻煌述其編《瑜伽法相辭典》倩予作敘，彼事未竟我固未應，二十六年秋歐陽德三揭朱君所編體例而至促余敘成，然已戰起，亂離瘼矣。歲暮至蜀，遂至江陽，朱君江陽人也，緣何不期而湊，雖陷北平猶函促敘，乃不得不敘。《瑜伽辭典》一用論釋，不參己意，悉出卷葉極便推尋，俾精熟瑜伽者一覽而數遍家珍，未諳瑜伽者入目即驚知美富，瓊林玉樹大會無遮，功德較量有數率哉？風雨雞鳴伊可懷也，趨蹌正軌殊可敬也。

昔者大德，唯犍陀羅、迦隰彌羅，乃堪論辨，苟非其人去矣世親，大道式微波旬盈衢，尚念之哉？吾因之有感矣！新貴少年譯彌勒《辨法法性論》，以實無而現為虛妄，以無義惟計為分別，此可謂彌勒學乎？彌勒《辨中邊論》明明說虛妄分別有，明明說非實有全無，其言無者，無二也，其言有者，妄中有空，空中有妄也。而彼但以二取名言之現實無惟計，以盡概乎虛妄分別之義。兩譯並存，是為以一嗣尊，二三其德，去奘留今，則一切奘譯俱不必存，而何《瑜伽法相辭典》之作？嗚呼，向唯睥賈於名場，今則猖狂於法苑，侮聖言，凌先哲，掩眾明，是可忍也，彼何人哉？

民國二十七年四月歐陽漸敘於江津支那內學院蜀院

一九三八年九月三十日，《內學雜著》下，支那內學院一九四二年

FOR2 51
現代佛法十人—— 三
宗師、人師、經師　歐陽竟無

系列主編　洪啟嵩、黃啟霖
責任編輯　Y.T.CHEN、Y.A. HUANG
校對　呂佳真、翁淑靜、吳瑞淑、郭盈秀
美術設計　林育鋒
內文排版　何萍萍、薛美惠、許慈力

出版　英屬蓋曼群島商網路與書股份有限公司台灣分公司
發行　大塊文化出版股份有限公司
台北市 105022 南京東路四段 25 號 11 樓
www.locuspublishing.com
TEL: (02)8712-3898　FAX: (02)8712-3897
讀者服務專線：0800-006689
郵撥帳號：18955675　戶名：大塊文化出版股份有限公司
法律顧問　董安丹律師、顧慕堯律師

總經銷　大和書報圖書股份有限公司
地址：新北市 24890 新莊區五工五路 2 號
TEL: (02)8990-2588　FAX: (02)2290-1658
製版　瑞豐實業股份有限公司

ISBN：978-626-95044-0-4
初版一刷：2021 年 11 月
定價：新台幣 380 元

宗師、人師、經師 歐陽竟無 / 洪啟嵩, 黃啟霖主編 . -- 初版 . -- 臺北市 : 英屬蓋曼群島商網路與書股份有限公司臺灣分公司出版 : 大塊文化出版股份有限公司發行, 2021.11
面；　公分 . -- (For2 ; 51)(現代佛法十人)
ISBN 978-626-95044-0-4(平裝)
1. 歐陽竟無 2. 學術思想 3. 佛教
220.9207　　110014039